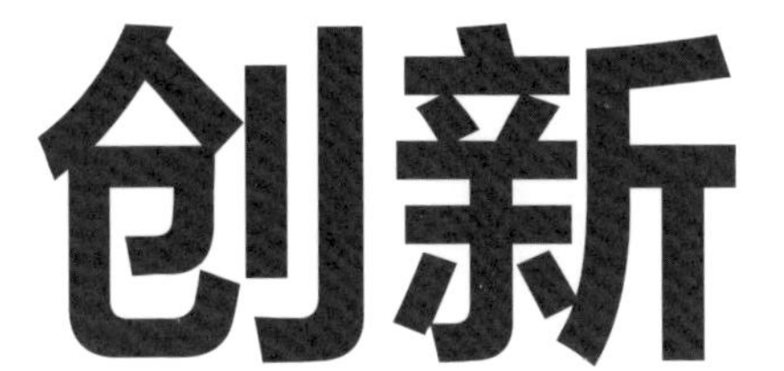

企业快速成长引擎

Innovation

The Engine of Rapid Growth for Firms

北京大学管理案例研究中心

北京大学管理案例研究中心◎编著

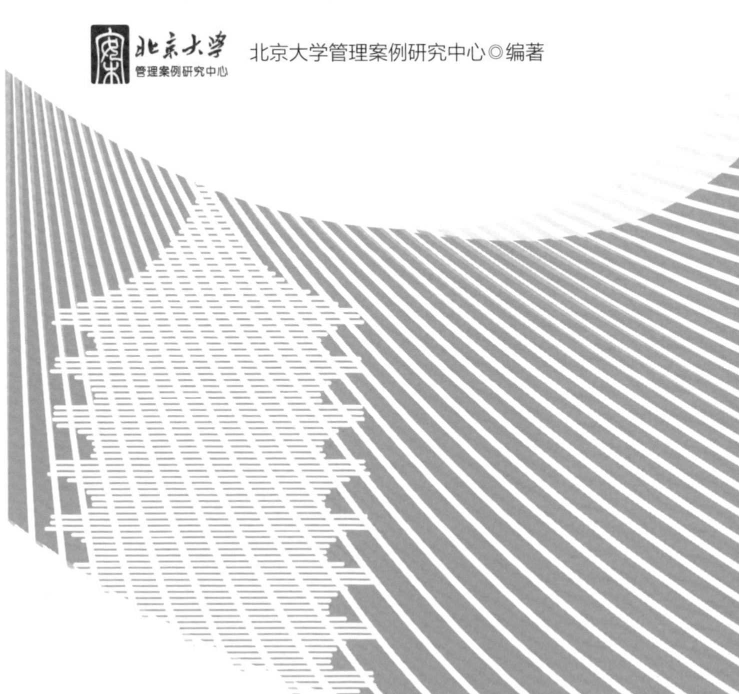

图书在版编目(CIP)数据

创新：企业快速成长引擎/北京大学管理案例研究中心编著.--北京：北京大学出版社，2025.5.--(光华思想力书系).--ISBN 978-7-301-36058-3

Ⅰ. F271

中国国家版本馆 CIP 数据核字第 2025Q5826S 号

书　　名	创新：企业快速成长引擎 CHUANGXIN: QIYE KUAISU CHENGZHANG YINQING
著作责任者	北京大学管理案例研究中心　编著
责任编辑	李沁珂
标准书号	ISBN 978-7-301-36058-3
出版发行	北京大学出版社
地　　址	北京市海淀区成府路 205 号　100871
网　　址	http://www.pup.cn
微信公众号	北京大学经管书苑(pupembook)
电子邮箱	编辑部 em@pup.cn　　总编室 zpup@pup.cn
电　　话	邮购部 010-62752015　　发行部 010-62750672 编辑部 010-62752926
印 刷 者	北京宏伟双华印刷有限公司
经 销 者	新华书店 720 毫米×1020 毫米　16 开本　17 印张　256 千字 2025 年 5 月第 1 版　2025 年 5 月第 1 次印刷
定　　价	66.00 元

编委会

序：以中国案例破解时代命题

在这个被技术革命与全球变局双重定义的年代，中国经济正经历着从“高速增长”向“高质量发展”的深刻转型。这一进程中，企业家的创新实践、政策的制度突破、产业的生态重构共同构成了中国商业文明的独特叙事。然而，如何将散落于960万平方公里土地上的鲜活实践提炼为可复制的管理智慧？如何让世界读懂中国经济社会发展的底层逻辑？我们从那些扎根中国实践的案例之中或许可以找到破题的脉络。

四秩春秋，北京大学光华管理学院始终秉持“创造管理知识，培养商界领袖，推动社会进步”的使命。以二十五年案例积淀为基，四十年光华学术追求为脉，北京大学管理案例研究中心构建起观察中国管理变革的立体坐标。这套案例集的编写，既是对光华管理学院四十年教研积淀的系统梳理，更是向这个伟大时代的躬身应答。

光华管理学院的案例集，从来并非对商业现象的简单记录，而是一面棱镜，折射出中国企业在全球化、数字化、低碳化浪潮中的突围与进化。这些案例的背后，是企业家在不确定性中寻找确定性的勇气，是政策制定者在制度设计中平衡效率与公平的智慧，更是学者们以学术之眼洞察时代命题的担当。

本套案例集的编写恪守三大原则：一是时代性，聚焦技术革命、产业升级、可持续发展等全球性命题下的中国方案；二是典型性，选择具有范式意义的实践样本，涵盖头部企业引领性创新与中小企业适应性突破；三是思辨性，通过保留决策情境的复杂原貌，引导读者在多重约束条件下寻求最优解。

案例的价值在于将个体的经验升华为群体的知识资产。我们拒绝将商业成功简化为公式化的教条，而是直面那些决策的困惑、转型的阵痛与创新的试错。这种“从实践中来，到实践中去”的方法论，使得这些案例成为商学院课堂的思辨载体，也是企业家案头的实战指南，为读者提供窥见中国商业生态的独特窗口。

当前全球管理学界亟须理解中国经济韧性的底层逻辑，全球商学院都在寻找理解中国经济的解码器，这些案例构成了最具说服力的注脚。我们期待通过这些真实叙事，让世界看到中国企业创新绝非简单的模式移植，而是制度优势与文化基因共同作用的范式创新。

四十不惑，更期千里。北京大学管理案例研究中心二十余载深耕，已构建起“理论嵌入、动态追踪、多维互鉴”的研究体系，彰显出“因思想，而光华”的精神追求。展望未来，我们将继续扎根中国大地，用更立体的案例矩阵记录商业文明的演进，用更创新的教研方法培育时代需要的管理人才，用更具穿透力的理论建构参与全球管理知识体系的对话。让我们共同见证，中国管理智慧如何在这变革的时代，光华永驻。

是为序。

刘　俏

北京大学光华管理学院院长

2025 年 5 月

PREFACE ► # 前　言

北京大学管理案例研究中心成立于2000年4月，是隶属于北京大学的案例开发研究机构和案例推广服务平台。二十余年来，北京大学管理案例研究中心依托北京大学光华管理学院在工商管理众多相关学科领域雄厚的师资力量，组织开发教学案例并建设案例库，近年来收录了三百余个具有代表性的企业案例，内容涉及企业战略、营销管理、国际商务、创新与创业、金融、供应链管理、信息化与生产管理、运营管理、领导力、企业文化、非市场战略、宏观经济等工商管理教学的各学科领域，并覆盖多个行业，反映了北京大学光华管理学院在工商管理教学和研究领域的丰硕成果。未来，北京大学管理案例研究中心将继续秉持为教学服务的理念，紧贴时代需求，不断探索前沿新知、创新开发方法，用案例讲好“中国故事”，为全球商学教育领域了解中国商业环境提供最佳参考，为中国经济高质量发展提供不竭的商业新动能。

在北京大学和光华管理学院的全力支持下，北京大学管理案例研究中心自2013年以来组建全职案例研究员队伍，健全从立项、撰写、入库到使用的教学案例建设全周期、全流程规章制度，提升案例品质。北京大学管理案例研究中心还积极推动与国内外同行的广泛交流以及与发行渠道的密切合作。此次我们精选入库案例并结集出版，就是为了更好地将案例库中的内容推广至课堂教学中，并为商学院的学子、校友和广大关心中国企业管理实践的读者提供深度观察和思考的素材。

在案例集的编撰过程中，我们按照案例的教学目的与用途进行聚类，通过寻找不同学科背景下案例开发和教学使用较多的领域来确定主题，在此过程中还兼顾主题领域备选案例的时效性、案例企业所处行业的多样性、教学效果反馈、案例企业发展态势与舆情等因素进一步进行筛选。因此，最终入选的案例反映了北京大学光华管理学院贴合社会经济发展需求、在工商管理领域人才培养中关注的重点和热点议题，也反映了中国企业经营管理的实践前沿。

北京大学管理案例集的第一辑包含三册，分别为《创新：企业快速成长引擎》《战略：领军企业的领先之道》《可持续发展：生态文明的构建》。在编写过程中，由北京大学管理案例研究中心的张影、王铁民和李琪牵头，组织案例研究员队伍协助各入选案例的作者团队重新审阅和修订了案例，并通过撰写“创作者说”的方式向读者阐释了案例开发的初衷以及教学背后的思考。在此过程中，我们得到了北京大学出版社学科副主编林君秀女士以及贾米娜、李沁珂等编辑的大力支持，她们耐心、细致、专业、高效的编辑工作保障了书籍的顺利出版。在此，我代表北京大学管理案例研究中心，对创作人员和编辑团队表示由衷的感谢。

本案例集的选题策划建立在创新的重要性上。创新是企业成长的核心动力，其重要性在政策、行业和企业实践层面都得到了广泛认同和强调。在政策层面，中共中央、国务院于 2016 年 5 月印发《国家创新驱动发展战略纲要》，明确了创新在国家发展中的战略地位，强调科技与经济的深度融合，以及创新文化氛围的营造。近年来，国家还陆续颁布了《新一代人工智能发展规划》《中华人民共和国国民经济和社会发展第十四个五年规划和 2035 年远景目标纲要》。这些政策旨在推动企业成为技术创新的主体，提升企业的核心竞争力，并促进经济的高质量发展。在行业和企业实践层面，创新是企业获得长期竞争力和可持续发展的重要手段。通过创新，企业不仅能够降低成本、提高效率，从而增强盈利能力；还能够更好地发掘需求、满足需求，开拓新市场，从而推动自身的成长。创新也被视为引领行业发展的关键因素。

本案例集包含了北京大学管理案例库中人工智能、数字化服务、数字化产业这三个创新活跃领域的 12 个教学案例。在人工智能领域，分别选取腾讯优图、杉数科技、特斯联和旷视等创新主体，细致描述了案例企业采用人工智能技术在机器视觉、智能决策、智慧城市等方面的创新应用，深入探讨了案例企业面对人工智能治理方面的挑战所做出的研判与选择。在数字化服务领域，则选取K12教育（现普遍指代基础教育）领域的洋葱学园、国产护肤品行业的林清轩、滑雪场运营行业的密苑云顶乐园、居住服务业的贝壳找房以及商超零售业的步步高等创新主体，对案例企业应用数字化技术，在开发数字化产品、通过数字化转型提升运营效率、增进服务带给用户和客户的体验等方面的创新实践进行了多角度、全方位的分析。如果说上述五个案例主要聚焦以To C（面向个人用户）业务为主的企业，那么在数字化产业领域，则关注以To B（面向企业用户）业务为主的企业实践，分别选取中国联通、腾讯企业微信和安恒信息等创新主体，对数字化技术和创新在教育信息化、产业互联网及服务、网络信息安全等领域的应用与赋能进行了翔实的描述与分析。

虽然这12个案例的企业来自不同行业，处于不同发展阶段，案例中的分析讨论也各有侧重，但是其共性在于：增进了读者对数字化转型以及人工智能技术应用与创新在企业发展中的驱动作用的认知，展示了创新给企业和社会所带来的成效，剖析了创新践行过程中企业面临的困难和挑战，引发了读者对企业在市场洞察、研发投入、变革管理、人才激励、企业间竞合关系与生态培育等方面相关问题和应对之策的深入思考。

北京大学管理案例研究中心自成立至今，始终立足中国、放眼世界，并在案例建设中坚持“四个面向”，即面向教师、面向学生、面向社会、面向国际。管理案例集的编写和出版，可以作为北京大学管理案例研究中心向北京大学光华管理学院建院40周年的献礼，并推动光华管理学院践行我们所秉承和认同的使命担当——创造管理知识、培养商界领袖、推动社会进步。

王铁民

北京大学管理案例研究中心联席主任

2025年5月

CONTENTS ► 目　录

01 人工智能

02 数字化服务

03 数字化产业

01

人工智能

人工智能泅渡——腾讯优图[①]

王聪、王翀、王卓

创作者说

人工智能（Artificial Intelligence，AI）技术作为新一代通用信息技术的代表之一，近年来备受市场瞩目，其前沿技术正逐步转化为商业应用。作为腾讯内部最早探索机器视觉和其他人工智能技术的团队之一，优图实验室（以下简称“优图”）在腾讯进军人工智能产业中扮演着核心角色。优图在利用人工智能技术赋能产业方面，进行了很多实践创新尝试，拥有 1 000 多项人工智能技术相关专利。优图在机器视觉领域颇有建树，具有代表性的研究重点包括生物特征识别、泛人脸领域、可信人脸安全技术等。其产业应用业务可分为单点技术支持和定制服务两部分，并发布了“AI 泛娱乐平台”“广电传媒 AI 中台”“内容审核平台”和“工业 AI 平台”四大平台产品，满足不同行业需求。

目前，人工智能技术发展已进入与产业场景深度融合阶段，各应用领域普遍面临前期投入高、投资效率低、解决方案复制困难等商业化难题。针对这些产业面临的共同挑战，优图需要找到适合腾讯的发展战略，包括如何识别关键战略节点、如何选择技术战略和主营业务战略，以及如何让智能技术产生价值等。本案例不仅有助于读者增进对人工智能技术发展现状的理解及其如何落地的思考，还有助于企业把握时机和利用资源，以判断技术发展趋势并制定技术战略、参与竞争和选择合适的模式等。

---

① 本案例纳入北京大学管理案例库的时间为 2022 年 6 月 27 日。

伴随着深度神经网络等新技术的逐渐成熟和应用落地，人工智能迎来了一个新的发展高潮，出现了一批创新企业并吸引了大量投资，承载着人们对未来智能交互的畅想。特别是新冠疫情暴发后，人工智能技术应用在应对新冠疫情带来的冲击中发挥了重要作用。例如，为了满足用户对线上会议交流的需求，腾讯会议使用了优图提供的美颜、虚拟背景、视线矫正等计算机视觉技术提升会议体验。在疫情防控过程中，优图的人脸核身技术①被应用于北京、上海等地的健康码核身过程。

而对未来美好畅想的另一面却是人工智能产业竞争激烈、商业模式模糊的现状。作为腾讯人工智能技术中坚力量的优图，始终强调要推进"基础研究+产业落地"的"π"型战略。在推进人工智能技术在产业应用落地的过程中，优图完成了几个亮眼项目。但是，与同业一样，优图的产品、服务在规模化落地过程中也遇到了难题。腾讯云副总裁、优图总经理吴运声在 2021 年世界人工智能大会上指出："人工智能在落地行业时面临很大问题，需要了解行业知识。很多从事人工智能工作的人员如果不了解这个行业，研究出来的东西和行业的需求始终存在隔阂。"[1]随着对人工智能产业实践理解的深入，腾讯持续调整人工智能相关业务布局，于 2021 年将腾讯云作为腾讯人工智能产品技术和服务的输出口。其最初分别对外提供产品和服务的三个人工智能技术团队——优图、腾讯 AI Lab 和微信 AI②将统一依托腾讯云的平台对外提供人工智能应用服务。

面对人工智能美好的"彼岸"和艰难的"此岸"，优图应如何迎接组织转型，如何泅渡？

人工智能产业概况

发展历程概况

人工智能这一概念自 1956 年被提出后，其发展几经起伏。最初，研究

① 即通过用户自己拍摄的照片和身份证照片对比，来确认是否用户本人。

② 优图隶属于云与智慧产业事业群（CSIG）、腾讯 AI Lab 隶属于技术工程事业群（TEG），微信 AI 则隶属于微信事业群（WXG）。

者们希望能找到解决广义问题的一般方法，但最终还是没能提出解决实际问题的人工智能系统方案。20 世纪 70 年代到 80 年代中期，解决狭窄专业领域典型问题的、基于已知规则建立起来的专家系统被应用到实践中，但专家系统的部署、运维和完善需要较高的成本和较长的时间。[2]20 世纪 80 年代，神经网络（Neural Networks）、进化计算、知识工程等技术开始发展。

2006 年，加拿大计算机科学家杰弗里·欣顿（Geoffrey Hinton）等提出一种新的机器学习算法——深度学习（Deep Learning），这一概念在算法领域具有划时代意义的突破。在数据可得性增强、硬件计算能力提升的加持下，新一代机器学习算法使人工智能技术迎来突破式发展，并开始应用到现实产业中。2016 年，谷歌人工智能系统 AlphaGo 大战世界围棋冠军李世石后，新一代人工智能进入大众视野，受到普遍关注。

近年来，人工智能产业保持高速增长。根据相关研究报告，中国拥有仅次于美国的第二大人工智能产业。[3,4]数据显示，中国人工智能软件行业 2021 年上半年的整体市场规模达到 21.8 亿美元，同比增长 42.2%。[5]

产品和应用

目前，人工智能产业链基本形成，大致包括四个层级：基础设施层、平台层、算法层、应用软件及应用场景层。应用软件市场主要有三类：计算机视觉软件、语音与自然语言处理软件和数据科学软件。其中占比最大的是计算机视觉软件市场，其 2020 年市场规模为 167 亿元，占比达 56.6%。[3]

随着产业的发展，单项技术不再是人工智能企业竞争的焦点，竞争者们更为关注如何推动人工智能技术产业化落地，产业也进入应用场景“跑马圈地”的新阶段。[6]在 2020 年的中国人工智能市场行业份额中，政府城市治理和运营占比为 49%，互联网行业应用占比为 18%，金融行业应用占比为 12%，地产与零售行业应用占比为 5%，医疗和生命科学行业占比为 4%，工业行业占比为 4%，学历教育行业占比为 2%，其他行业占比为 6%。[7]

人工智能产业的产品和应用多种多样，可以从需求端维度对其进行分类。需求端分为三大类：政府客户、企业客户和消费者客户。中国人工智能市场应用主要以政府客户为主导，其2021年市场占比为85%。[8] 智慧城市是人工智能产业发展的最佳土壤，代表项目有城市大脑、天网工程、超算中心等。[8] 企业客户方面，代表性的应用包括自动驾驶、智慧金融、智慧物流、智慧楼宇等。消费者客户方面，代表性的应用包括智能手机（人脸识别、手机拍摄算法、屏下指纹技术等）、智能家居（如智能音响等）、人工智能应用（如美图秀秀等），等等，如表1所示。

表1　人工智能技术代表性应用

类别	代表性应用
智能安防	2020年，中国“人工智能+安防”市场规模约为453亿元。完整的安防系统包括门禁和预警。常见的智能安防产品有智能锁、气体传感器等
智能化工业	主要指人工智能技术在制造业中的应用，如工业物联网、工业机器人、制造云等
智能医疗	人工智能在医院运营、疾病预防、检查、诊断、治疗和康复等健康管理环节，以及药品研发、医疗器械生产等方面都有应用。目前全球有上百家初创企业在探索人工智能技术在药品研发方面的应用
人工智能企业服务	如智能客服、智能营销、企业安全、数据核心技术服务等
智慧教育	如拍照搜题、智能语音、OCR（光学字符识别）等
人工智能机器人	亚马逊、谷歌、微软、苹果、百度、阿里巴巴、小米等企业都开发了语音助手，并推出相关产品
智能家居	目前智能家居主要体现在语音交互上，手机App（应用程序）仍是智能家居的主要控制方式
智能驾驶	随着汽车智能化的不断发展，智能驾驶市场正在快速扩大，成为人工智能企业竞争的主要场景之一
图像搜索	图像搜索是近几年用户需求日益旺盛的信息检索类应用，分为基于文本的搜索和基于内容的搜索两类。传统的图像搜索只识别图像本身的颜色、纹理等要素，基于深度学习的图像搜索还会识别人脸、姿态、地理位置和字符等语义特征，针对海量数据进行多维度的分析与匹配

资料来源：作者根据相关资料整理。

竞争格局

参与人工智能市场竞争的主体，大致可分为三类。第一类是创业企业。这些企业通常以人工智能单项技术为突破点进入市场，是产业主力军，如以计算机视觉技术为主要领域的旷视科技、商汤科技，以语音识别和自然语言处理为主要领域的科大讯飞，以人工智能芯片为主要领域的寒武纪和地平线等。第二类是ICT（信息、通信和技术）大企业创立的人工智能业务部门，如谷歌的人工智能部门（Google Deepmind）、华为云的人工智能事业部、百度的人工智能体系、阿里巴巴的人工智能治理与可持续发展研究中心等。第三类是传统制造业企业探索的新业务，如海康威视于2016年推出的深度智能安防产品、吉利汽车出资设立子公司发力人工智能和物联网等。

在某些市场细分领域，人工智能产业市场具有寡头竞争市场的一些特点。根据相关研究报告，2020年在中国的计算机视觉应用市场中占据市场份额前四名的企业，分别为商汤科技、旷视科技、海康威视、云从科技，CR4① 超过30%；在语音识别和自然语言处理软件市场中占据市场份额前四名的企业，分别为科大讯飞、阿里云、百度智能云、拓尔思，CR4约为30%；在机器学习平台市场中占据市场份额前四名的企业，分别为第四范式、华为云、九章云极、创新奇智，CR4超过50%。[9]

近几年，人工智能产业逐渐迎来上市高峰。2008年科大讯飞（股票代码：002230. SZ）于中小板上市；2019年，专注于计算机视觉算法的虹软科技（股票代码：688088. SH）于科创板上市；2020年2月，智能扫地机制造商石头科技（股票代码：688169. SH）于科创板上市；2020年7月，人工智能芯片设计独角兽寒武纪（688256. SH）于科创板上市；2021年8月，专注于语音识别和自然语言处理的海天瑞声（688787. SH）于科创板上市；2021年11月，专注于计算机视觉的鹰瞳科技（02251. HK）于港交所上市。2021年，冲击IPO（首次公开募股）的企业还有商汤科技、云从科技、依图科技和旷视科技，以及合合信息、格灵深瞳、云天励飞、第四范式等。

---

① CR4：行业前四名份额集中度指标。

政策环境

随着相关技术的快速发展，各国纷纷将人工智能作为重点扶植产业，出台政策予以支持，如表 2 所示。

表 2　全球主要经济体的人工智能战略

经济体	重要战略
美国	2011 年，推出国家机器人计划
	2013 年，发布 BRAIN（通过推动创新型神经技术开展大脑研究）计划
	2016 年，发布国家人工智能研究与发展战略规划
	2018 年，成立人工智能国家安全委员会；发布国家自动驾驶政策 3.0；发布《2018 国家人工智能安全委员会法》
	2019 年，发布新版国家人工智能研究与发展战略规划；发布《维护美国在人工智能时代的领导地位》的行政命令
	2020 年，与英国政府签署《人工智能研究与开发合作宣言》；发布《关键与新兴技术国家战略》
	2021 年，发布《人工智能国家安全委员会最终报告》；发布《人工智能与机器学习战略计划》
欧盟	2013 年，批准人脑计划
	2014 年，启动机器人研发计划
	2018 年，多国签署《人工智能合作宣言》；发布《人工智能战略》
	2019 年，发布《算法的可问责和透明的治理框架》；发布《人工智能伦理指南》
欧盟	2020 年，发布《人工智能白皮书》
	2021 年，发布《人工智能法》提案；发布《2021 人工智能协调计划》
日本	2015 年，发布《机器人新战略》
	2017 年，制定人工智能产业化路线图
	2018 年，发布《以人类为中心的人工智能社会原则》
	2019 年，发布《人工智能战略 2019》
	2020 年，发布《综合创新战略 2020》

资料来源：作者根据相关资料整理。

有报告显示，截至 2020 年 12 月，全球已有 32 个国家和地区提出了人工智能战略。[10]中国自 2017 年开始，也出台了一系列支持政策，如表 3 所示。

表 3　中国关于人工智能的政策及法律法规

时间	支持政策
2017 年	《政府工作报告》[①] 中首次提到人工智能； 发布《新一代人工智能发展规划》；发布《促进新一代人工智能产业发展三年行动计划（2018-2020 年）》
2018 年	中央经济工作会议召开，习近平总书记首次提出新型基础设施建设（新基建）概念，强调要“加快 5G 商用步伐，加强人工智能、工业互联网、物联网等新型基础设施建设”
2020 年 4 月	中共中央政治局常务委员会召开会议强调，要启动一批重大项目，加快传统基础设施和 5G、人工智能等新型基础设施[②]建设
2021 年	发布《中华人民共和国国民经济和社会发展第十四个五年规划和 2035 年远景目标纲要》
时间	**监管政策**
2015 年 7 月	发布《中华人民共和国国家安全法》
2016 年 11 月	发布《中华人民共和国网络安全法》
2021 年 6 月	发布《中华人民共和国数据安全法》
2021 年 8 月	发布《中华人民共和国个人信息保护法》
时间	**监管法规**
2021 年 7 月	发布《网络安全审查办法(修订草案征求意见稿)》；《网络产品安全漏洞管理规定》；《关于审理使用人脸识别技术处理个人信息相关民事案件适用法律若干问题的规定》
2021 年 8 月	发布《汽车数据安全管理若干规定(试行)》；《关键信息基础设施安全保护条例》

资料来源：作者根据相关资料整理。

① 随后的 2019—2021 年《政府工作报告》中并没有专门提到“人工智能”，但提到了工业互联网、智能制造等与人工智能技术密切相关的领域。例如，2019 年《政府工作报告》提出，打造工业互联网平台，拓展“智能+”，为制造业转型升级赋能。2020 年《政府工作报告》提出，发展工业互联网，推进智能制造。2021 年《政府工作报告》提出，推动产业数字化智能化改造，战略性新兴产业保持快速发展势头。

② 新基建包括七大领域：5G 基站建设、特高压、城际高速铁路和城际轨道交通、新能源汽车充电桩、大数据中心、人工智能和工业互联网。

此外，各地方政府也发布了支持人工智能产业发展的规划和扶持政策。企业税收优惠①成为标准配置，项目补贴也较多，如 2019 年有 5 家明星人工智能企业平均获得 3 000 万元补助。[7]

国家在鼓励人工智能相关产业发展的同时，也出台了一系列与信息安全、数据等相关的法律法规制度。此外，美国和欧洲对相关技术的监管趋严。②

腾讯人工智能业务

成立于 1998 年的腾讯，目前已成为中国规模最大的互联网企业之一，其核心业务涵盖社交、游戏、互联网内容、互联网金融、投资等。在人工智能领域，腾讯首次提出人工智能相关战略是在“2017 腾讯全球合作伙伴大会”上。时任腾讯 COO（首席运营官）的任宇昕提道：“我们在 AI 方面的战略可以用‘AI IN ALL’来概括③，我们希望研发的 AI 技术并不是关起门来服务于我们自己的产品，而是希望我们的 AI 技术能够更开放，能够分享给全行业，能够真正和各行各业的实际应用结合在一起，从而让 AI 新技术的实际价值得到充分发挥。”[11]腾讯认为，人工智能和互联网、移动互联网一样，是基础能力。[12]

为此，腾讯打造了“一云三平台”的人工智能架构。云是指腾讯云；三平台，则分别为优图、腾讯 AI Lab、微信 AI 团队。[13]腾讯云人工智能新基

① 中国的人工智能软件企业一般可享受三种主要类型的优惠待遇，即国家特别支持的高新技术企业、软件企业及国家计划内的重点软件企业。国家特别支持的高新技术企业：符合条件的高新技术企业适用于 15%的企业所得税率。软件企业：自获利年度起，第一年至第二年免征企业所得税，第三年至第五年按照 25%的法定税率减半征收企业所得税。重点软件企业优惠政策：自获利年度起，第一年至第五年免征企业所得税，接续年度减按 10%的税率征收企业所得税。

② 2019 年 10 月，北京市商汤科技开发有限公司被美国商务部工业和安全局列入实体清单，限制其购买或以其他方式取得若干技术、软件和商品的能力。2021 年 12 月 10 日，中国商汤科技有限公司被美国财政部列入《非 SDN 中国军工复合体企业名单》，美国投资者不能参与其公开市场股票及衍生品交易。

③ 腾讯 AI Lab 也提出了“Make AI Everywhere”（让人工智能无处不在）的战略口号。

建架构具体如图 1 所示。

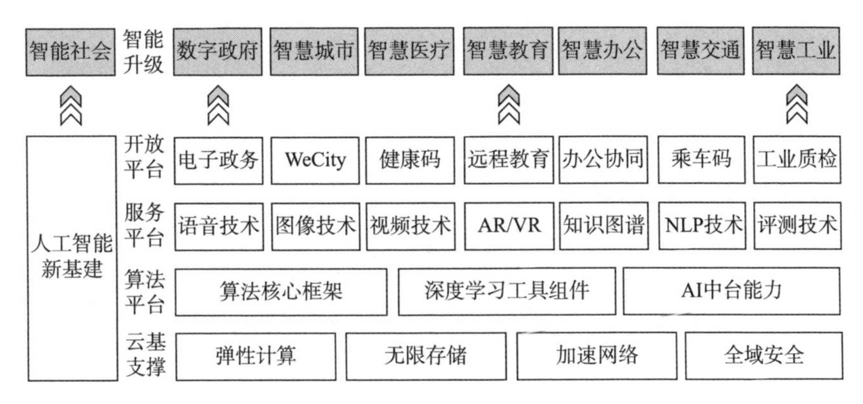

图 1　腾讯云人工智能新基建架构

资料来源：《腾讯云首次公布 AI 新基建全景布局》，https：//www. infoq. cn/article/xgrkyswp9t99qdupi8pe，访问时间：2024 年 8 月 21 日。

优图成立于 2012 年，致力于人脸识别、图像识别、OCR 等领域的研究和产品研发，拥有业界独创的活体检测技术。腾讯 AI Lab 成立于 2016 年，是企业级的人工智能实验室，专注于计算机视觉、语音技术、自然语言处理、机器学习四大研究领域，以及内容、游戏、社交和数字人四大应用领域。[14]微信 AI 团队由微信团队内部孵化，是专注于人工智能技术探索与应用的研究团队，研究领域涵盖语音识别、自然语言处理、计算机视觉、数据挖掘和机器学习等，在语音识别上尤为出色。[14]

截至 2020 年 10 月 30 日，腾讯持有的中国人工智能专利累计数目排名第三，为 2 323 个[15]；在主流人工智能技术方面均有布局，且在语音、计算机视觉领域有一定实力；对人工智能创业企业的投资（并购）高达 100 多起[16]；截至 2021 年，举办 4 期人工智能加速器项目，合作高校及研究机构数量达 400 余家[17]；推出人工智能行业解决方案，涉及医疗、零售、金融、泛娱乐、政务、工业等领域；代表性的落地人工智能项目包括微众银行的人脸识别检测、医疗健康领域的腾讯觅影、工业领域的“AI+工业生产检测”等。[20]

腾讯优图

发展历程

优图是腾讯最早开始研发人工智能技术的团队，主要开展计算机视觉技术研发与应用研发。其发展大致经历了三个阶段。[21]

第一阶段始于2008年。当时，腾讯研究院的一个小团队正尝试开发一款名为“QQ影像”的桌面处理软件，虽然研发成果未能尽如人意，但他们积累了宝贵的研发经验，这一团队正是优图的前身。2012年，优图正式成立，研发“图片二次压缩”技术。该技术能够将图片像素压缩20%～30%，大大降低了宽带成本，主要被应用于QQ空间产品。

第二阶段始于2012年下半年。优图将研究重心转移至人脸和图像识别上。恰逢腾讯组织架构调整，优图被并入腾讯社交网络事业群。2013年上半年，优图开始将人脸检测技术输出至QQ空间，为“水印相机”团队提供支持。2014年9月，优图开始与微众银行合作，研发人脸核身应用，以解决线上开户的身份验证难题。在攻克了提高人脸活体检测能力、防止人脸照片或视频攻击等一系列难题后，优图于2015年将人脸核身应用交付微众银行。

第三阶段始于2018年9月30日，即腾讯开启第三轮组织架构调整之时。优图被划归云与智慧产业事业群。基于腾讯制定的“基础研究+产业落地”前进路线，优图开始同腾讯云等部门密切配合，推动人工智能技术的行业应用。[22]

截至2020年年末，优图已打造超过20个人工智能解决方案，形成100多个产品案例[23]，为腾讯内部如QQ、微信、微视、腾讯云等提供人工智能技术支持，并联合腾讯云、微信等内外部合作伙伴向工业、金融、教育、交通、文旅等领域输出行业解决方案。[24]

基础研究[24]

截至2022年4月，优图已贡献超过1 600件全球专利申请，包括OCR、图像处理、内容审核等多个热门技术领域。[25]在学术研究方面，优图公开发表的论文涵盖ICCV（国际计算机视觉大会）、ECCV（欧洲计算机视觉国际会议）、CVPR（IEEE国际计算机视觉与模式识别会议）、AAAI（国际人工智能会议）等各类顶级会议，内容涵盖多模态、工业异常检测、动态表情识别等多个领域。[26]

优图具有代表性的研究重点有生物特征识别、泛人脸领域、可信人脸安全技术等。同时，其也在自动化数据生产、自动化模型生产方面进行了深入的研究。优图还于2021年6月开源了深度学习框架TNN。

产业应用

优图的产业应用业务可分为单点技术支持和定制服务两部分。单点技术支持方面具有代表性的功能包括腾讯会议的虚拟背景和视线矫正、健康码的人脸核身、人口普查中应用的身份证OCR、被广泛应用于泛社交软件的人像特效等。

定制服务主要针对行业需求提供。在2020年7月的世界人工智能大会上，优图发布了四大平台："AI泛娱乐平台""广电传媒AI中台""内容审核平台"和"工业AI平台"。[24]

AI泛娱乐平台

依托腾讯在社交娱乐产品上的丰富实践，优图在人脸融合、人像分割、人像变化、美颜美妆等方面积累了丰富的泛娱乐基础能力，打造了泛娱乐全栈工具箱，其中包括"AI互动体验展解决方案""AI创意营销解决方案""美颜特效SDK（软件开发工具包）"三大解决方案。

广电传媒AI中台

在广电传媒领域，目前人工智能技术主要应用于视频素材的智能处理和智能审核。优图提供的广电媒体 AI 中台支持多维度的视频理解和智能处理，能将视频处理效率提升至 1∶1（花费 1 小时剪辑处理 1 小时时长的视频）。在智能审核场景中，人工智能可提升媒体内容管控效率并降低漏检率。另外，客户可根据智能处理结果进行更灵活、更丰富的媒体应用。代表项目有河南日报 AI 中台等。

内容审核平台

该平台除了能提供常规审核系统，还包含 ACG① 场景识别、色情识别、低俗场景识别等功能。在识别效果上，违法违规内容识别的准确率超过 99%。客户用三天时间即可完成定制化模型训练，两小时内可完成定向策略运营。这一技术可以更好地满足客户的实时定制需求，目前已在电商、文创、广电等行业解决方案中广泛应用。

工业 AI 平台

面向制造业的工业 AI 平台则可以快速满足工业领域客户对缺陷检测、备件拍照识别、工厂工效优化等的需求。平台支持私有化及公有云部署，提供加速、调度与容器服务，能以更少的硬件资源支持更复杂的业务。代表项目为华星光电 ADC（自动缺陷分类）项目。

发展方向

吴运声在 2019 年世界人工智能大会上的媒体专访中谈及优图的差异化发展方向时说："不同于商汤科技等人工智能企业，优图不是单兵作战，更多的是将结合腾讯云，再整合腾讯内部众多业务能力，为客户提供完整的解决方案。"[14]

在 2021 年世界人工智能大会期间，腾讯宣布推出腾讯云 TI ONE、TI Matrix、TI Data Truth 三大人工智能底层平台。TI ONE 提供模型开发和训练

① ACG 为 Animation（动画）、Comics（漫画）与 Games（游戏）的首字母缩写。

服务，TI Matrix 助力模型落地，TI Data Truth 则能够提升数据采集和标注的能力。[27]

吴运声谈道：腾讯过去几年有很多单点的解决方案，但是由于资源有限，限制了人工智能能力的规模化和影响力的扩大。我们希望这三个平台能够真正地服务于行业或者产业自身，让其能在这个平台上构建适合自己产业的一些解决方案，这样就能够让人工智能的相关能力在产业领域更具规模化。[14]

2021 年 12 月，优图官网发布了一条通知：人工智能开放平台将于 2021 年 12 月 31 日下线所有产品的 API① 接口调用服务及开发者中心页面，相关业务已上线至腾讯云官网。[28]

巨浪

在技术发展和政策支持下，人工智能领域经历了一轮资本推动的发展热潮。但这轮热潮正在退去。2019 年的一份报告显示，65%的人工智能企业只获得了一次投资。[29]“人工智能行业‘喊口号’‘包装概念’的时期似乎过去了。”[30]“残酷一点说，技术主导的概念性输出和科普阶段已经完成了它的使命。”[31]

行业先行者面临发展瓶颈和增长压力。

人才方面，产业面临几种情况。一为缺口大，全球范围内人工智能招聘职位的数量约为求职者的 3 倍[32]；2021 年的数据显示，中国人工智能人才供求比例为 1∶10。[33]二为薪酬高，根据 2022 年智联招聘的数据，人工智能岗位平均薪酬仍保持第一，且持续上涨至 2.47 万元/月，而位居第二名的高级管理则为 2.15 万元/月。[34]三为需求多样化，除对算法工程师的需求仍很大外，对于芯片等硬件人才、深谙应用场景的复合型人才、数据清洗

① API：Application Programming Interface，即允许两个软件组件使用一组定义和协议相互通信的机制。

人才等的需求都较大。

技术方面，过去深度学习的成功源自大数据和大模型，有观点认为这是一条不可持续的路径。被称为人工智能先驱的吴恩达在一次访谈中谈道："和文本信息不同，视频数据里有很多信息可用，受限于计算机性能和数据处理成本，我们还无法建立起机器视觉的基础模型。大数据和大模型仍有活力，但该规模范式适用于特定的问题。有一些场景则需要小数据。未来的研究重点应该从大数据转移到高质量数据。"[35]

各大人工智能企业竞争战场扩展到产业上游。国内一些人工智能企业开始打造开源算法框架，如百度的飞桨（PaddlePaddle）、华为的 MindSpore 和旷视科技的 MegEngine。这将改变目前中国超九成开发者使用的人工智能开源软件包来自美国[36]的现状。也有一些企业希望打造人工智能解决方案研发平台，为模型开发提供标准化、通用型的能力和工具。例如商汤科技着力打造 SenseCore，希望通过提升人工智能模型开发效率，降低边际成本。

人工智能技术落地情况也不如预期。有分析指出，人工智能技术的行业落地场景较为分散，各场景成熟度差异大，大多数技术方案还是需要定制化，而单个人工智能技术方案的开发成本又很高，所以在某些领域就会出现高成本、高消耗、低效率、难复制的情况。[8]例如，在银行这个人工智能最先落地的行业中，人工智能企业面临着激烈竞争的市场环境。这一行业的客户，往往并不具备集成 SDK 的能力，他们需要的人工智能解决方案并不是单个的技术模块或开发包，而是一整套定制化的解决方案。这样的市场需求现实，对于一些注重人工智能软件开发的企业来说是一种挑战。在参与智慧城市、新基建等项目时，也要面临营收款项周转天数增加的情况，如云从科技在其招股说明书中披露，其前期参与的新基建项目毛利率较低且在一定程度上需要垫资执行[37]；商汤科技也在其招股说明书中披露，贸易营收款项周转日数从 2018 年的 157 天增加到 2020 年的 293 天。[3]

财务方面，大多数人工智能企业依然在找寻盈亏平衡的道路上。人工智能芯片企业寒武纪上市破发，股价一路下滑。商汤科技、云从科技等申请上市的企业的招股说明书中也披露了几家企业每年净亏损的现实，依图科技则在2021年6月从科创板撤回IPO申请。与国内外成熟的SaaS（软件即服务）企业，如Salesforce及用友软件等相比，新型的人工智能企业毛利率偏低①，成本过高。以安防领域为例，2020年，商汤科技人均产出②约为68.9万/人，人均薪酬约为59.3万元/人，研发费用占营业收入的比例为71.21%[3]；相比之下，海康威视人均产出为151万元/人，人均薪酬约为24.9万元/人，研发费用占营业收入的比例为10.04%。[38]

结语

腾讯在其《2020腾讯人工智能白皮书：泛在智能》中写道：我们认为人工智能正在进入技术与产业的融合发展阶段，其特征是“泛在智能”。人工智能已“泛”起巨浪，而人人都将被席卷在这巨浪之中。[39]

优图又将如何在这巨浪中生存和成长呢?

参考文献

1.《腾讯优图吴运声：AI落地要深入行业》，https：//www.yicai.com/news/101106786.html，访问时间：2024年8月19日。

2. Michael Negnevitsky：《人工智能：智能系统指南（原书第3版）》，机械工业出版社，2012。

3.《商汤集团股份有限公司首次公开发行招股说明书》，https：//www1.hkexnews.hk/listedco/listconews/sehk/2021/1207/2021120700018_c.pdf，访问时间：2024年8月19日。

4.《2021年中国人工智能产业研究报告（IV）》，https：//www.idigital.com.cn/nfs/reports/

① 根据依图科技的招股说明书，中国人工智能企业毛利率平均为60%左右，安防领域的毛利率不足30%，消费类人工智能领域的毛利率达到80%（如虹软科技，其主营业务是提供智能手机视觉解决方案，2020年的销售毛利率为89.57%）。主攻安防领域、提供软硬件的海康威视，其毛利率能达到46.53%。用友软件提供的软件产品毛利率可达98%（2020年其整体业务销售毛利率为61.05%），Salesforce的毛利率为74.41%，SAP的毛利率为71.4%。

② 人均产出=营业收入/员工人数。

f1de646f64e840e75749/1c5d183ce941034d2af2. pdf，访问时间：2024 年 8 月 19 日。

5.《2021 上半年中国人工智能市场——持续分化，未来已来》，https：//www. szw. org. cn/20211222/53829. html，访问时间：2024 年 8 月 19 日。

6.《人工智能核心技术产业白皮书——深度学习技术驱动下的人工智能时代》，http：//www. caict. ac. cn/kxyj/qwfb/bps/202104/P020210420614092578238. pdf，访问时间：2024 年 8 月 19 日。

7.《2020 年中国人工智能产业研究报告（Ⅲ）》，https：//pdf. dfcfw. com/pdf/H3_AP202101071448331621_1. pdf? 1610032445000. pdf，访问时间：2024 年 8 月 19 日。

8.《人工智能系列报告：中国 AI 企业的困局与突破》，https：//www. leadleo. com/report/reading? id=620473b6ece1bb75ecf3093d&position=2，访问时间：2024 年 8 月 19 日。

9.《中国人工智能市场格局震荡，下一代智能驱动 AI 新繁荣》，https：//www. sohu. com/a/473219862_121124366，访问时间：2024 年 8 月 19 日。

10.“2021 AI Index Report”，https：//aiindex. stanford. edu/ai-index-report-2021/，访问时间：2024 年 8 月 19 日。

11.《任宇昕：腾讯 AI 战略定位 AI in All（人工智能无处不在）》，https：//baijiahao. baidu. com/s? id=1583474710850475027，访问时间：2024 年 8 月 19 日。

12.《2017 互联网科技创新白皮书》，https：//weread. qq. com/web/reader/f0a321f05e3fabf0afccd72，访问时间：2024 年 8 月 19 日。

13. 腾讯 AI 开放平台官网，https：//ai. qq. com/，访问时间：2024 年 8 月 19 日。

14.《对话吴运声：“双马对话”受启发，AI 视觉落地将加速》，https：//www. sohu. com/a/338521995_100178654，访问时间：2024 年 8 月 19 日。

15.《中国人工智能发明专利企业排行榜（TOP50）》，http：//www. iprdaily. cn/article1_36764_20240422. html，访问时间：2024 年 8 月 19 日。

16.《谁是中美科技巨头中的“AI 并购之王”?》，https：//www. thepaper. cn/newsDetail_forward_27411788，访问时间：2024 年 8 月 19 日。

17.《智领新基建，腾讯 AI 加速器四期名单公布，40 强企业入选》，https：//finance. sina. com. cn/tech/2021-01-22/doc-ikftssan9483464. shtml，访问时间：2024 年 8 月 19 日。

18.《IDC 发布 2021 年 Q3 中国公有云市场报告，腾讯云稳居 Top 2》，www. tencentcloud. com/dynamic/news-details/100225?lang=zh，访问日期：2024 年 8 月 19 日。

19.《百度集团股份有限公司上市招股说明书》，http：//static. cninfo. com. cn/finalpage/

2021-03-23/1209431474. PDF17，访问时间：2024年8月19日。

20.《沙利文2019年中美人工智能智能产业及厂商评估》，https：//max. book118. com/html/2020/0414/7134013043002130. shtm，访问时间：2024年8月19日。

21.《八年，腾讯优图攒了多厚的技术“家底”?》，https：//new. qq. com/rain/a/20200429A 0KPR300，访问时间：2024年8月19日。

22.《腾讯优图开源这三年》，https：//xueqiu. com/9217191040/165931642，访问时间：2024年8月19日。

23.《腾讯优图：做产业互联网时代的π型实验室》，https：//baijiahao. baidu. com/s? id=168761977660426812022，访问时间：2024年8月19日。

24.《打造四大AI平台：腾讯优图的视觉AI To B打法》，https：//cloud. tencent. com/developer/article/1661480，访问时间：2024年8月19日。

25.《世界知识产权日丨腾讯优图实验室“晒”出全球专利成绩单》，https：//new. qq. com/rain/a/20220426A09NNQ00，访问时间：2024年8月19日。

26. 腾讯优图实验室微信公众号，https：//mp. weixin. qq. com/mp/homepage? _biz=MzU0NjU0ODk2Mg==&hid=8&sn=4195e7d919f5e5a0fb42fd728e6f7a98&scene=18，访问时间：2024年8月19日。

27.《2021世界人工智能大会召开，腾讯云推出全新三大AI底层平台》，https：//cloud. tencent. com/developer/article/1845452，访问时间：2024年8月19日。

28. 腾讯优图官网，https：//open. youtu. qq. com/#/open/home，访问时间：2024年8月19日。

29.《2019中国人工智能投资市场研究报告》，https：//rpa-pdf. oss-cn-hangzhou. aliyuncs. com/2019%E5%B9%B4%E4%BA%BA%E5%B7%A5%E6%99%BA%E8%83%BD%E6%8A%95%E8%B5%84%E5%B8%82%E5%9C%BA%E7%A0%94%E7%A9%B6%E6%8A%A5%E5%91%8A. pdf，访问时间：2024年8月19日。

30.《人工智能发展简史》，https：//www. aminer. cn/ai-history29，访问时间：2024年8月19日。

31.《天才、忽悠与炮灰》，https：//www. thepaper. cn/newsDetail_forward_15781171，访问时间：2024年8月19日。

32.《“寒冬”or“拂晓”，捕捉AI企业上市潮机遇》，https：//pdf. dfcfw. com/pdf/H3_AP202112201535652660_1. pdf? 1640009564000. pdf，访问时间：2024年8月19日。

33.《人社部：人工智能人才缺口超过500万》，https：//www. gzdj. gov. cn/rczx/85222.

jhtml，访问时间：2024 年 8 月 19 日。

34.《2022 春季人才流动新特点：互联网人转行率升高，最想去制造业发展》，http：//www. 21jingji. com/article/20220308/herald/070b9674f17e5f085c5b2335a928e987. html，访问时间：2024 年 8 月 19 日。

35. “Andrew Ng：Unbiggen AI”，https：//spectrum. ieee. org/andrew-ng-data-centric-ai，访问时间：2024 年 8 月 19 日。

36.《AI 商业模式的脱靶、崩塌、救赎》，https：//www. leiphone. com/category/aijuejin zhi/YNSUISd80P9LkLyG. html，访问时间：2024 年 8 月 19 日。

37.《云从科技集团股份有限公司首次公开发行股票并在科创板上市发行公告》，http：//www. sse. com. cn/disclosure/listedinfo/announcement/c/new/2022-05-17/688327_20220517_1_SLjIkRN9. pdf，访问时间：2024 年 8 月 19 日。

38.《杭州海康威视数字技术股份有限公司 2021 年年度报告》，https：//www. hikvision. com/content/dam/hikvision/cn/%E6%8A%95%E8%B5%84%E8%80%85%E5%85%B3%E7%B3%BB/ir%E4%BF%A1%E6%81%AF%E5%BA%93/06%E5%B9%B4%E5%BA%A6%E5%AD%A3%E5%BA%A6%E4%B8%9A%E7%BB%A9%E6%8A%A5%E5%91%8A/2021/FY2021-Financial-Report. pdf，访问时间：2024 年 8 月 19 日。

39.《2020 腾讯人工智能白皮书：泛在智能》，https：//www. sohu. com/a/414405252_99900352，访问时间：2024 年 8 月 19 日。

杉数科技：智能决策技术帮助企业运筹帷幄①

彭一杰、高雅、杨书淮

创作者说

在经济增速放缓的新常态下，企业的管理方式逐渐从依赖经验转变为以数据为主导的精细化管理。企业决策能力的提高，需要依靠数据的采集、处理、分析和建模求解，从而提供可靠的决策方案。然而，国内大多数企业缺乏将数据规律转化为最终决策的能力。而以运筹学为基础，专注于智能决策技术的高科技创业企业——杉数科技填补了这一空白。

本案例通过对杉数科技创业故事和发展历程的回顾，向读者展示了创新技术打破国际垄断，填补国内市场空白并推动行业发展的潜能，以及科技企业从技术研发到产品化、市场化，再到构建生态体系的成长路径。通过对本案例的分析，我们希望向读者传递这样一个信息：技术有潜力改变传统产业的运作方式，并带来革命性的变革。同时，本案例又提供了若干行业典型示例，展示了科技与不同产业结合，实现升级和转型的具体过程。另外，我们还希望能够激发读者对于利用智能决策技术优化企业业务、提升竞争力的思考，对于科技创新推动社会和经济发展的深入忖量，理解企业决策由经验驱动向数据驱动转变的重要性，以及智能决策技术在这一转变中的关键作用。

---

① 本案例纳入北京大学管理案例库的时间为 2021 年 4 月 23 日。

一、从数据到决策

企业运营中所面临的决策问题往往受到多种因素和变量的影响，包括时间、资金、人力、物力等。这些资源的配置通常会对企业的运营效率产生重要影响。企业的决策能力至关重要，实时做出最优决策才能帮助企业获得更多的利润。

随着中国经济高速增长带来的红利消减，低增速将成为“新常态”。越来越多的企业开始讲究精耕细作，放弃过去一味追求高增长状态下以经验为主导的管理方式，转变为以数据为主导的精细化管理。中国核心产业中的头部企业信息化水平近年来显著提高，很多企业已经开始思考怎样更好地使用数据，以取代以往“拍脑袋”式依靠人工经验的决策方式，让企业实现科学决策。如图1所示，企业从收集数据到做出决策的链条包含了三个重要环节：一是数据采集与处理，这是最基础、最底层的数据管理手段；二是数据的规律性分析，即从庞杂的数据中找到隐含的规律；三是数据的建模与求解，为企业提供可靠的决策方案。[1]在大数据时代，仅拥有数据与进行简单的统计分析无法直接产出商业价值，如何有效运用海量数据为真实业务场景提供有效的决策方案至关重要。

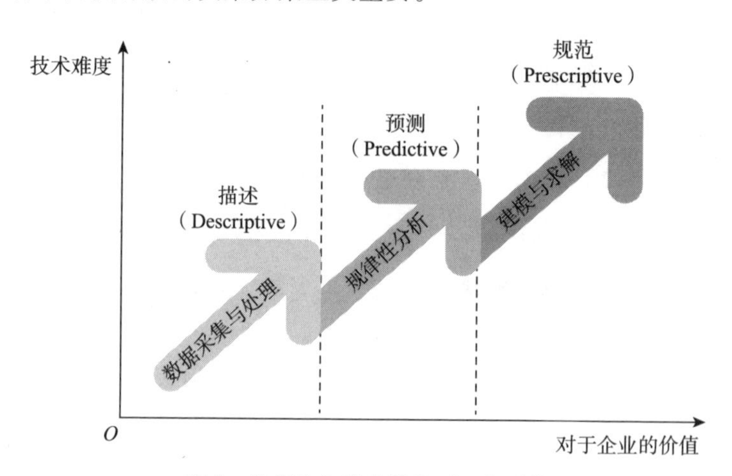

图1 数据化智能决策的“三级跳”

资料来源：作者根据杉数科技提供的资料整理。

目前国内很多大型企业内部的数据团队可以完成前两个环节。而利用数据规律实现最终决策则需要更深入地挖掘与分析数据，进行建模与求解，这一能力往往是大部分企业所不具备的。近几年，数据服务方面的创业和投资热潮兴起，提供数据分析服务的企业越来越多，但是它们大多仅提供数据挖掘以及基本的数据分析服务，只能从数据规律层面提供辅助性的决策支持，而没有从制订复杂决策方案入手，针对核心问题给出直接的决策方案。

二、杉数科技

杉数科技是一家以运筹学为基础、专注于智能决策技术领域的高科技创业企业，由四位斯坦福大学毕业的博士联合创立。

这样一颗创业的种子萌芽于 2015 年 10 月，师从华人运筹学领袖级学者叶荫宇的斯坦福大学运筹学博士葛冬冬①和王子卓②偶然获得一次给国内某电商企业做一个小型咨询项目的机会，帮助其优化产品定价策略。这是师兄弟二人第一次与国内企业合作咨询项目。一开始，客户仅开放了几个品类让他们尝试优化产品定价。两个多月之后，客户发现这次合作给企业带来了显著的收益提升，于是将合作时间延长至两年，不仅进一步扩大了定价的品类，还增加了库存优化、仓储管理等供应链方向的合作内容，将几十万元的小型项目逐渐拓展到千万元级别。

---

① 葛冬冬博士毕业于美国斯坦福大学管理科学与工程系，目前担任中国运筹学会常务理事，上海财经大学信息管理与工程学院教授、交叉科学研究院院长。主要研究方向包括计算复杂度、大规模优化、数据驱动的量化决策方法等。葛冬冬博士曾主持多项国家级和省级科研项目，在顶级国际期刊和会议上发表多篇学术论文，曾为波音、谷歌、顺丰、京东、滴滴、永辉、万达等多家国内外标杆企业提供技术服务，是数学规划求解器 Cardinal Optimizer 项目的开发负责人。

② 王子卓博士毕业于美国斯坦福大学管理科学与工程系，曾任明尼苏达大学终身教授，现担任香港中文大学（深圳）数据科学学院教授、副院长。主要研究方向包括收益管理与运营管理、定价问题、优化算法设计等。曾获得多项美国国家自然科学基金项目的支持，并在多个国际知名运筹管理学期刊担任编委。

在这个项目中，葛冬冬、王子卓和团队内的几位教授、博士进行了将算法产品化的初步尝试。同时，他们也发现基于数据的精细化管理和科学决策是大部分中国中大型企业的需求。订单流程如何优化？无人仓的货品怎么摆放才能使机器人拣货的效率更高？按照什么样的路线送货产生的时间成本最低？这些问题都是运筹学可以解决的。[2]他们相信以运筹学为基础的智能决策技术可以真正改变企业、改变产业，甚至改变中国经济体系的运行方式，中国市场也已经有了充足的需求和广泛的应用空间。

于是，葛冬冬和王子卓开始着手组建团队，并尝试发展国产优化求解器。之后，在创投界已经有所建树的斯坦福大学商学院博士罗小渠①出任首席执行官，决策与风险分析博士王曦②也从谷歌辞职加盟担任首席产品官，这四位来自斯坦福大学的博士正式组成了杉数科技的创始团队。2016 年，四位博士正式联合，以“杉”（斯坦福大学的校徽标志）和“数”（数据科学）为名，创立杉数科技。

但在 2016 年，市场环境并不理想，运筹优化在国内的普及度较低。市场对于决策技术本身及其价值的认知程度还不够深入，决策技术所依赖的数据基础也不完善。近年来，随着经济环境的变化，尤其是在 2020 年年初突发新冠疫情的催化下，越来越多的企业开始放弃过去一味追求高增长状态下以经验为主导的管理方式，转而拥抱以数据为主导的精细化管理。企业对优化供应链、提高生产效率、降低成本的需求开始上升，从而带来对决策技术的需求增长。另外，由于物联网技术的广泛使用，企业得以采集

---

① 罗小渠博士毕业于美国斯坦福大学商学院，曾任创业黑马副总裁、首席战略官，波士顿咨询顾问，以及美国福特汉姆大学商学院助理教授。曾主导过企业成长、创业、国际化等方面的前沿研究项目，参与华为、戴姆勒、皇家加勒比、华发地产等多家国内外领先企业的战略规划咨询工作，在创业企业成长方面积累了丰富经验。

② 王曦博士毕业于美国斯坦福大学管理科学与工程系，师从美国国家工程院院士、现代决策分析创始人罗纳德·霍华德教授。主要研究领域为决策分析与风险分析。曾任谷歌全球商业运营高级经理、Google Fi（无线通信服务应用）创始团队成员。曾主持多个谷歌全球战略项目，并主持创建 Google Fi 商业分析部，已实现及预期的年收益贡献逾千万美元。曾与联合国维和行动部合作，为维和部队的派遣行动搭建危机决策模型并提出决策建议。在产品研发和商业运营管理领域颇具经验。

大量前后端数据，杉数科技这类决策技术服务商可以更加便捷地获取、积累优化决策技术所需的数据，进而建立优化决策模型。随着经济环境的变化，杉数科技的决策技术服务能力及其市场价值逐渐得到了验证。[3]

目前，杉数科技的决策优化解决方案已在我国零售、物流、工业制造、能源、电力、航空航天等核心领域落地应用，帮助各行业解决需求预测调度优化、仓储优化、排产排程优化、运输线路优化等一系列优化问题，服务的客户包括京东、顺丰速运、德邦快递、滴滴、雀巢、好丽友、永辉、海尔、小米、上汽通用以及南方航空等诸多知名企业。

三、杉数科技优化求解器

（一）何为优化求解器？

优化求解器背后的理论基础是运筹学。运筹学是一门关于建模、优化、决策的科学，通过将实际问题转化成数学模型，并寻找在满足约束的条件下能够最大化或者最小化目标的最优决策。现代运筹学大约起源于 20 世纪 40 年代，在第二次世界大战期间，军队有很多关于资源调配方面的问题，比如如何部署雷达、调配军队、投掷炸弹等。随着计算机技术的高速发展，人们要解决的问题规模不断扩大，运筹学的应用范围也取得革命性的突破。特别是大数据时代的到来，为运筹学的应用和发展带来了更大的舞台，将大数据转化为最优决策成为运筹学研究的重点课题。

将一个实际问题变成优化问题需要建模，从建模到求解再到决策的背后是一套完整的算法。如图 2 所示，在确定了问题的目标和约束之后，需要对由此建立的复杂数学模型进行求解。求解的运算需要在“计算芯片”中进行，这个“计算芯片”就是优化算法的一个软件集成，即优化求解器（Optimization Solver）。但现实问题往往十分复杂，优化求解器的难点就在于如何解决变量和约束数量达到几十万或者以上级别的优化算法问题。在优化求解器诞生之前，学者和业界研究员们只能自己编程求解计算模型的最优解。在模型复杂或者数据量庞大的情况下，编程求解费时费力并且最终结果的准确性也难以保证，因此，优化求解器也被称为“使运筹学真正指导决策的武器”。

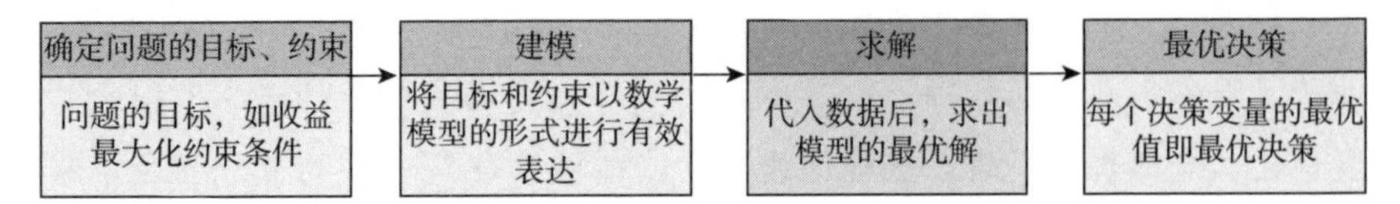

图 2 解决运筹优化问题的基本步骤

资料来源：作者根据杉数科技提供的资料整理。

（二）杉数科技自研优化求解器

由于优化求解器的技术壁垒高、研发难度大，高性能商用优化求解器的核心技术一直以来都被欧美企业垄断，其中 IBM CPLEX①、FICO Xpress②和 Gurobi③ 被誉为优化求解器“三大巨头”。国内具备优化求解器开发能力的团队屈指可数，很多大型企业想要使用优化求解引擎就要向国外的优化求解器企业购买，不仅需要支付高昂的费用，还随时存在被欧美技术限制的风险。

杉数科技的出现打破了这样的垄断（杉数科技优化求解器的工作原理如图 3 所示）。自成立以来，杉数科技投入了大量精力和资源进行优化求解器这一核心产品和底层技术的研发。葛冬冬博士讲道：“优化求解器开发的

---

① IBM 是底层技术引擎与多种产业场景全面、深度融合的全行业技术平台型企业代表。在逐步剥离硬件业务的同时，IBM 从 2014 年起全力推进打造以“Watson”开发平台为核心的，从底层数据采集、管理、计算直到推出行业解决方案的综合性企业数据化决策转型赋能体系。为推进这一战略，IBM 在 2009 年收购了优化求解器团队 ILOG，并将其产品打造成核心计算引擎 IBM CPLEX。

② FICO 是底层技术引擎与特定产业场景深度融合的行业型技术平台企业代表。2008 年，其以收购 Dash Optimization 为契机，全力打造优化技术平台 FICO Xpress，从原先的传统金融服务企业全面转型为决策技术企业，并开始进入航空、制造、能源等行业。

③ Gurobi 是新一代的计算引擎创业企业，拥有全球技术性能最为领先的数字规划优化求解器。2007 年创立之后，其借助于云计算及大数据和人工智能的浪潮快速成长，目前已成为全球优化技术领域最为引人注目的企业之一，客户囊括《财富》500 强中近一半的企业。其商业模式以软件授权收入为主。

秘密就是没有秘密。优化求解器相关的所有数学原理都是公开的，但是如何把这些原理全部组合起来形成一个软件，是很难的。这其中包含无数种可能性，有无数个坑，不踩过坑是不知道的，前人踩过的坑还是要一个个去踩；而且还需要创新，挑战从未被求解的问题。这就是优化求解器开发的最大难题。”

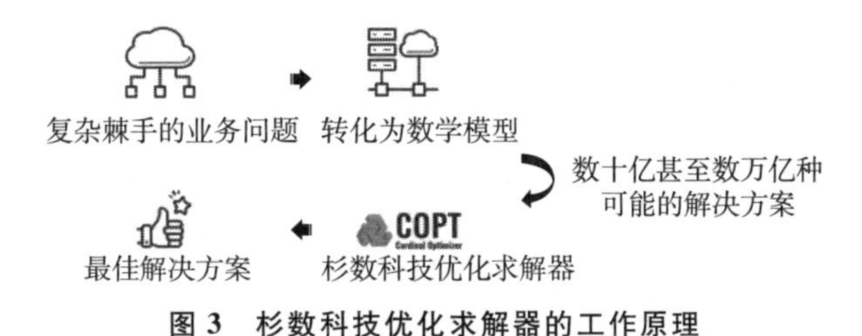

图 3　杉数科技优化求解器的工作原理

资料来源：作者根据杉数科技提供的资料整理。

杉数科技从 2016 年开始尝试优化求解器的开发，每年持续投入超过千万元，对于任何一家企业来说，这样大额的研发投入都需要很大的决心。为什么需要如此大额的投入呢？葛冬冬博士解释道，主要是人员方面的投入，因为优化求解器的开发需要充足的数学规划与计算机领域的知识储备，离不开有开发经验的人才，而世界上真正深入理解优化求解器这样一个高端且小众领域的专家屈指可数。拥有这些智力资源是杉数科技核心竞争力和专业壁垒的根本。罗小渠博士也曾多次强调以优化求解器为核心的技术引擎对于杉数科技的重要意义，“优化求解器如同计算中的芯片，关系国计民生，是军事、航空、能源、电力、医疗、工业、金融等行业关键技术的核心支撑。由于技术体系先进，在技术‘黑箱’内蕴含大量创新，因此技术验证阶段必不可少”[4]。

作为国内首个自主研发的商用数学规划优化求解器，杉数科技优化求解器“Cardinal Optimizer”（COPT）大大弥补了国内市场对于高性能优化求解器需求的缺口。目前 COPT 主要由线性规划、混合整数线性规划两个主要部分构成，深度嵌入机器学习、深度学习与数学规划算法。COPT 的优势主要体现在求解速度和求解稳健性两个方面，相较于市面上一些开源求解工具，COPT 在线性规划和整数规划求解速度方面具有绝对的优势。即便是与国外的顶级优化求解器相比，COPT也已经达到了国际第一梯队的水平，在线性规划方面完全可以替代国外软件。

2019年5月COPT 1.0版本正式发布后，ASU优化求解器国际公测平台测试结果显示，COPT登上线性规划优化求解器榜首。经过多次迭代，到2021年3月，COPT 1.6.0版本成功找出全部问题的最优解，且速度最快，在线性规划优化求解领域已经可以完全替代国外“三大巨头”的产品。

COPT的整数规划部分发布也提上了日程，其性能已在全球名列前茅，超过了所有开源优化求解器的性能。未来几年，杉数科技将继续致力于线性规划内点法和混合整数线性规划的开发，从而更好地帮助企业在实际业务约束下进行决策优化。

四、杉数科技的产品与服务

对于企业来说，优化求解器好比是“汽车的发动机”。发动机固然重要，但是只提供给企业一台发动机是远远不够的，因为自身具备“制造汽车”能力的企业屈指可数，绝大多数企业在数字化转型和智能化升级的过程中需要的是一套完整的解决方案。这样的市场需求也对杉数科技提出了更高的要求——在经历了技术验证、工程化与产品化之后，如何才能更好地匹配客户的需求？

随着与行业头部企业客户的深度接触与合作，以及行业专家和顾问的加入，杉数科技也逐渐积累起了自己对于行业的深刻认知和丰富的知识储备。在对行业和业务了解的基础上，杉数科技将算法与业务深度结合，为客户提供有针对性的优化解决方案，帮助企业解决真正的难题。

（一）定制化服务及典型案例

杉数科技优化求解器的一个重要创新点就是非黑盒化——可以为客户

提供定制化设计，灵活支持企业决策和业务流程优化，为企业经营管理工作提供另一种可能，其合作伙伴包括小米、顺丰速运、京东、德邦快递、中外运、滴滴、永辉、六国化工、中国商飞、百威英博、嘉士伯、欣和、拜耳、蜀海以及好丽友等众多标杆企业，覆盖了从制造业、零售业到物流业等诸多行业。

1. 制造业：六国化工的产供销协同系统

六国化工位于安徽省铜陵市，主要业务为肥料的生产和销售，是国家重点发展的大型磷复肥生产骨干企业，其年化肥产能已达到300万吨。化肥是一个强竞争行业，行业产能结构性过剩、产品同质化严重、低水平竞争等现状倒逼化肥企业转型升级。在这样的背景下，六国化工与杉数科技展开了合作，杉数科技通过为其打造更为精准的需求计划、库存计划、生产计划，以及一整套产供销协同系统（如图4所示），帮助六国化工系统性地提高生产运营决策的智能化水平和经营效率。

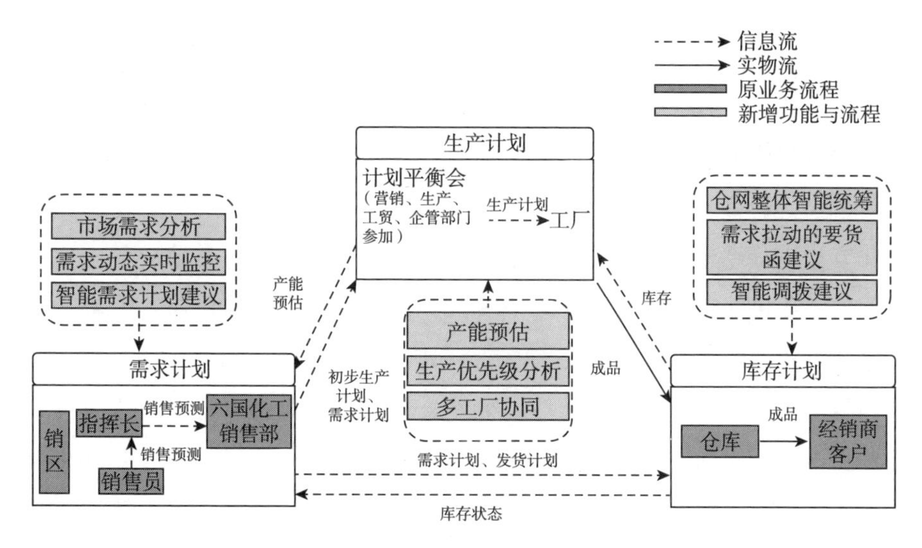

图4　六国化工产供销协同系统

资料来源：《最佳实践 | 杉数科技 & 六国化工：共同打造智能制造产销协同新路径》，https：//caijing. chinadaily. com. cn/a/202008/12/WS5f33a33aa310a859d09dd730. html，访问时间：2024年8月19日。

需求计划上，化肥市场具有极强的区域性和明显的淡旺季特点，杉数科技结合六国化工内部历史销量数据以及外部数据，进行化肥市场潜力分析，对化肥市场进行预测，帮助企业掌握前端市场销量的变化。

库存计划上，工厂或仓库的改造等突发事件容易导致企业常规品缺货、长尾品库存积压，库存成本居高不下。不同产品在生产控制、数据整理等方面信息反馈不及时，仅依靠经验判断，统计报表则采用手工作业，效率极低。而且，随着网购的普及，化肥的销售周期越来越短，客户对于产品及时性的要求也越来越高。杉数科技通过统筹规划企业各级库存，发挥航母仓或大经销商的库存蓄水池功能，通过物流运输将库存前置到离经销商较近的航母仓，从而调节区域需求平衡。

生产计划上，之前六国化工的销售与计划模式缺乏量化指导，总体产能计划由生产部门制订，并根据每月实际情况进行调整。在需求和库存计划的基础上，杉数科技结合历史产能数据、工作日历、班次等条件预估各品种化肥月度产能区间，优化淡旺季需求分配，合理应对突增需求，利用运筹学的思想来实现在合适的时间生产合适的产品，并实现利润最大化。

制造业尤为关心的是生产计划，需要做到产供销协同的合理化，即如何结合自身的生产能力，利用自身库存，拉动供应商的备料，实现销售目标最大化。在这一点上，一个适合企业的库存计划、生产计划应该用一套量化方法进行计算。原来生产、库存、销售各个部门之间是独立的，相互之间的沟通比较有限，而且缺乏一套统一的尺度。产供销协同智能决策系统将线下协调转换为线上数据共享，打通营销、生产、工贸、企业管理等部门信息，大幅提升了部门间协同效率；同时，企业供应链管理能力得到精细化升级，使其生产经营计划更贴近市场，显著降低了生产、仓储和运输成本，最终达到提高产销协同水平、加快市场响应速度、提升精细化管理能力的目的。经营数据在线透明，核心管理层都随时可查看，并且根据这些数据从全局的角度来进行经营决策的调整。可以说，杉数科技不仅为六国化工提供了一套产供销协同系统，而且还带来了管理思维上的升级——由人工经验管理转变为系统量化、全局最优。

目前这个系统在六国化工内部运行良好，在每个月度的产销协同进度会上产生了很好的模拟效果，辅助企业领导层进行决策，使得其最终的生产效率提升约 15%，产能利用率提升约 20%，库存成本下降约 1 800 万。此外，该转型方案还进一步响应了国家环保政策要求，通过更加有效的产能规划和生产计划，减少回炉等操作，使综合能耗降低约 10%，客户满意度提升约 15%。

2. 零售业：好丽友的数智化供应链转型

好丽友是一家传统的休闲食品企业，在派品类中市场份额始终遥遥领先，在口香糖、饼干、膨化等品类中亦位居前列。过去，好丽友在供应链管理与运作模式上相对传统，多年来一直依赖人工处理数据进行销售预测。在产品种类不断增加、订单频繁改变的背景下，人工决策的方式无法跟上复杂的变化而做出快速、及时的调整，导致出现爆款供不应求、履约交付的周期过长等问题。随着休闲零食市场规模的不断扩大，行业的渠道精细化管理的难度也在加大，倒逼整个供应链效能的提升。特别是在疫情防控期间，好丽友的零食产品需求达到了历史高峰，让企业开始考虑用数字化系统解决供应链中遇到的诸多问题，促使其迅速达成了与杉数科技的数智化转型项目合作。

对于好丽友这样的零售快消企业来说，生产能力并不是企业发展的瓶颈，他们更关心的是如何从前端市场中获客以及如何快速地将产品销售出去。在与好丽友进行了多次交流并对其进行调研之后，杉数科技将好丽友的问题归纳为数据、流程、组织架构等方面：好丽友原始的基于 Excel 的手工计划流程效率低下，无法提供前瞻的计划与可视性，并且存在广泛的数据孤岛，无法快速获取支撑决策的关键数据和信息；不同组织之间计划流程的周期、节奏和颗粒度不一致，需求与供应计划之间没有建立起闭环的整合流程；仅能基于库存信息进行订单分配，无法考虑全局可用库存，订单分配规则不够灵活，导致履约的效果不好。

杉数科技为好丽友量身打造了一整套从智能计划、智能履约到供应链控制塔的数字化供应链转型方案。智能计划包括需求计划、生产计划和供应计划，支持自由设定计划的最优目标，比如利润和客户服务水平等，从而优化企业最核心的绩效指标。相较于传统的解决方案，杉数科技的智能履约方案运用人工智能与运筹优化两大核心技术能力，可以精准捕捉市场需求变化，同时在统筹生产、库存、运输等各方面因素的情况下，进行最敏捷的订单履约，实现数据驱动的端到端智能履约流程（如图 5 所示）。通过算法还可以对多种促销和突发场景进行模拟，加快对市场变化的响应速度，提高客户忠诚度和满意度。

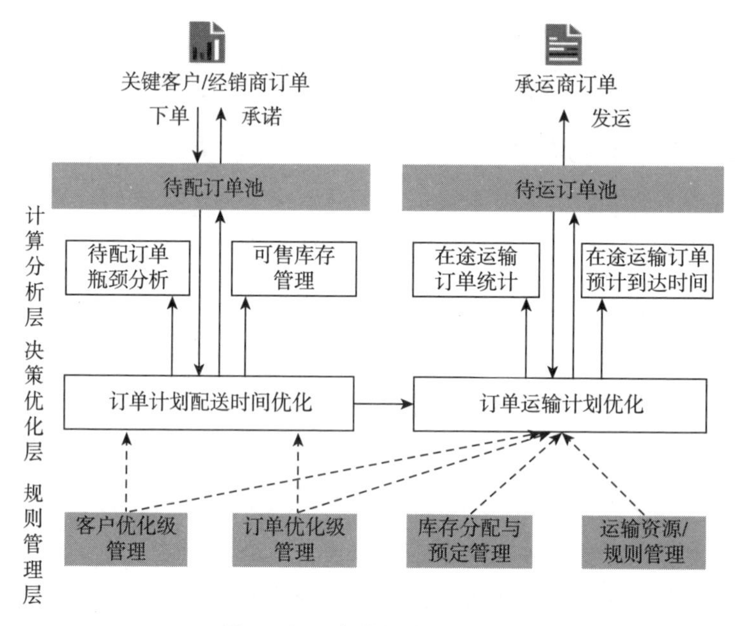

图 5　好丽友的智能履约模块

资料来源：作者根据杉数科技提供的资料整理。

方案落地后，精准预测能够捕捉并考虑更多影响销量的因素，将月需求预测准确率提升 10%；指导好丽友更加有效地进行生产及供应，提升库存周转率，将库存周转天数减少 0.5 天，从而释放百万元级的库存占用金。

3. 物流业：德邦快递的车辆智能调度系统

德邦快递成立于 1996 年，作为国内快递行业的头部企业，截至 2020 年年末，其仓储数量达 132 个，总面积为 106.5 万平方米，自有营运车辆超过 1.3 万辆，营业网点总数超过 3 万个。上述条件构成了德邦快递全国零担快递配送网络，覆盖了国内所有主要城市。基于庞大的快递网络，德邦快递每日需要处理超过 100 万票的运输，派送车辆超过 4 000 趟次。过去，其主要依赖于分拨中心的人工调度，效率低下。因此急需智能化的调度方案来解决分拨中心的车辆调度难题，结合快递的接送货需求，提高车辆的使用效率，降低成本。

此前，德邦快递运作部门在日常处理车辆调度时，基于传统手工作业，先分区，后排车；实际派送也有赖于司机的经验，缺乏系统的规划指导和算法的支持。针对德邦快递的业务需求，杉数科技投入科学家、高级算法工程师、项目经理和顾问，为其设计了一套智能化的调度算法，主要由两个不同的算法包解决提前计划好的派送调度，以及隔日随机出现的接货调度（如图 6 所示），并进行了迭代式开发。送货调度上，德邦快递的分拨中心会提前一天将需要进行派送的单据通过算法进行排程，综合考虑片区划分、客户预约时间窗、路线、货物等信息进行总车次最少/总距离最短两层目标的优化；接货调度除考虑送货调度的约束以外，还需要根据新出现的接货订单与车辆当前位置进行算法匹配，决定接货车辆的最佳处理顺序和路线。

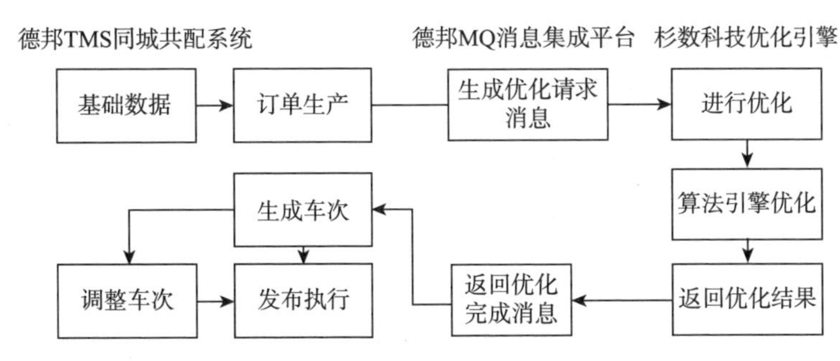

图 6　德邦快递的智能调度系统

资料来源：作者根据杉数科技提供的资料整理。

杉数科技对整体项目采取私有化部署算法包的形式，在德邦快递系统内提供异步调用的算法接口，与德邦快递自有的调度系统进行整合，实现调度算法的调用。项目落地之后，每个分拨中心的调度由原来的 2 人、每人 3～4 小时缩减为 1 人 30 分钟内完成，提升了调度效率；整体车次数量减少了 3%～5%，节约了运输成本；司机的行驶里程也得到了优化，总体行驶里程节省了 4%左右。

（二）杉数科技智慧链标准化产品

在与众多行业龙头企业合作后，通过收集客户体验反馈，历经多次复盘和迭代，杉数科技逐渐提炼出了企业通用普适的问题，并基于传统运筹学的逻辑，进行了模块的标准化。2017 年下半年，杉数科技逐渐推出相对模块化、标准化的产品（如图 7 所示），期待随着标准化产品的丰富，一些大客户未来的定制服务也可以由标准化的模块组合完成。

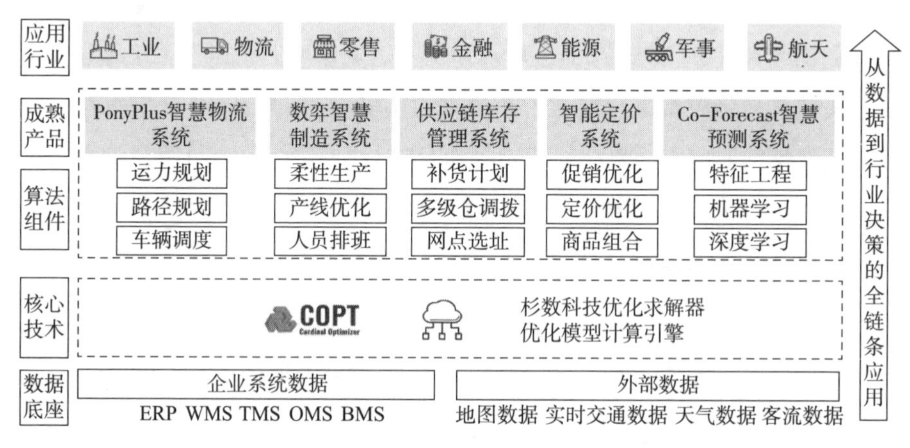

图 7　杉数科技的智慧链

资料来源：作者根据杉数科技提供的资料整理。

1. 数弈智慧制造系统

由于传统产能、工艺和物料等因素的限制，诸多企业一直面临着排产计划的难题。制造企业通过大量采用先进的信息网络技术和数据处理技术进行精细化管理，加速转型升级，以期在国内外市场提高核心竞争力。作为精细化管理的源头，智能计划排产是工业 4.0 的核心技术之一，只有实现计划排产的精准化与最优化，才能实现整个生产过程的精细化与智能化。若想提升企业效率，就要解决一个基本问题——约束。编排生产计划不仅需要全面考虑多重资源约束，还要考虑物料、需求、供应商资源、运输资源、分销资源以及财务资金等约束。

杉数科技的智能决策系统凭借 COPT 提供的强大计算求解能力，可以根据不同排产目标对应的 KPI（关键绩效指标）计算与比较，并且综合考虑需求和资源的全约束，灵活调整优化目标，实现企业个性化的计划排程限制，将真实订单和销量预测在满足所有限制条件的基础上均衡地计算到每天/每个产品线/每种产品等方面的可行生产计划，帮助企业实现更加快速的计划排产和更智能、精准的生产运作，快速灵活地响应市场需求（如图 8 所示）。

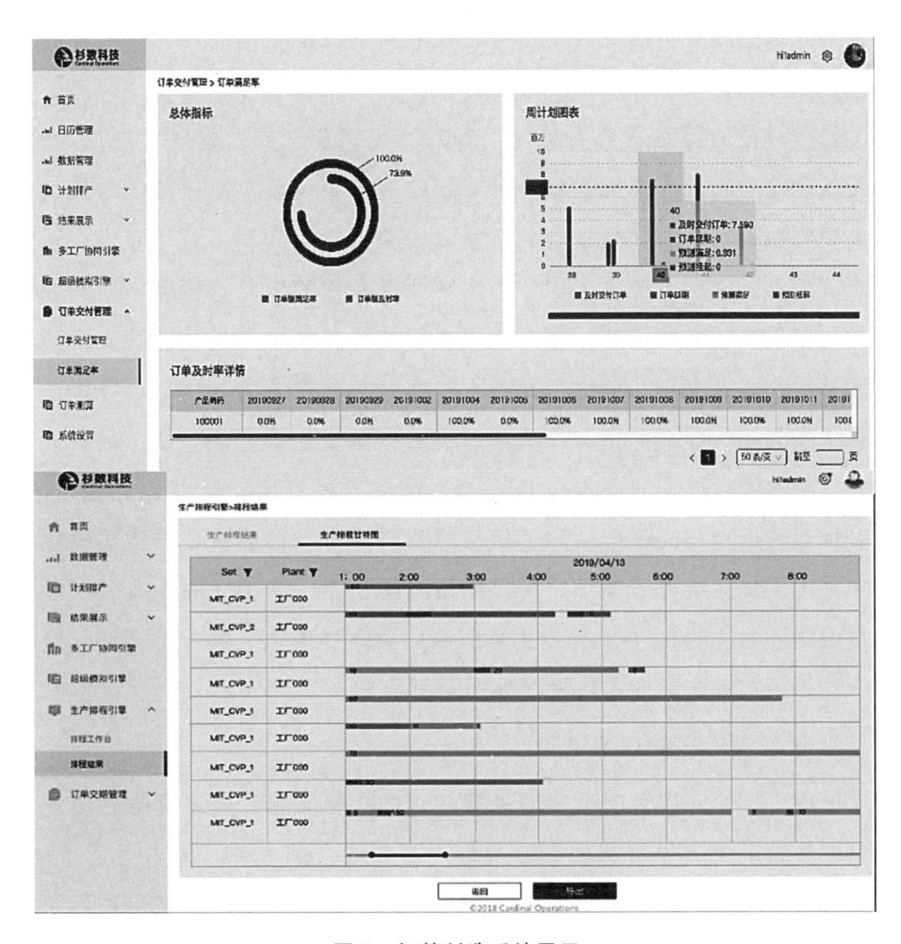

图 8　智慧制造系统展示

资料来源：作者根据杉数科技提供的资料整理。

2. PonyPlus 智慧物流系统

路径优化问题是运筹学的经典研究课题，也是物流行业中的一项最基本的技术。在客户下单或者产生物流需求之后，如何设计一条线路在满足需求的同时，实现成本最低或者时间最短？在实际场景中，这些问题会变得非常复杂，因为有非常多的因素要考虑，同时出现多个需求、多个送货员、多个出发点；而且有的需求是实时的，有的需求有固定的时间窗口；有的需求是取货，有的需求是送货，不同需求会有不同的限制；再加上承重限制的特殊要求，产生很多路程和时间上的不确定性。在这样的情况下，如何制定一条路线可以更好地服务消费者，同时满足运营需求，对于企业来说至关重要。[5]

杉数科技的智慧物流系统专门针对物流优化问题，能够为同城运输、支干线运输等场景提供配送任务分配、路线规划建议。通过杉数科技优化求解器和独有的智能化调度优化算法，能快速提取车辆、订单要求、运输地点等信息，之后系统会考虑各种实际业务条件和限制，根据不同的业务场景配置不同的优化策略，算出优化之后的任务派单及优化路线，将调度时间从数小时减少到几分钟，同时大幅提升车辆资源的利用率。算法还会优化货物装卸的合理顺序，并确保司机的工作量安排合规均衡，避免疲劳驾驶。货主则可以实时查看配送计划、订单完成进度、服务评价反馈等，在降低运输成本的同时也做到了信息的及时共享。杉数科技在运输优化算法中采用了货运版电子地图，可以同步考虑道路、车型、商品及时间段等多重限制因素，帮助车辆有效避开限高、限重、限宽、限行等道路，使得运算结果更贴近实际业务场景（如图 9 所示）。

3. 供应链库存管理系统

杉数科技的库存管理系统通过智能化的仓储大脑、轻量化的算法模块和可配置的解决方案，帮助企业实现更高效的仓储作业。B 端（企业端）仓库主要面向制造业、零售业、冷链等行业，帮助企业在满足多种业务约束（先进先出/批次管理/商品分类/生产计划/发运计划）的情况下，充分利用仓库资源，提升仓内作业效率与管理可视化程度；面向电商场景提供

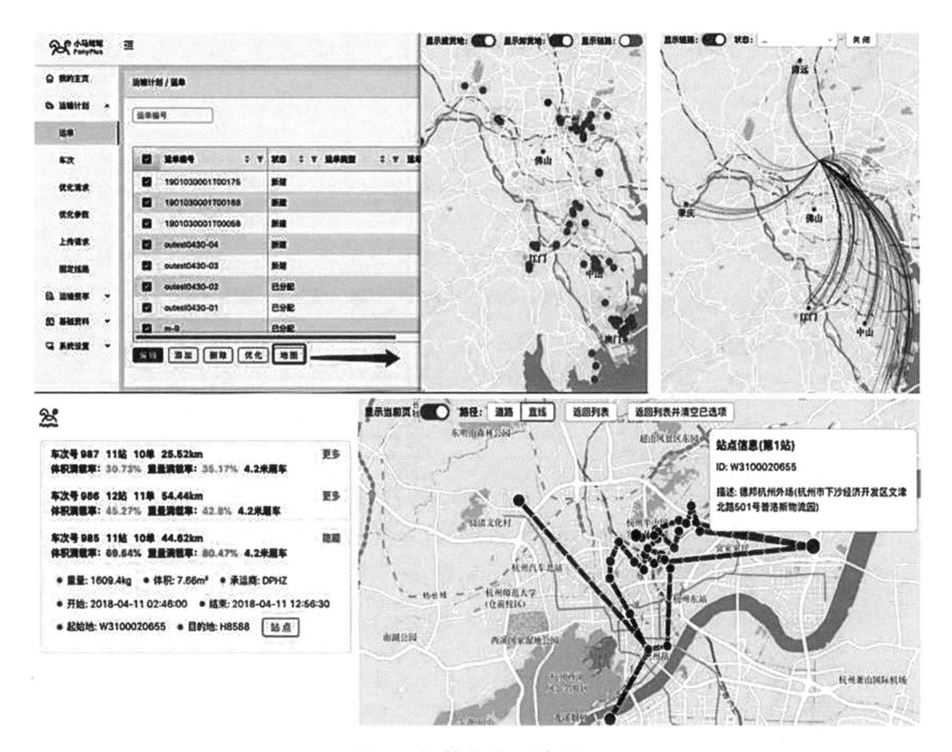

图 9　智慧物流系统展示

资料来源：作者根据杉数科技提供的资料整理。

的 C 端（消费者端）仓库解决方案，帮助企业科学有效地实现海量订单管理，提升拣选效率，在动态敏捷的电商销量波动中做出反应，从而赢得竞争优势（如图 10 所示）。

4. 智能定价系统

好的定价策略意味着在合适的时间将合适的商品以合适的价格卖给合适的客户。杉数科技的智能定价系统可以帮助企业选择合适的清仓商品和清仓价格，以及确定最优的促销时机，并在此基础上进行精准的销售预测。该系统包含两大功能：一是电商价格优化，为客户建立自动的价格分析和优化模型，实现对大量 SKU（库存量单位）的精细化和高效率的价格管理，提升电商部门的收入和利润；二是零售价格优化，为客户建立不同零售渠道的价格优化机制，辅助线下渠道的价格管理和促销执行，提升零售收入和费用投入产出比（如图 11 所示）。

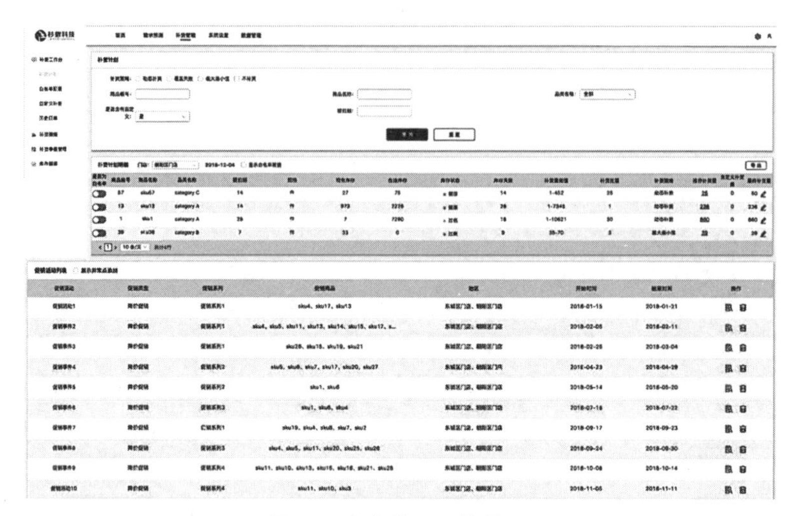

图 10　库存管理系统展示

资料来源：作者根据杉数科技提供的资料整理。

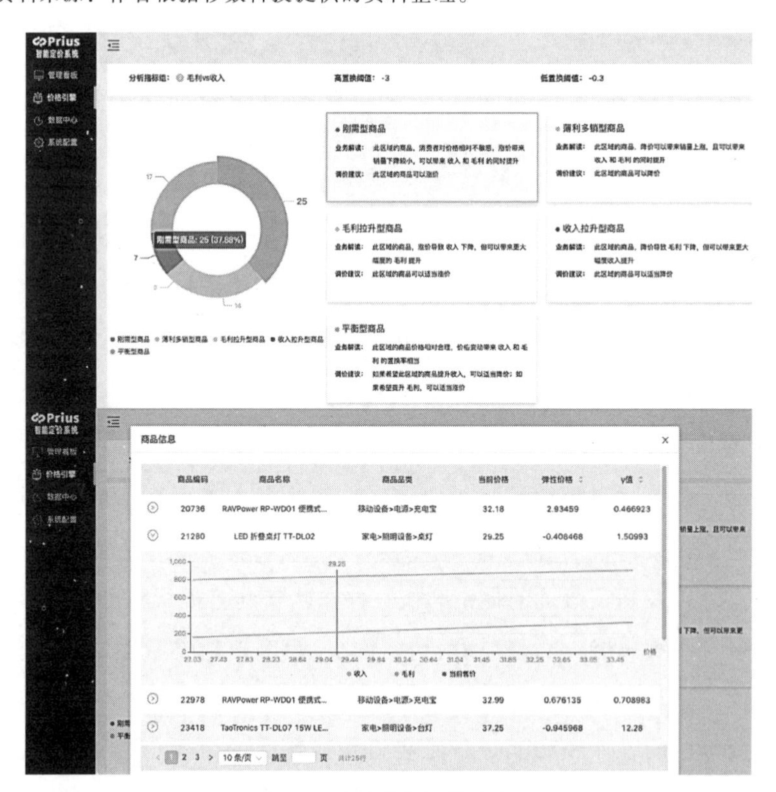

图 11　智能定价系统展示

资料来源：作者根据杉数科技提供的资料整理。

5. Co-Forecast 智慧预测系统

日趋多元的营销手段使销量的波动幅度增加和预测难度增大，补货过量造成浪费，补货不足影响销售，还需要同时保证线上线下不同渠道的销售需求，企业所面对的库存管理复杂度与日俱增，人工经验参差不齐，难以满足。如何对商品进行分类以及预测相应的需求？如何选择每种商品的库存策略？如何设置合理的安全库存标准？在何时以什么样的频率补货才能实现库存成本和订单满足率最优？杉数科技的智慧预测系统为多种类别的商品提供了更为精准的需求预测，并基于此提供有针对性的补货建议，解决了不同门店的每一款商品“卖多少”“补多少”“何时补”的问题，还通过优化算法计算最优的补货点和补货量，帮助企业在服务水平和库存成本之间找到平衡点，获得最佳的经营模式（如图 12 所示）。

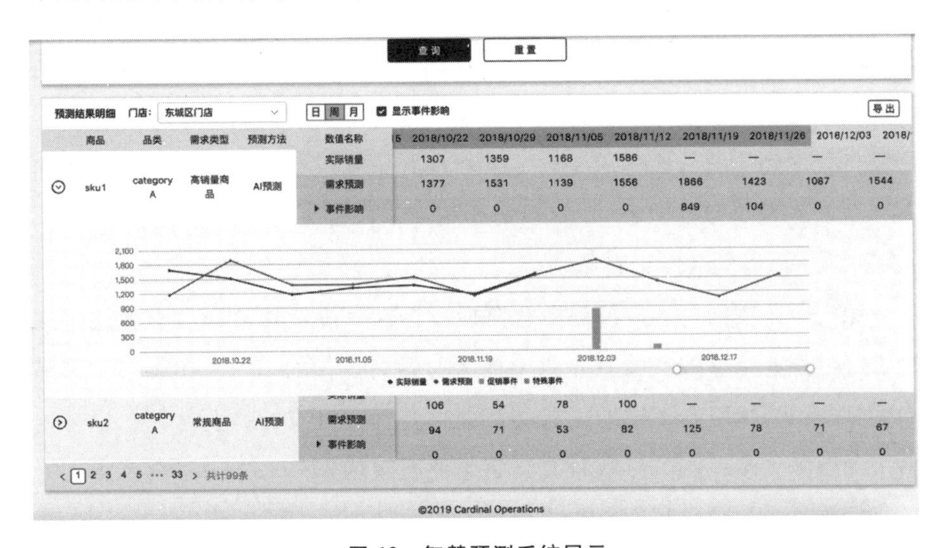

图 12　智慧预测系统展示

资料来源：作者根据杉数科技提供的资料整理。

五、杉数科技未来的发展方向

罗小渠博士在 2020 年 11 月的媒体沟通会上讲道，全球的优化求解器市场目前被 Gurobi、FICO 和 IBM 三家企业垄断，这三家企业也代表了杉数科技三个不同的阶段：第一个阶段是技术验证阶段，对于杉数科技这样在技术体系中有着大量创新的技术型企业来说，前期的技术验证必不可少，而且是非常重要的。在这一阶段杉数科技更像纯粹的软件企业 Gurobi。

杉数科技花了两到三年的时间建立起技术壁垒，现在正处于第二个阶段，即工程化和产品化阶段，类似于 FICO，以优化技术为依托，聚焦于一个特定的行业场景，在行业场景里提供产品化服务，并且通过服务一些行业头部企业，来验证哪些技术对于产业和场景真正有价值，应该以什么样的方式服务客户，以及打造行业产品时应该怎样进行产品的固化。

在罗小渠博士看来，杉数科技输出产品技术模块，在前端会与大量不同的合作伙伴合作，从而推动整体解决方案的落地。某种程度而言，杉数科技已经进入构建合作伙伴生态体系的关键阶段，这关系到其核心的求解器技术与产品能否更好地在行业用户中落地。“从产品上来看未来会分两层：一层是优化求解器这样的技术引擎，这对于客户的技术要求很高；另一层则是端到端的行业应用平台，从数据开始到求解计算，再到行业应用接口开发，做端到端输出。”罗小渠介绍道，“在这两种产品的基础之上，（我们）还会提供个性化服务。”

第三个阶段则是大规模商业化阶段，在这一阶段杉数科技会变成一家什么样的企业？杉数科技真正想要成为的是新一代的 IBM，IBM 以技术平台为依托，广泛服务不同的场景和行业，其既有对应的行业产品，也有相对应的服务体系，这是杉数科技真正想要实现的未来——一家真正意义上的广泛服务多个行业和场景的平台型技术企业。

参考文献

1.《杉数科技罗小渠：只谈数据分析？企业要的不止于此》，https：//www.jiemian.com/article/1534787.html39，访问时间：2024 年 8 月 19 日。

2.《上财 X 院葛冬冬：运筹学是交叉学科，我们需要看到产业界发生了什么》，https：//www.163.com/dy/article/D75T5H570511DPVD.html1，访问时间：2024 年 8 月 19 日。

3.《决策优化技术帮助企业运筹帷幄，“杉数科技”获近亿元B轮投资》，https：//new. qq. com/rain/a/20201124A03IXH002，访问时间：2024年8月19日。
4.《杉数CEO罗小渠：快速成长背后的“术”与“道”》，https：//www. sohu. com/a/435824193_229926，访问时间：2024年8月19日。
5.《顺丰科技“智慧物流”论坛：人工智能的价值在于提升物流中的运筹学》，http：//chinawuliu. com. cn/zixun/201707/17/323054. shtml，访问时间：2024年8月19日。

特斯联与 AI CITY——智能时代的城市进化论[①]

翟昕、翟耀

创作者说

特斯联成立于 2015 年，专注于人工智能和物联网技术，通过智能硬件、边缘计算和平台系统打造智慧城市解决方案。本案例首先概述了中国城市数字化转型的背景，继而阐述了特斯联从 1.0 到 4.0 的企业发展历程，包括其从城市级物联网平台企业向人工智能物联网的转型，到成为智慧场景服务商的智能化探索，并最终发布了面向城市整体智能化需求的 AI CITY 产品。本案例还介绍了特斯联的产品体系、技术优势，以及在多个场景的智能化落地经验，以及未来发展规划，包括 AI CITY 的持续优化、国际化布局、投资生态构建等。

在数字经济迅猛发展的当下，选择特斯联作为案例主体，旨在向读者展示数字经济的巨大潜力，使其深入了解中国数字经济发展的趋势，以及中国城市数字化转型发展情况。特斯联在数字经济发展中选择的独特发展路径和创新实践，作为商学院企业战略、商业模式等课程的案例教学素材，可以帮助学生理解数字经济的内涵，启发他们利用数字技术推动创新和创业，并为其他企业的数字化转型提供重要的借鉴。

① 本案例纳入北京大学管理案例库的时间为 2020 年 11 月 4 日。

社区犯罪率降低 90%，建筑节能率达到 30%以上，建筑运维人力成本降低 40%，仓库失火率降低 90%，疫情防控期间风险人群自动排查准确率达到 90%以上，零售坪效提升 20%……这些听起来难以在短时间内达成的目标，被一家名为特斯联的科技企业通过各种解决方案陆续达成。

2017 年，习近平总书记在党的十九大报告中提出“加快建设创新型国家”“建设数字中国、智慧社会”。这是自 2013 年中国开始大力发展“智慧城市”之后，在理论和实践层面的概念升级。中国将进入数字科技的爆发期和黄金期[1]，数字科技也已经从体量较小的新经济领域拓展到社会生产生活的方方面面，成为中国发展的新动能。

“其实，从 2015 年开始，我们就关注到数字化转型和物联网这个领域，当时业内同行们思考更多的是，智能化时代的入口是什么？”时任特斯联副总裁安韧回忆起当时的市场，这样坦言道，“而我们选择智慧场景和城市作为切入点，其实也是一个慢慢摸索的过程。”

特斯联成立于 2015 年 11 月，是光大集团体系内的光大控股在新经济领域发展的核心战略平台，以人工智能+物联网技术打造智慧城市，为城市管理者、企业、市民提供社区园区、办公商业、电力能源、零售文博等一站式解决方案。[2] 虽然成立的时间不长，但是在实践中，特斯联利用 AIoT（人工智能物联网）赋能城市，提供一体化的城市智能化转型服务，助力产业智能化、数字化升级，已经迅速成长为 AIoT 和城市赛道内的超级新物种。2020 年 7 月，特斯联正式成为 2020 年迪拜世博会官方首席合作伙伴。2020 年 8 月 4 日，胡润研究院对外发布“2020 胡润全球独角兽榜”，共评选出 586 家成立于 2000 年之后，估值 10 亿美元以上的非上市公司，特斯联位列其中，在上榜的全球人工智能独角兽企业中排在第 33 位。[3]

一、中国社会与城市的数字化转型

1. 基础设施和技术驱动的智能化时代

来自市场研究机构 Machina Research 的数据显示，全球物联网连接数量及物联网收入2015—2025年将增长3倍。2015年，全球物联网连接数量为60亿个，根据预期推算，到2025年这一数字将增至270亿个。同期，物联网收入将从7 500亿美元增至3万亿美元，其中总收入中的1.3万亿美元将通过设备、连接和应用收入直接来自终端用户。[4] 剩余部分则将来自上下游资源，包括应用开发、系统集成、托管和数据货币化。

2015年，“互联网+”这一概念正式被国家认可并被纳入《政府工作报告》。在传统行业与“互联网+”进一步深度融合的同时，已有人开始思考“互联网+”的下一站，即中国数字化转型的道路该去向何方。

2019年的《政府工作报告》首次提到了“智能+”，要求深化大数据、人工智能等研发应用，壮大数字经济。“智能+”是科技发展和应用的新阶段和新维度，更是中国经济社会各领域数字化转型的新方向和新未来。据工业和信息化部的数据，截至2020年5月末，中国蜂窝物联网终端用户达10.97亿，同比增长44%，比上年年末净增6 886万户，其中应用于智能制造、智能交通、智能公共事业的终端用户增长均达30%左右。[5] 根据IDC（互联网数据中心）的数据，中国蜂窝网络连接数快速增长，在公用事业、智能制造、车联网、智能家居等领域广泛应用，该数值预计将以21%的增速在2026年达到36.3亿个。[6]

从互联网时代到智能时代，中国云数据中心资源总体供给规模平稳扩大，近年来复合增长率在30%以上。全球500强超级计算机的计算能力中有32%来自中国，仅次于美国的37%。北京、上海、广州、武汉、重庆五大标识解析国家顶级节点①功能不断完善，42个二级节点上线运营。在工业互联网领域，全国具有一定区域和行业影响力的平台超过70个，跨行业跨领域平台平均工业设备连接数已达到65万个，平均注册用户数突破50万。[7]

数字经济无疑已经成为经济社会发展的新动能（如图1所示）。2018年，我国数字经济总量达到约31.3万亿元，占GDP（国内生产总值）比重

① 标识解析国家顶级节点是一个国家或者地区内部最顶级的标识解析服务节点，能够面向全国范围提供顶级标识编码注册和标识解析服务，并具备标识备案、标识认证等管理能力。

超过 1/3，达到 34.8%，占比同比提升 1.9 个百分点。数字经济的发展对 GDP 增长的贡献率达到 67.9%，成为带动我国国民经济发展的核心关键力量。[8] 预计到 2025 年，互联网将帮助中国 GDP 年增长率提升到 1.0%，相当于 GDP 增长总量的 7%～22%。[9]

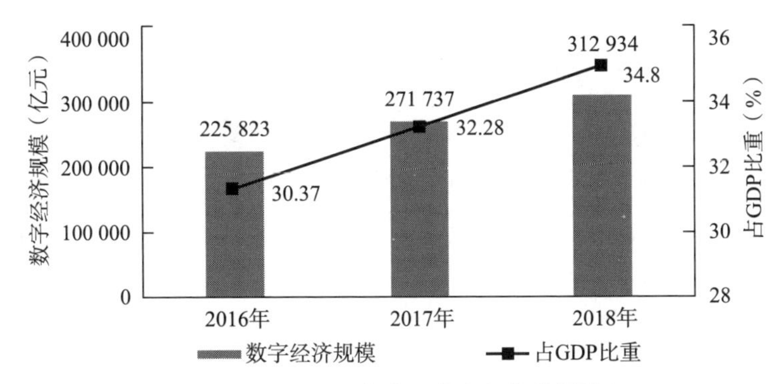

图 1　2016—2018 年中国数字经济发展情况

资料来源：作者根据相关资料整理。

中国几乎所有的行业领域都在经历数字基础设施建设的渗透。据 2017 年麦肯锡全球研究院的产业数字化研究，在中国的各个行业中，数字化程度最高的领域包括信息和通信技术、媒体、金融，部分数字化的领域包括文娱、零售、健康、基础设施、政府管理、教育，制造、交通、服务、地产等多个领域处于数字化程度较低的状态。[9] 数字化的下一个阶段是智能化，在新一轮科技革命和产业变革浪潮中，各行各业的数字化转型将带来新的智能化机会。

2. 中国城市数字化转型发展概况

中国的城市数字化经历了几个变化较大的发展阶段：

第一阶段，政府信息化阶段，又被称为“前智慧化”阶段。以政府信息电子化为主要内容。

第二阶段，智慧城市阶段。国内的智慧城市建设于 2013 年获得大规模推进，主要驱动力是住建部公布的三批全国性的智慧城市试点名单，行动方是各级城市政府。这一阶段智慧城市建设集中在智慧城市顶层设计、数据中心、传统城市智慧化平台、城市展览馆等方面。因为缺乏资源整合和应用落地能力，这一时期建设的大批数据中心、城市平台在建成后的使用效果并不理想，虽然在建设之初具有试点示范效果，但由于缺乏持续可运营性，因此更多起到了试水和探路的作用。

第三阶段，垂直场景化阶段。试点型的智慧城市建设出现了诸多问题。从2017年开始，由于各类政府主导的智慧化平台“性价比”较低，市民并没有感知到其优势，因此政府主导的智慧城市的总体规划建设进入了一个“冷静期”，政府转向以落地为前提的细分应用领域，如教育信息化、医疗信息化、安防（由于人工智能在视觉领域的进展而突然快速爆发）等（如图2所示）。但从城市总体角度来看，这些领域并不被认为是典型的城市场景，而被看作行业场景。

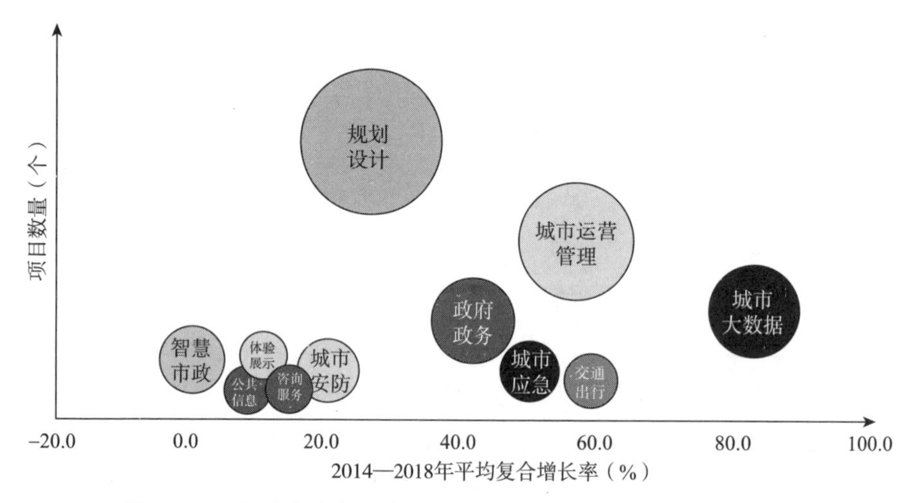

图2　2018年地方政府智慧城市项目中标数量（按项目类型划分）

资料来源：《艾瑞咨询：2019年中国智慧城市发展报告_数据局》，https：//www.163.com/dy/article/EEBPHBI90511B3FV.html，访问时间：2024年8月19日。

同时，科技企业看到了城市作为一个流量“入口”的价值，开始与各个城市开展战略级的合作，包括腾讯等出资成立的数字广东互联网企业、阿里巴巴打造的城市大脑平台、滴滴发布的交通大脑产品都是这个时期的典型案例。在这一阶段，城市数字化转型领域较大的发展就是城市级计算的实际应用，主要驱动力是人工智能技术和云计算能力的提升。

目前，城市智能化转型已成为全球共识。新加坡自2014年启动“智慧国家”计划，其 ICT 市场规模不断扩大，预计到 2029 年将达到 766.7 亿美元。[10]2017 年，沙特阿拉伯发布“NEOM”计划，斥资 5 000 亿美元，在红海沿岸打造面积达 2.65 万平方公里的未来新城。2019 年 4 月，欧盟推出“数字欧洲计划”（Digital Europe Programme），总预算达 92 亿欧元。2019 年 6 月，G20 全球智慧城市联盟（G20 Global Smart Cities Alliance）成立，致力于共同制定智慧城市技术准则。2020 年 1 月，欧盟委员会通过《欧委会 2020 年工作计划》，提出未来五年将重点推动欧盟经济社会向智能化转型。

而中国是城市智能化建设市场规模最大的国家，占据全球在建智慧城市数量的近 50%[11]，泛城市智能化市场规模即将突破万亿元（如图 3 所示）。长期来看，中国城市智能化转型将获得三大动力的持续助推。

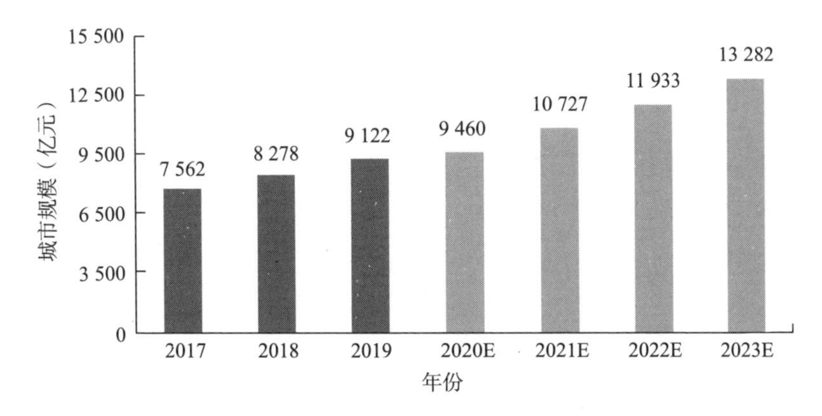

图 3 中国泛城市智能化市场规模

资料来源：作者根据公开资料整理测算。

第一，中国社会存在迫切的新型城镇化建设需求和愈发复杂的城市治理需求。2011 年，中国城镇化率首次超过 50%（如图 4 所示），这意味着中国的城镇人口数量首次超过农村人口数量，城镇化增长速度趋于放缓，城市发展的关注点从增量转向存量，城市发展关键词从“新建”变为“提升”，长期面临品质提升的需求。2020 年，中国城镇化率已超过 60%，曾经只有少数大城市才出现的拥堵、污染、安全等问题，成为大多数城市都需要解决的难题。同时，城市系统复杂度提升、需求多样化程度提高，要求城市运转更加高效、管理更加精细，这都为智慧城市的发展留下了巨大的空间。

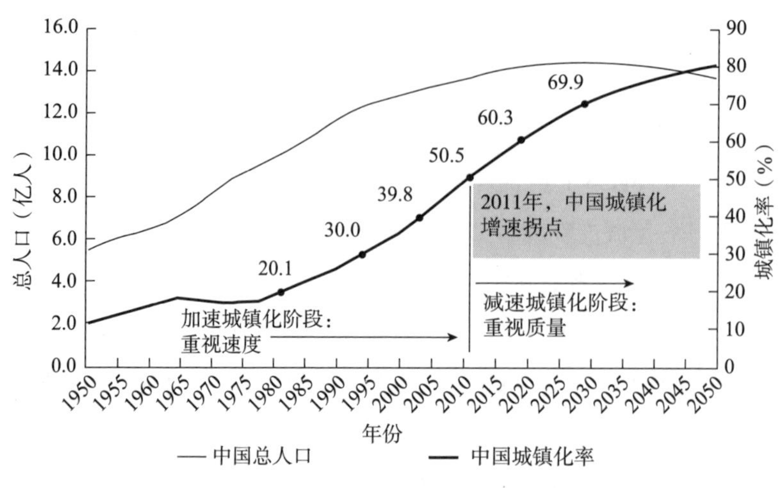

图4　中国人口与城镇化水平变化情况

资料来源：作者根据联合国人口署的相关资料整理。

第二，新基建已成为中国未来发展的关键引擎。以5G、人工智能、工业互联网、物联网为代表的新型基础设施，本质上都是数字基建，它们将推动移动支付、物联网、大数据、人工智能、通信等技术的成熟与商用，这将为大规模城市智能化应用构筑坚实的科技底座。随着万物互联时代的到来，全球范围内的网络连接终端数量大幅增加，数字技术与网络科技相融合，生成的数据呈现指数型增长，这些新技术的交叉、融合及应用将持续为城市智能化转型赋能。

第三，中国互联网人口红利逐渐消失，而城市仍是尚未深耕的入口级场景，高密度的人口、快速迭代的市场和应用场景，是技术落地和商业模式创新的孵化器，是科技企业延长产品线，整合技术、资金、市场的最好舞台。

3. 自动化却不智能的城市现实

2014年，美国智能硬件企业Nest被谷歌以32亿美元收购。到2015年特斯联成立时，国内不少人也认为智能硬件和物联网会成为新风口，可事实证明，中国智能硬件市场并未变成行业级井喷市场。现实告诉我们，中美差异巨大，智能化时代“Copy to China”（将国外经验复制到中国）的逻辑不一定奏效，中国亟须探索自己的智能化转型道路。

特斯联发现，只有应用场景创新才能真正改变社会运转和生活方式。中国已经在零售、出行、支付、消费等领域孵化出了改变生活方式的“新物种”，但从整体城市角度仍然难以感受到便捷和智能。在城市这个维度，虽然单一场景和硬件已经实现了一定程度的升级，但由于场景和数据的割裂，决策响应难以在空间中实现互通，大多数决策和响应仍然要依靠人的经验。

另外，城市涉及众多人和系统，由此产生的庞大需求难以依靠单一技术的突破就得到满足。以近年来获得快速发展的人工智能机器视觉为例，虽然高识别率和高识别精度的算法已经在行业中得到普及，但能够在城市中得到应用的场景仅局限于人脸识别、车辆识别等领域，难以解决城市运转过程中更重要的能源、交通、环境等问题。

二、特斯联的创业故事

1. 另类投资：特斯联的成立

特斯联首席执行官（CEO）艾渝曾在华尔街工作，经历了金融危机下的华尔街由盛转衰的全过程。2008 年，25 岁的艾渝加入光大控股，以核心创始人的身份创办并运营中国最大的地产基金——光大安石，管理资产规模超千亿元。

2015 年，艾渝以光大控股董事总经理身份担起了光大控股在新经济领域投资的使命，从产业基金转向新经济投资。彼时，中国市场正处于移动互联网红利的最后一轮爆发期——滴滴与快滴刚刚合并，互联网巨头正在 O2O（线上流量向线下引导）领域厮杀，还没有人知道人工智能和物联网领域会诞生怎样的巨头。现在回过头来看，2015 年又像是一道分水岭，上半场的互联网红利正在消失，而下半场该何去何从，人们无暇顾及，毕竟在当时的市场环境中很容易做出“爆发式增长就是一切”的判断。

艾渝敏锐地发现，中国的产业发展红利正在从互联网和移动互联网领域向智能新经济领域迁移，未来在这一领域内，一定会产生“BAT”（指百度、阿里巴巴和腾讯）级的新经济巨头。此后几年，光大控股新经济基金累计投资300亿元，被投资的包括特斯联、爱奇艺、美团点评、商汤科技、小鹏汽车、马上金融、第四范式、网易云音乐等70个项目，覆盖了如今新经济产业中30%的头部“明星”。

特斯联最初只是这些被投资企业中平平无奇的存在，估值达千万元人民币级别，二十多人的团队规模，主要产品是智能门锁、智能网关这类终端设备。

但艾渝认为，当技术不成熟的时候，大家都要投资做技术的企业。技术一旦成熟，值得投资的一定是提供解决方案的企业和能够应用技术的企业。根据安韧的回忆，当时她和身边的同事只是意识到了机会的存在，但没想到艾渝本人竟会一头扎进来，在投资后主持了特斯联的重组工作。之后艾渝全面掌舵，并带领特斯联走上转型之路。

决定出任CEO时，艾渝为特斯联定下第一个三年目标：找到主营业务和发展方向；完成从0到1的建设；成为新经济领域的独角兽；得到顶级投资人的认可。

然而，从哪里下手呢？

2. 寻找“入口”：城市级物联网

首先，艾渝对特斯联做出平台型企业的定位，并且选定B端赛道。当时，中国所有迅速崛起的科技巨头都聚焦C端。行业中普遍有一种说法是中国企业没有B端的基因。在C端商业模式遍地开花的风口之下，特斯联为什么要转入一个陌生而未知的赛道呢？

艾渝认为，移动互联网时代技术红利缔造了太多独角兽，这很容易让人觉得只要一种技术足够创新、足够颠覆，就能成功。一旦形成了这种思维惯性，必然会陷入困境。艾渝转换了自己固有的投资思维。他期待能够以特斯联为一个平台型抓手，让智能化和物联网赋能中国企业进行场景数据化、数据网络化、网络智能化、智能平台化的改造升级，进而形成独有的智能化商业闭环。

所以，光做蓝牙智能门锁当然是不够的，2016年年初，艾渝为特斯联确定了新的定位——城市级移动物联网平台企业。确立这个定位的理由是，当时物联网设备在诸多领域已有较大发展和普及，如车联网、智能家居、工业生产，形成了一定量的连接基础，同时，智能设备和网络连接等基础设施条件也逐渐成熟，而能够将这些整合在一起的城市级物联网平台尚未出现。

特斯联之所以有信心能够在城市级物联网上取得突破，是因为其拥有对技术的理解和对整个产业链的掌控、融合能力，他们希望以智能硬件为突破口，以一个个社区和写字楼为载体，通过智能硬件、云端平台、多场景智慧解决方案，对众多智慧社区、智慧办公、智慧建筑一视同仁，形成连点成线、成面、成规模的智慧城市“广域网”[12]。

这个选择后来被证实是正确的。从 2015 年到 2018 年，中国接入网络的设备从 32 亿台激增到 46.1 亿台（如图 5 所示），其中最主要的增长来自非个人与家庭的物联网设备。物联网改变了互联网场景中信息全部来自人的获取和创建的情况，改变了物品全部需要人类指令和操作的情况。可以确定的是，在未来世界中物和物互联的规模将远超人和人互联的规模，这种指数型的增长主要来自物与物之间多种多样的连接和自主运行。

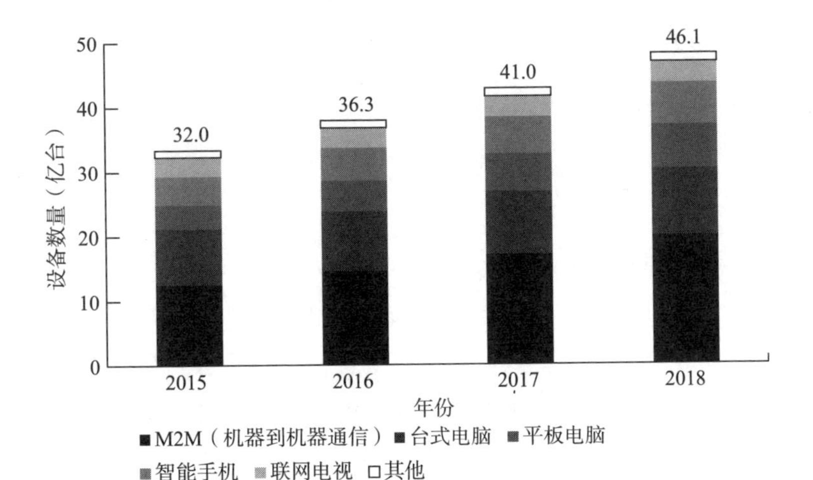

图 5　2015—2018 年中国接入网络的设备类型变化

资料来源：作者根据公开资料整理。

确定城市级移动物联网平台企业的战略定位之后，围绕着这个大方向，特斯联进一步确定了第一个进军的场景——社区。现在看来，从社区入手开展业务是一个顺势而为的选择：特斯联最初的智能门锁产品与社区具有天然的联系，特斯联这一品牌在社区用户中已经具有一定的积累；同时，中国的社区数量多、体量大，距离C端用户只有一步之遥，是尚待挖掘的入口级场景，也是最适合落地物联网平台的场景。

为了配合企业的第一次重大战略转型，特斯联在产品、市场、组织结构这三个层面进行了突破。产品层面，从智能硬件单点突破到平台、系统及生态搭建，在C端推出了智能门禁、智能闸机等多种设备综合管理的App平台，在B端推出了楼宇和设备设施的全生命周期管理系统；市场层面，从单一城市、单一大客户销售到上海、重庆、北京、武汉等核心城市发力，走头部策略；组织结构层面，从技术团队主导到战略、运营、研发、销售、市场等协同发力，集中突破社区场景。

到2016年下半年，特斯联已经成为社区领域的头部企业。全国200亿～300亿平方米的社区物业面积中，特斯联覆盖了3亿多平方米，约占1%～2%，成为彼时市场占有率最高的企业。在社区建设最领先的城市上海，特斯联的社区覆盖率超过25%，处于绝对的市场领先地位。

3. 智能化升级：从AIoT到智慧场景服务商

2017年，智慧城市这个概念已经在中国普及开来，各类智慧城市试点的数量已经超过500个，由各地政府自上而下地设计、规划和建设的各类智慧城市平台层出不穷。

特斯联也探索过智慧城市甚至未来城市这个命题，并且注意到了不同碎片化场景之间的割裂问题。“这一问题的产生是因为实体层面的可连接设备太少、数字化程度太低，只能利用一个又一个场景去拓展，所以即使一个城市建立了一个大而全的平台，也只能整合有限的政府数据，提供一些市民服务和城市管理服务。”安韧回忆道，“所以我们还是先从城市的智能化和数字化转型出发，坚持做城市级物联网。”

此时特斯联已经从最初的C端赛道完全转型进入B端赛道，对于传统互联网巨头来说至关重要的移动端流量已经不是特斯联的核心关注点。特斯联意识到智能化才是物联网部署的真正目的和诉求，人工智能和物联网才是天然应该形成合力的两种技术。

于是在 2017 年，特斯联将企业的战略定位由之前的“城市级移动物联网平台企业”，调整为“城市级智能物联网平台企业”。从“移动”到“智能”的转变，是特斯联从自身业务和市场需求出发进行的战略调整，也是特斯联作为一家科技企业的技术愿景。自此 AIoT 成为特斯联的核心技术主线。

2017 年 11 月，特斯联主办了以智慧城市展望为主题的峰会，在国内首次提出 AIoT 的概念及业务架构。如何将两种技术结合在一起并在地产项目中得以落地应用，成为特斯联的新课题。没想到，在那之后，其他科技厂商和巨头纷纷跟进——华为在 2018 年 12 月发布了 AIoT 战略，2019 年 9 月成立 AIoT 联盟；小米在 2019 年 3 月宣布了“All in AIoT”（万物智慧互联）的全新企业战略，并计划 5 年投入 100 亿元；百度在 2019 年 5 月提出构筑 AIoT 安全体系；阿里巴巴在 2019 年 8 月发布了 AIoT 芯片平台；京东在 2019 年 12 月提出要打造 AIoT 生态圈品牌“京鱼座”……

在业务层面，攻克了社区这一场景，能源、建筑、办公、停车等一系列场景的拓展就变得顺利了很多。而在产品研发方面，面对数量众多的物联网终端产品，特斯联意识到覆盖所有类型的产品是不可能的，真正重要的是抓住具有跨场景价值的抓手级产品，比如起到连接和节点作用的边缘计算产品，结合通行和控制的人脸识别 Pad（平板）等。特斯联把边缘产品做到了业内领先水平，具备跨云的协同能力和跨场景的应用落地能力，就是因为边缘计算是 AIoT 应用最重要的硬件组件。

到了 2019 年，特斯联的业务已经拓展到园区、商业、校园、文旅等各种场景，逐渐构建起从终端硬件、边缘设备到平台解决方案的“云-边-端”产品体系。“城市级物联网”已经难以涵盖企业的业务范畴，于是特斯联把企业的定位升级为“全球领先的智慧场景服务商”。原有战略规划中的“城市级”“物联网”等关键词都被删去，主要原因是特斯联已经走向更开放的空间、服务更多元的场景，产品体系也已经远远超出物联网的单一维度。这意味着艾渝当初的智能化愿景迈上了一个新台阶，从物联网普及阶段进入场景智能化服务阶段。

随着人员的增多和业务规模的扩张，特斯联也对运营体系的管理进行了升级，KPI 考核的细则、各部门的发展战略和岗位责任划分等逐步制度化，特斯联开始从一家创业企业向一家目标明确、管理成熟的企业迈进。

艾渝为特斯联制定的第一个三年目标已经全部实现：在全国落地了 8 400个项目，在三大垂直场景均实现年收入破 10 亿元；成为服务多地政府智慧城市建设的“排头兵”，与重庆市政府签约重大项目，在重庆打造“新科技城”；与京东、科大讯飞、商汤科技、大华股份、第四范式等企业成为战略同盟，共同拓宽市场格局……[13]2019 年 8 月 12 日，特斯联完成 C1 轮 20 亿元人民币融资，成为新科技领域最受瞩目的独角兽企业之一。

4. AI CITY 诞生：整合自身能力的下一代产品

在艾渝的理想中，只做单独的智慧场景是远远不够的。他心目中的未来城市图景是一个高度数字化的、整体而连续的综合空间实体。要想实现这个愿景，就要从城市整体功能出发，组合多种场景，在空间实体、设备调度、平台服务等层面实现一体化。

艾渝知道做这件事的门槛很高，要调动技术和 B 端、G 端（政府端）的各种资源，将智慧社区、智慧交通、智慧消防、无人驾驶等众多场景的数据进行整合。一直以来世界各国都想做这件事，但他认为中国是最有可能实现突破的，因为中国场景最多样、数据最丰富、数据成本低、社会对技术的接受度也很高。

从 2015 年进入这个领域，特斯联花了 5 年时间思考城市数字化转型的产品形式，发展和整合自己需要的能力——超过 8 000 个实际场景落地经验，从平台、边缘到机器人的全栈产品矩阵，顶级客户的积累和认可……

艾渝认为推出一体化人工智能城市产品的时机已经成熟。于是特斯联首先进行了一次产品的迭代升级：把终端硬件产品按照功能和应用场景进行分类，形成 Titan 系列；边缘产品强化场景适应性，形成 Poseidon 系列；

平台类产品整合，形成 Gaia 系列，并以此为基础搭建特斯联智能城市操作系统；联合生态合作伙伴，丰富和发展应用场景。这些产品系列结合城市顶层设计、运作建设和运营服务，共同构成了特斯联进入城市场景的基础框架。

2020 年 9 月 23 日，特斯联发布了全新一代的 AI CITY 产品（如图 6 所示）。在发布会上，艾渝这样描绘特斯联的 AI CITY："特斯联 AI CITY 从诞生时起就是数字化环境缔造者并为'新物种'而生，同时 AI CITY 本身也是'新物种'。从总线到硬件、从物联空间到存储及运算分步等都是全新的，进而能更好地服务机器人、无人业态、智能操作系统、新一代先锋消费者等。"[14]

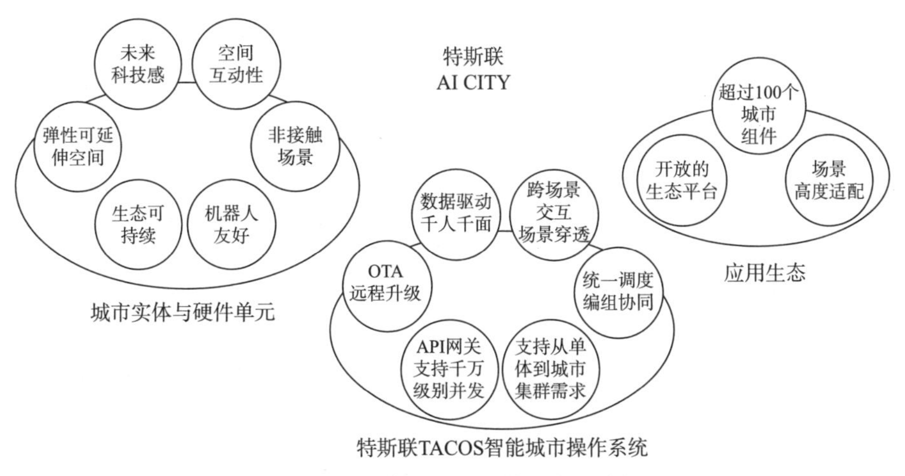

图 6　特斯联 AI CITY 的组成和特征

资料来源：作者根据特斯联官方资料整理。

AI CITY 的未来科技感、弹性可延伸空间、机器人友好的基础设施为其构筑起互联互通的硬件物理承载；统一调度、OTA 远程升级、千人千面的城市操作系统是确保 AI CITY 可进化的底层软件支撑；丰富的城市组件、高度适配的场景、打通产业链上下游及不同行业合作伙伴的开放共生平台为 AI CITY 提供长期可持续的运营生态。"硬件+软件+生态"三原色展现出特斯联 AI CITY 与众不同的魅力。

打造 AI CITY，不仅需要从城市建设早期开始介入，对城市基础设施进行数字化升级，更需要在城市建成后实现长期运营，提供不断更替演化的体验，这就是特斯联提出的 City as a Service（城市即服务）理念。

对 AI CITY 的布局在战略层面与近年来地方的数字化转型需求不谋而合。从 2019 年第一个 AI CITY 样板落地重庆开始，短短一年时间，AI CITY 在沈阳、武汉、德阳等城市先后落地，发展速度远远超出特斯联团队的预想。

地方政府从 AI CITY 中看到了激发地方经济活力、促进城市智能新基建、进入智能经济深水区的可能。以重庆样本为例，这个名为“云谷 CLOUD VALLEY”的片区将为重庆高新技术产业开发区带来包括基础设施、商业服务以及园区管理在内的多项智能化升级，全面提升区域的营商环境和服务能力。目前，特斯联的入驻已经吸引超过 100 家特斯联所在产业上下游的科技创新企业入驻。

通过 AI CITY 的落地，艾渝希望城市的“数据化程度达到 90%，每一个节点都在产生数据，让数据成为城市的生命动力”[15]。

5. 从 1.0 到 4.0：持续破圈的路径选择

对特斯联来说，2015 年至今的发展历程可以概括为产品、业务、能力不断突破的过程——初期聚焦建筑、社区场景，形成终端硬件能力；之后扩展到具有综合功能的园区级场景，形成边缘计算能力；最后布局城市级产品，在平台层面实现整合（如图 7 所示）。

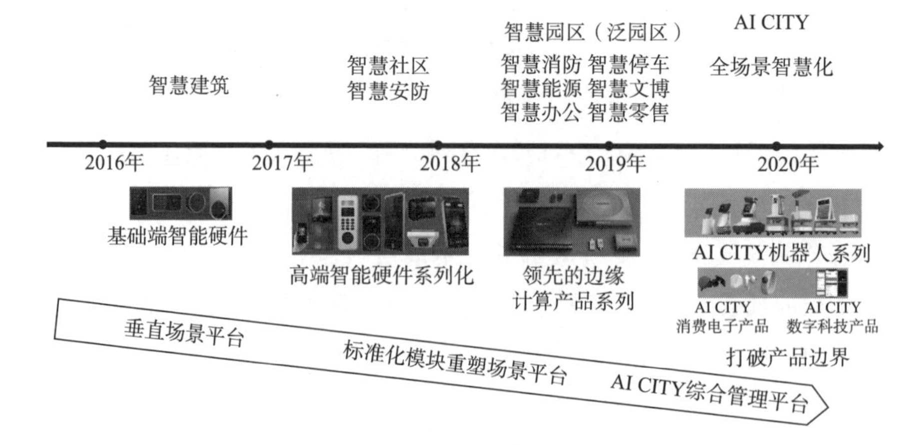

图 7 特斯联产品和能力突破路径

资料来源：作者根据特斯联官方资料整理。

这条成长路径与其他互联网科技巨头完全不同。以华为、阿里巴巴为代表的科技巨头，在进军城市领域时，往往选择从统一的云和平台做起，由生态伙伴参与落地具体场景（自上而下的路径）。这种模式的优势是能够迅速建立起大而全的产品和合作体系，但在具体场景和执行层面，合作伙伴的能力和产品往往存在缺失。

这种发展路径的选择来自企业定位和核心利益的不同——阿里云的核心产品是云计算，因此关注云资源算力的消耗；腾讯的核心利益是C端社交网络，因此关注城市与C端关系网络的打通；华为的核心利益是通信和网络建设，因此关注网络基础设施产品的推广。

特斯联从发展之初就以场景智能化为目标，因此选择了自下而上的发展路径，从物联网和场景做起，逐步实现全场景积累和持续运营。

基于业务和经验的积累，特斯联将城市智能化发展划分为四个阶段（如图8所示）。

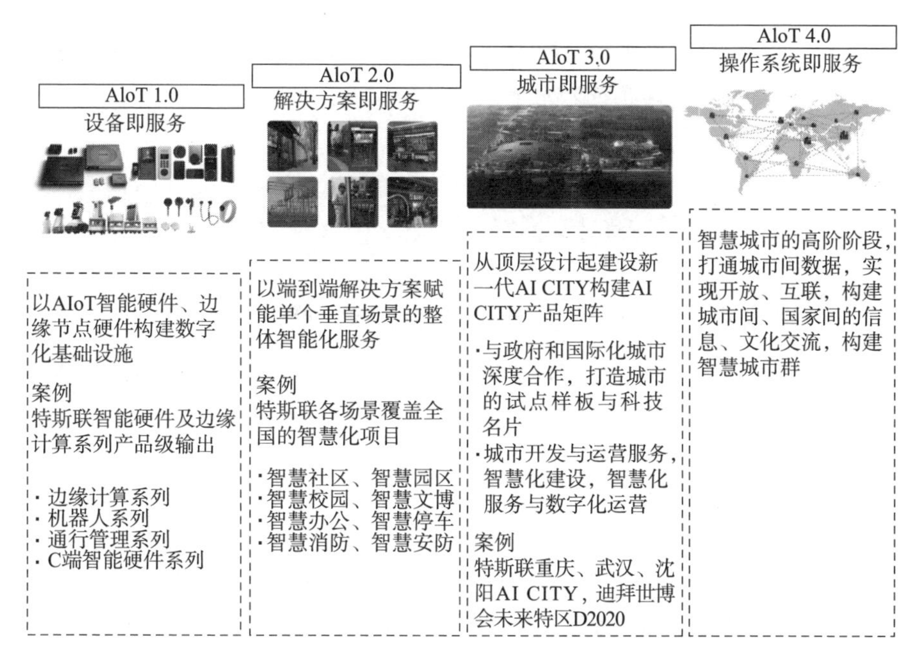

图8　特斯联 AIoT 1.0—4.0 发展路径

资料来源：作者根据特斯联官方资料整理。

AIoT 1.0 阶段：是以智能硬件单品为主要产品，这个阶段的数字化基础设施尚不完善、物联网节点分散而缺乏联通、数据极度破碎，使用者只能感受到某个节点的便捷。

AIoT 2.0 阶段：具有关联性的终端节点通过平台实现连接配合，形成智慧社区、智慧办公、智慧安防等垂直领域的解决方案，这也是目前行业中大多数厂商提供的产品。在这个阶段，终端节点和数据在单一垂直场景中实现了有限的连接，能够实现一定程度的协同服务。

AIoT 3.0 阶段：城市中的数个场景在基础设施、物联网终端、数据与平台功能等层面得到连接，实现一体化产品和解决方案矩阵——这就是特斯联发布的 AI CITY。特斯联希望将几年来所有积累的场景和产品都融合到 AI CITY 中，结合应用生态，实现城市级的智能物联网运营。

未来，特斯联还希望把 AI CITY 连接起来，打造 AIoT 4.0 阶段的城市网络，实现城市与城市，甚至国家与国家之间的互动。特斯联认为这并不是一个遥远的未来，可能在 5～10 年之内就能实现。

当前，特斯联已经通过 AI CITY 进入“前人未至之境”。对于艾渝及其团队来说，未知和挑战仍然有很多。

三、走近特斯联

1. 产品体系：横跨“云-边-端”的全栈技术能力

经过几年的积累，特斯联构建起完整的“云-边-端”技术和产品体系（如图 9 所示），其中就包括云智能城市操作系统 TACOS、边缘计算产品体系和丰富的终端硬件产品系列。

（1）云智能城市操作系统 TACOS

TACOS 是特斯联为实现 AI CITY 战略打造的城市操作系统，是基于城市智能硬件和基础设施开发的分布式城市级操作系统，能够支持智慧社区、智慧园区、智慧安防、智慧消防、智慧机器人管理等多场景以及 AI CITY 全面综合管理的需求。作为 AI CITY 的“中枢神经系统”，TACOS 以 BASIC，即

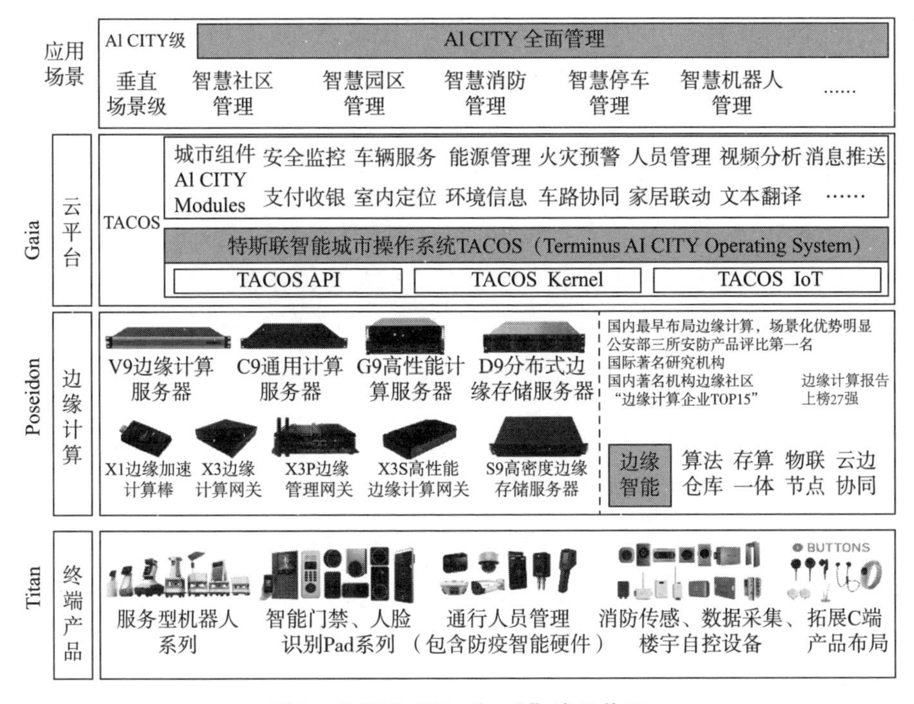

图 9 特斯联“云-边-端”产品体系

资料来源：作者根据特斯联官方资料整理。

大数据（Big Data）、人工智能（AI）、安全（Security）、物联网（IoT）和云计算（Cloud）等技术为内核，构建出具有分布式、城市级、开放性和交互性四大特性的城市智能操作系统。TACOS 作为支撑 AI CITY 可持续发展的新基建设施，利用实时全量的城市数据，通过使用联邦计算、集群联邦、物联感知等关键技术高效管理和调度城市资源，建立城市级的多智能体协同生态系统，实现市民即用户、数据即服务、人工智能即服务、终端即服务。

TACOS 包括以下几层中台：

- 连接硬件层的 IoT 层。IoT 的连接能够兼容各种硬件，支持不同的协议，实现设备接入和管理。
- 实现资源调度和计算的 Kernel 层，即核心的算力、数据处理和资源调度层。实现最优化资源配置。

- 实现赋能应用的 API 和组件层。统一身份认证、位置服务、数据服务等不同的 API，以及基于各种 API 打包出来的城市组件，形成赋能上层应用的接口。

目前，基于特斯联在各个领域的场景落地，TACOS 已经积累了 100 多个城市组件，以模块化的形式组织和整合原有的垂直型解决方案平台。

TACOS 的设计原则是实现“会进化”的城市操作系统，解决智慧城市建设面临的信息孤岛、重复建设与资源冗余、缺乏联动与统一标准、不可持续升级四个核心问题。通过进化，可以在不更换硬件设备的前提下让城市支持越来越多的应用场景，让算力资源在城市间灵活调度，打通信息孤岛，统一标准、形成联动。

（2）边缘计算

边缘侧产品是数据汇聚的节点，在“云-边-端”架构中起到承上启下的作用，也是软件、硬件、算法、平台四者结合的节点。特斯联认为，由于海量的边缘终端还没有广泛建立起连接，边缘计算当前正处于连接和智能之间的过渡阶段。可以预见的是，随着数字化、智能化转型的不断深入，边缘计算将爆发巨大的潜力。因此边缘产品一直以来都是特斯联技术体系的关键节点，相关产品持续在行业中保持较高水平。

特斯联自主打造的 Poseidon 边缘计算产品目前有边缘计算服务器、边缘算力模组、边缘网关等产品，布局边缘计算（狭义）、软件定义边缘、边缘视频分析、边缘人工智能等技术点，实现存算一体化、云边协同、物联节点等核心功能，边缘计算产品已经在社区、零售、商业、校园、医院等多个场景成功应用。

（3）服务机器人

特斯联机器人产品集听说读写等功能于一体，可灵活选配业务能力，满足“内容”定制化需求，广泛应用于政务、银行、物业、展示厅、博物馆、公共服务等场景，助力传统服务智能升级。目前其已实现“1+2+X”的产品布局：“1”代表统一的机器人管理运营平台，实现运营管理、业务管理、机器人远程维护、大数据分析及数据可视化；“2”代表 2 款机器人通用底盘，即室内款底盘和室外款底盘；“X”代表多款机器人产品上装，有服务系列、巡控系列和物流系列等。

（4）智能终端

在端侧，由于产品种类十分多样，因此在自研产品的选择上，特斯联聚焦作为 AI CITY 应用落地中的入口级和抓手级的产品进行自研。这些产品的主要价值是作为城市或者场景的核心中枢，实现“云-边-端”的整体协同。

2. 技术特征：为 AI CITY 应用量身打造

（1）云智能城市操作系统 TACOS

技术亮点：支持多协议、多网络、多平台设备对接，支持高并发设备接入、服务节点弹性可扩容；通过多云统一管理、跨云弹性资源调度、联合分析及优化实现跨云集群管理调度；具备功能强大的 API 网关，能够实现快速响应 API 请求、细粒度的流量控制，满足稳定性、高并发等需求；通过存储隔离、数据分享、权限控制和数据加密实现数据管理与交换；开发城市组件，满足城市的不同需求。基于上述技术优势，TACOS 对各场景解决方案的价值在于智能底座、互联互通、系统兼容、提升建设效率、降低成本、提高工作效率、缩短实施周期等。

分布式：海量数据存储、高速并行计算、数据融合、空间数据操作与数据挖掘等技术是智慧城市技术体系的坚实基础，主要表现为分布式面向对象数据模型和分布式数据操作。分布式面向对象数据模型是分布式计算技术和面向对象数据模型相结合，对现实地理环境与社会环境进行模拟的一种数据模型，是未来数据模型发展的必然趋势。分布式数据操作是在分布式面向对象数据模型的基础上对数据进行操作，可以综合分布式计算和面向对象的优点，灵活地实现用户的操作意图并得到理想的结果。

城市级：TACOS 拥有高并发、可伸缩、安全性几个城市级特性。高并发能够满足海量设备的突发接入，并进行存储、计算和处理；可伸缩要求面向海量突发设备，能够进行实时动态资源调度和服务弹性伸缩；此外，TACOS 能保障智能城市在物联感知、网络通信、计算与存储、运营等多层级、多维度的安全。

开放性：TACOS具备开放性，提供标准的能力开放层和开发者平台，生态合作伙伴可以在此基础上提供行业解决方案，共同构建智慧城市的生态体系；开发者可以通过开发者平台快速开发应用，并在应用中集成人工智能技术，将其发布到应用市场。

交互性：智慧城市通过整合城市信息资源，将众多的可应用信息互联并协同成智慧化的信息交互系统。交互层，主要实现信息的交互，是智慧城市与城市居民进行交互的界面。居民可以在交互层面进行信息的查询及上传，反馈信息则通过交互层面传达给用户。交互层面的具体应用表现形式可以是信息亭、候车亭、告示牌等公共设施，也可以是智能手机、平板电脑等个人信息终端。交互层面是人们接受智慧城市各项信息服务应用的媒介，交互层面及其平台不仅包括各种可移动的信息化智能终端，而且还包括对传统的各种公共设施进行信息化改造与升级，成为信息化的信息广播服务装置以及各种互联状态的信息终端。

（2）边缘计算

存算管一体：分级存储（软件定义存储、块存储层、流式存储、对象存储、结构化存储、边缘数据安全），弹性算力（可插拔、业务定制、视频处理单元+圆形处理器、算法仓），混合异构接入（有线无线、高带宽低带宽、软件定义网络、终端设备全面管理）。

边缘智能：边缘智能是边缘节点在边缘侧提供的高级数据分析、场景感知、实时决策、自组织与协同等服务。边缘智能与云边协同两者结合紧密，密不可分。实现前端数据的人工智能处理和设备边缘侧控制，边缘侧决策自闭环，催生新的场景应用。

云边协同：通过云边协同，实现更快速的数据处理和分析，节省网络流量，使得本地数据得到更高等级的安全保护，实现边缘侧人工智能算法模型的快速周期性迭代升级等。高效发挥边缘计算优势，有效保持算法模型周期迭代的先进性和有效性。

场景标准化：将分散的对细分场景的管理通过边缘侧进行标准化。

泛连接能力：支持各类型物联设备、互联网数据、三方平台数据等异质异构网络和设备的组网及接入管理。

高安全性：数据分级结构化，分级分量存储，全链路数据安全，数据安全芯片底层安全机制。

（3）服务机器人

全面平台化管理运营：针对整体运营，包括位置引导、巡游讲解、信息展示、款式管理、业务配置、定制主题、地图管理、广告分发任务、全天候监控等，全部可通过后台管理平台进行配置和远程管理。

产品模块化设计：机器人产品模块化设计，室内外兼容的运动底盘配合多款应用上装，客户根据不同场景更换机器人上装，灵活易扩展。

整体智慧化解决方案交付能力：特斯联可提供包括机器人在内的多种智能终端、边缘计算及云端 IoT 管理平台的整体解决方案，保证多设备协作、数据互联互通，从而更好地为场景服务。

（4）智能终端

高度集成前沿技术：在高端通行管理产品上实现了若干前沿技术的应用（如活体识别等）。

充分发挥边缘智能优势：终端产品的产品功能定义结合边缘侧产品的边缘智能优势，实现最优的前端产品搭配。

严格遵循安全领域行业标准：产品严格按照安全领域标准设计，在规格、数据接口、数据上均具备安全性，可应用于重要安全应用场景。

深度契合业务场景：根据不同细分场景需求的差异，进行有针对性的产品功能设计。

3. 落地能力：重应用和效用的场景智能化经验

物联网落地的核心不是技术本身，而是技术落地带来的效用。目前，特斯联的解决方案已经在多种场景中实现落地，并为使用者带来价值。

以特斯联经验最丰富的智慧社区为例。特斯联在上海改造的老旧小区田林十二村，通过智能识别、门禁感知、消防预警等功能部署，改善了老旧社区常见的消防、安全、管理问题。落地后，实现小区“零发案”，建成了无群租、无违建小区，孤老照料、非机动车管理、黑广告乱张贴等一系列难题都得到有效改善。在北京西三旗，特斯联用人/车微卡口的方式，仅部署 50 多台设备，即实现了近 3 万人、600 多栋楼、2 万多个房间的安全管理，社区网格员管理效率达到近 1 500 居民/人。2020 年新冠疫情暴发后，特斯联迅速上线智慧社区疫情防控功能，风险人群自动排查准确率达到 90%以上。

在智慧建筑场景中，特斯联的智慧建筑楼控系统利用物联网将人力、设备、能源、通行及停车管理等运营数据与楼宇自有信息技术系统互联互通，形成高效低耗的智能化楼宇管理平台。据不完全统计，通过智慧化改造的智能建筑，运营维护成本可降低 30%，能源消耗可节省 40%，工作效率可提高 30%，建筑运营人员可节省 30%。

在与生鲜零售的“新物种”T11 超市的合作中，特斯联围绕“人、货、场、单”进行全方位的数字化部署，实现精细化数据挖掘、交叉关联分析（如图 10 所示）。这一解决方案帮助商家深刻洞察消费者偏好，加上供应链管理和场景布局的优化，打通线上线下流量，实现线上的精准化营销和线下的获客、转化、提效，使爆款单品的销量提升了 4 倍。总体部署成本相较于业界平均水平降低了 25%，坪效提升约 20%。

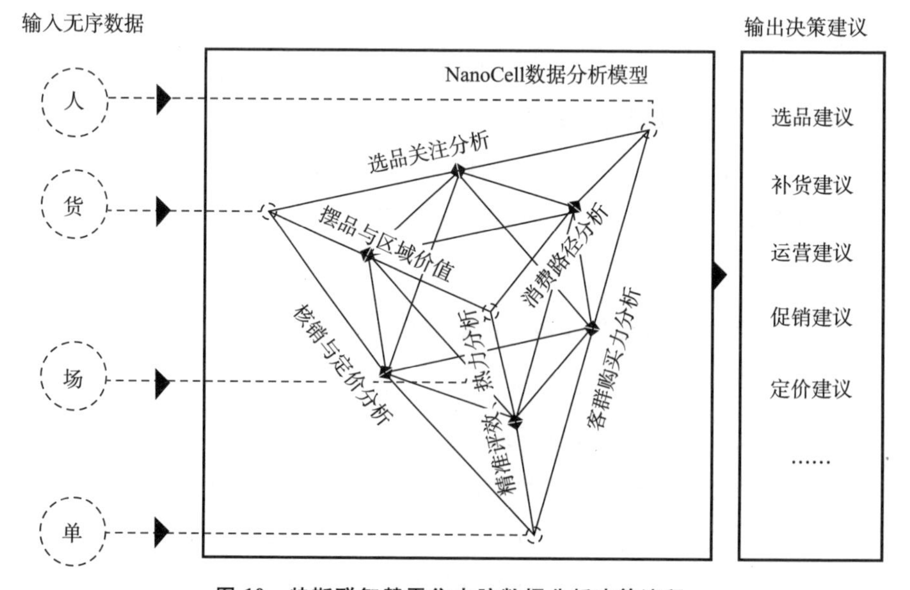

图 10 特斯联智慧零售大脑数据分析决策流程

资料来源：作者根据特斯联官方资料整理。

四、特斯联的未来

2019 年，艾渝为特斯联制定了下一个三年目标：上市、市值达 100 亿美元以上、国际化。他认为，围绕 AI CITY 的产品、国际化、投资生态、人才储备、组织结构和资源调度，都是为一家千亿元人民币级别的企业而准备的。特斯联没有掩饰自己的野心，目标就是要成为智能化行业里最强大的企业之一。

1. AI CITY 的城市理想：智能化时代的下一个千亿级平台巨头

特斯联相信，每个时代的智能化转型均伴随巨头产生，城市的智能化转型必将诞生新的巨头。如果说互联网改变了人与信息的连接，让人们获取信息的方式发生了变革，移动互联网改变了人与人的连接，让沟通突破了时间和空间的限制，那么，这次智能化转型浪潮则将催生万亿级市值的巨头。

当下面临的智能化时代，将改变人与物、物与物之间的连接，它带来的是底层设施完善后交互范围的不断拓宽，驱动城市级的智能化变革。

“智能经济就是一场新科技革命。”艾渝曾经说，“如果说上一次科技革命是互联网主导的，让互联网巨头超越了传统行业的巨头，这一轮智能经济同样会重塑整个商业环境以及产业架构，产生新的巨头。”[16]

为了实现这个理想，特斯联这一超级物种正在进行新一轮的进化。在产品方向上，围绕 AI CITY，实现硬件层面的弹性可升级，软件层面的数据驱动、千人千面，连接层面的“人-内容-场景”的全面贯通。

2. 国际化：站上国际舞台，参与全球竞争

特斯联从 2019 年起就开始把目光投向海外市场。从战略角度来看，以往中国的企业往往是在国内发展很多年后才开始尝试国际化，但艾渝认为在这个“世界是平的”的时代，竞争永远发生在全球维度。中国在智能化和技术应用领域已经走在世界前列，特斯联已经具备了走出去的能力。

2020 年是特斯联国际化扩张的第一年，突如其来的新冠疫情反而加快了特斯联走向国际的步伐。2020 年 7 月 2 日，特斯联正式成为 2020 年迪拜世博会的官方首席合作伙伴（如图 11 所示），是继西门子、思科、埃森哲、思爱普之后迪拜世博会选中的第四家科技类官方首席合作伙伴，也是全球仅有的 12 席合作伙伴中唯一一家来自中国的企业，特斯联从此站上全球商业舞台与世界顶级的科技企业同台。

在迪拜世博会正式召开期间，特斯联部署了超过 150 台智能机器人，与各国游客一起展开互动，利用多模态交互、5G、人工智能建图和物体探测等技术，提供访客迎接、信息问询、餐饮配送等服务。与此同时，特斯联借此机会在中东开拓市场，目前已经与阿联酋主权基金穆巴达拉投资公司控股的科技企业 Injazat 建立战略合作关系并落地智慧停车项目，卡塔尔航空也向特斯联采购了科技防疫解决方案，目前特斯联和两家合作伙伴合作顺利，且未来将在更多业务领域合作。

图 11　迪拜世博会官网首席合作伙伴

资料来源：作者根据特斯联官方资料整理。

同时，特斯联首个海外总部及研发中心也将落户迪拜，该研发中心将与阿联酋本地企业以及全球的优质企业一起展开互动合作，以中东地区首次举办世博会为契机，打造国际化的智慧城市生态系统。未来特斯联将加大力度拓展海外市场，将自身打造成世界顶级的智慧科技企业。

特斯联相信，如果一家企业能够将视野提升到全球化的层面，就能够在自身技术、市场、能力的护城河基础上叠加一个新的维度，当这些因素全部叠加到一起时，就足以使一家企业持续地快速成长。

3. 投资+生态：拓展完善 AI CITY 产业和服务体系

虽然特斯联从智慧终端和智慧场景拓展到 AI CITY 领域，自身具有扎实的场景积累，但由于城市服务的多样性和丰富性，特斯联仍然需要作为一个平台，引入合作伙伴来提供 AI CITY 中的多种服务。艾渝把这种方式比喻成智慧城市的“App Store”（应用商店）——由特斯联提供技术底座和创新土壤，联合产业链上下游共同实现 AIoT 4.0 的愿景。

2020 年 7 月，光大控股宣布联合旗下科技战略核心平台特斯联共同发起设立光智基金，这是对 2016 年成立的光大控股新经济系列基金的升级和迭代，是新经济基金的 2.0 版。这只基金将顺势聚焦于智能新经济领域的技术落地和商业应用，尤其是围绕 AI CITY 的产业链上下游进行投资，构建 AI CITY 的生态体系。

除此之外，对于特斯联来说，光大同样也是一块巨大的试验田，它不但是全牌照的金融集团，而且还拥有众多的优质资产，业务场景众多，可以为特斯联提供广阔的发展空间。

艾渝做了一个类比：如果把围绕 AI CITY 的投资看成“造车”，那么团队要做的事就是以“整车厂商”思维，管理和研究 AI CITY 领域内的多条分支产业链和场景，从中找到技术最优、解决方案最佳、能够显著提升效率和颠覆传统的项目。比如，每个 AI CITY 应用场景都要开发软件，涉及软件平台的产业链；海量数据的获取和接收离不开各种各样的感知系统，也涉及物联网相关产业链等。作为站在整个生态顶端的“整车厂商”，特斯联的生态和投资将挖掘上下游各个环节中具备技术优势的企业，并将整个产业链整合起来，最终把城市这个产品升级成 AI CITY。

五、尾声

中国的新基建正在引爆城市智能化加速转型，特斯联处于 AIoT 的大赛道上，面对数千亿元的潜在市场机会，作为率先占据顶层设计制高点的企业，特斯联立志在智能化时代中，成为行业的领跑者。

在特斯联 2020 年年初的年会上，艾渝临时将自己的发言主题改成了“下一个十年”。他说：“如果你觉得未来十年以后，万物就是互联的，人工智能发展到一定高度，机器替代人类、自动驾驶、增强现实（AR）/虚拟现实（VR）都会成熟，那么今天你就要早点入场去做这件事。”

特斯联入场了、行动了，下一个十年，智能时代的城市将进化成什么样呢？

参考文献

1.《中国将进入数字科技爆发期和黄金期》，https：//www. ndrc. gov. cn/xxgk/jd/wsdwhfz/201 911/t20191128_1205554. html，访问时间：2024 年 8 月 19 日。

2. 特斯联官网，http：//www. tslsmart. com/about/，访问时间：2024 年 8 月 19 日。

3.《2020 胡润全球独角兽榜发布：蚂蚁集团排名第一》，https：//finance. sina. cn/bank/yhgd/2020-08-04/detail-iivhuipn6719977. d. html? from = wap，访问时间：2024 年 8 月 19 日。

4.《Machina Research：预期到 2025 年全球物联网连接数量达 270 亿个》，https：//www. 199it. com/archives/505556. html，访问时间：2024 年 8 月 19 日。

5.《2020 年 1—5 月通信业经济运行情况》，https：//www. miit. gov. cn/gxsj/tjfx/txy/art/2020/art_587b019d4a51477bb86cb76ff69723ac. html，访问时间：2024 年 8 月 19 日。

6.《中国物联网连接规模预计到 2026 年将超 102. 5 亿个 中小企业正在加快部署》，https：//new. qq. com/rain/a/20230214A09C3I005，访问时间：2024 年 8 月 19 日。

7.《开创工业互联网平台发展新格局》，https：www. enicn. com/Enicn/2019/article_1108/46461. html，访问日期：2024 年 8 月 19 日。

8.《中国数字经济发展与就业白皮书（2019 年）》，http：//www. caict. ac. cn/kxyj/qwfb/

bps/2019 04/P020190417344468720243. pdf7，访问时间：2024 年 8 月 19 日。

9. “Digital China：Powering the economy to global competitiveness”，https：//www. mckinsey. com//media/McKinsey/Industries/Technology% 20Media% 20and% 20Telecommunications/High%20Tech/Our%20Insights/Digital%20China%20Powering%20the%20economy%20to%20global%20competitiveness/MGI_Digital-China_Report_Dec-2017. pdf，访问时间：2024 年 8 月 19 日。

10.《新加坡 ICT 市场规模和份额分析——增长趋势和预测（2024—2029)》，https：//www. mordo-rintelligence. com/zh-CN/industry-reports/singapore-ict-market9，访问时间：2024 年 8 月 19 日。

11.《超级智能城市 2.0：人工智能引领新风向》，https：//www2. deloitte. com/content/dam/Deloitte/cn/Documents/public-sector/deloitte-cn-ps-super-smart-city-2. 0-zh-191210. pdf10，访问时间：2024 年 8 月 19 日。

12.《特斯联：做智慧城市的基石入口》，http：//www. tslsmart. com/news/59aabe9dca7b3/，访问时间：2024 年 8 月 19 日。

13.《甲小姐对话艾渝：再做一个 1 000 亿》，https：//www. sohu. com/a/347380803_100016644，访问时间：2024 年 8 月 19 日。

14.《为新物种而生，特斯联发布数字化环境缔造者 AI CITY》，http：//tslsmart. com/news/5f6c05 b5365d7/13，访问时间：2024 年 8 月 19 日。

15.《首个世界级 AI CITY 落地重庆》，http：//paper. people. com. cn/rmrbhwb/html/2020-09/25/content_2010725. htm，访问时间：2024 年 8 月 19 日。

16.《智能新经济时代来临机构加速布局新基建》，http：//www. ce. cn/cysc/tech/gd2012/202008/10/t20200810_35493812. shtml，访问时间：2024 年 8 月 19 日。

旷视：人工智能治理的新征程[①]

张峥、卢瑞昌、袁慰

创作者说

人工智能作为引领未来的前沿性、战略性技术，已经成为新一轮科技革命和产业变革的重要驱动力量。近年来，世界各国纷纷展开人工智能战略布局，人工智能产业也迅速崛起，并显示出广阔的前景。与此同时，我们也注意到，信息造假、算法偏见、隐私侵犯、数据保护、网络安全等问题对法律、伦理等提出了诸多新的挑战。

然而，当我们去观察技术和行业的革新时就会发现，新技术的商业化尤其在初期，其自身的治理更多的是依靠行业和技术的力量，而非立法和监管。因为技术和商业模式快速迭代，成文的立法和监管很难跟上技术发展与创新的步伐，而行业自律、伦理框架、最佳实践、技术指南等更具弹性的治理方式将越来越重要。

旷视的案例展示了人工智能这一具有高度专业化、技术化行业的复杂性，非专业人士往往难以对其风险和不确定性有准确的判断和认知。因此，无论是对于行业、企业还是大众，旷视在推动人工智能治理上的情怀、思考与实践的动态变化都值得被记录与总结。我们希望通过这一案例，让更多利益相关方，如监管机构、决策者、学术界、企业、社会公共机构、公众等都能参与到新技术治理的建设中来。

---

① 本案例纳入北京大学管理案例库的时间为 2020 年 8 月 3 日。

一、引言

2019年7月的一天，在企业高层会议结束后，旷视的联合创始人兼CEO印奇望着车水马龙的中关村，回想起创业之初，几名创始成员怀着对人工智能技术的信仰而创办了这家企业。经过8年的奋斗，旷视已经从当年那支创业大赛的冠军团队成长为国际权威科技媒体《麻省理工科技评论》评选的“2019年全球50家最聪明公司”，并入选胡润研究院“2019全球独角兽榜”……诸多行业认可的背后是一家在人工智能舞台上备受瞩目的成长型企业——旷视。

面对行业的不断变化，面对旷视今天的成就，面对企业近三千名员工，印奇反复思考的是如何让企业走得更远，走得更稳。而无论是在日常的业务讨论中，还是在与国内外学术机构、政府部门、业内同行、投资人等各方的交流中，印奇都越来越清楚地意识到人工智能的治理对于行业和企业长远发展的价值。因此，2019年，旷视正式把人工智能治理工作上升到企业战略层面，并结合自身特点制定了旷视的《人工智能应用准则》[1]（以下简称《准则》），从正当性、人的监督、技术可靠性和安全性、公平和多样性、问责和及时修正、数据安全与隐私保护等六个维度展开论述，并将其作为在企业人工智能治理上的依据，呼吁同行和合作伙伴一起重视人工智能的治理，积极行动，共建可持续发展的人工智能生态。

然而，在《准则》发布前的最后时刻，印奇也隐隐有一些担忧。人工智能本身的特殊性使其治理极其复杂，而当前行业中缺乏治理的先例。《准则》发布的那一刻，旷视就面临行业各界的关注与期待，其在人工智能治理上实践的每一步都将受到放大关注，旷视是否会承受过大的压力？同时，旷视内部对《准则》的应用范围和实际落地路径的意见也不统一。尽管如此，印奇并不希望《准则》只停留在倡导上，而希望它能真正成为企业发展的指导原则。旷视选择公开发布《准则》，代表其在人工智能治理的落地上势在必行，也预示着其即将开启“原创”的治理探索。

二、人工智能与其行业的特殊性

（一）人工智能行业概述

1. 人工智能的产业链

虽然人工智能技术①的概念诞生距今已经有半个多世纪，但人工智能真正走出实验室，走进人类生活也只是近几年的事情。随着深度学习技术瓶颈的突破，在资本追捧、政策引导等外部环境的驱动下，越来越多人工智能产品和解决方案应运而生，并逐渐延伸至各行各业，例如苹果的 Siri 语音识别、微软搜索引擎 Bing（必应）所具备的影像搜寻等，谷歌的深度学习项目也已超过 1 500 项。[2] 与此同时，GPU（图形处理器）大厂英伟达（NVIDIA）利用图形适配器来提升深度学习的性能，提供链接库（Library）和框架（Framework）产品，并积极开设研讨课程。另外，谷歌也公开了 TensorFlow 开源学习框架，可以将深度学习应用于数据分析。[2]

从人工智能技术的产业上下游来分类，一般将人工智能产业链大致分为基础层、通用层和应用层三个环节（见表 1）。

表 1　人工智能产业链及相关企业分布

产业链	细分领域	相关企业
基础层	人工智能芯片	英特尔、IBM、谷歌、超微半导体、英伟达、华为、寒武纪、地平线
	人工智能计算框架	TensorFlow、PyTorch、Keras、MXNet、CNTK、PaddlePaddle、天元
通用层	计算机视觉	阿里巴巴、百度、旷视、商汤科技、云从科技、依图科技
	语音识别	科大讯飞、百度、出门问问、云知声、思必驰

① 参见附录：人工智能技术发展。

（续表）

产业链	细分领域	相关企业
	自然语言理解	微软、百度、腾讯、思必驰
	机器学习/知识图谱	微软、谷歌、Meta、亚马逊、百度、阿里巴巴、腾讯
	深度学习	微软、谷歌、Meta、亚马逊、百度、阿里巴巴、腾讯、华为、科大讯飞、旷视、商汤科技
应用层	城市物联网	海康威视、旷视、商汤科技、云从科技、依图科技
	金融	谷歌、IBM、蚂蚁金服、中国平安、招商银行、中国工商银行、京东数科、旷视、商汤科技、云从科技、依图科技
	零售	阿里巴巴、京东、苏宁易购
	工业制造	谷歌、微软、富士康、阿里巴巴、腾讯、百度、华为、旷视
	医疗	腾讯觅影、搜狗明医、汇医慧影
	教育	科大讯飞、云知声、优必选、作业帮
	手机	华为、vivo、小米、旷视、商汤科技
	仓储/配送	京东、美团、菜鸟、旷视

资料来源：《全球生成式 AI 应用全景图：AI 应用进入大爆发时代》，https：//www.hangyan.co/reports/3186387724953192068，访问时间：2024 年 8 月 19 日。

注：表格内企业排名不分先后。

第一层，基础层，主要提供计算力，主要包括人工智能技术平台（云平台、开源框架、开发工具等）、基础硬件（芯片、传感器）、数据和相关管理技术（大数据及云计算）与通信设备等。从全球来看，基础层主要由英特尔、谷歌、IBM、超微半导体等国际科技巨头主导。

第二层，通用层，主要是解决具体类别问题，通过运算平台和数据资源进行海量识别训练和机器学习建模，开发面向不同领域的应用技术。包括计算机视觉、自然语言理解、语音识别和机器学习/知识图谱等。这一层的企业为人工智能商业化落地的主力。

第三层，应用层，是解决具体实践问题的，是人工智能技术针对行业提供产品、服务和解决方案，其核心是商业化。应用层的企业将人工智能技术集成到自己的产品和服务中，为特定行业或场景提供人工智能的解决方案。[3]

人工智能在谷歌、IBM、亚马逊、苹果、Meta等全球科技巨头的未来战略中均扮演重要角色，机器学习、计算机视觉、自然语言理解、推荐算法等关键技术正在以不同的方式重新定义科技巨头们的业务范畴。

中国的人工智能通用层近年来发展迅速，目前的发展主要聚焦于计算机视觉、语音识别和深度学习等领域。除了百度、阿里巴巴和腾讯，旷视、商汤科技、科大讯飞等诸多独角兽企业也涌现出来。在应用层，得益于中国广阔的互联网应用场景所提供的市场优势，以及各大科技巨头在算法平台的开源，人工智能应用层的创业者突破了人工智能基础层与应用层的技术壁垒。很多中国的人工智能企业跳过基础技术研发直接到了终端产品层面的研发，其技术在安防、医疗、健康、金融、教育、零售等多个垂直领域迅速得到应用。

2. 中国人工智能市场规模及投融资情况

近年来，中国人工智能产业发展迅速。从市场规模来看，自2015年起，中国人工智能市场规模逐年攀升；截至2017年中国人工智能市场规模已达到216.9亿元人民币，同比增长52.8%。据预测，到2020年，中国的人工智能市场规模将达到710亿元人民币。2015到2020年复合年均增长率为44.5%[4]。

同样地，人工智能从科研和学术的范畴到技术创业也离不开资本市场的助力，根据德勤的数据，2014—2017年，中国人工智能领域投资出现快速增长。2015年人工智能领域的投资总额达到450.7亿元，同比增长306%。2017年中国人工智能企业融资总额占全球融资总额的70%。由此，中国也超过美国，成为人工智能领域获得投资最多的国家。

到 2018 年，中国人工智能融资事件数量和融资金额都有所下降。根据鲸准洞见的数据，人工智能领域的季度融资事件从 2018 年第一季度开始下降，到 2018 年第四季度至 2019 年上半年基本延续了这一下降趋势。其中，2019 年第二季度融资事件数量和金额均不及峰值的 1/3。[5] 根据中国信息通信研究院的数据，2018 年第二季度以来全球人工智能领域投资热度逐渐下降。2019 年第一季度全球融资规模为 126 亿美元，环比下降 7.3%，同比持平；融资笔数达 310 笔，环比回升 29.7%，同比下降 44.1%。其中，中国人工智能领域融资金额达 30 亿美元，同比下降 55.8%，在全球融资总额中占比为 23.5%，比 2018 年同期下降了 29%。[6] 从融资轮次上观察，全球种子轮融资占比进一步缩减，2019 年第一季度仅为 11.3%，而在 B 轮之后的融资占比由 2018 年的 23.2%提升至 32.3%。[7]

随着大批企业涌入人工智能赛道，且技术差距逐渐缩小，技术带来的先发优势将逐渐转化为市场优势，即技术所能构筑的壁垒会越来越低，取而代之的是更早地进行商业探索带来的行业影响力和市场机会。比如，对早期市场的教育、用户习惯的培养、技术和产品标准的制定、品牌影响力的塑造等。这将为企业带来更多的市场机会，从而获得更大的份额，形成一定的规模优势。

融资轮次方面，自 2018 年起，种子轮融资事件数量减少，在全年融资事件总量中所占的比例下降。相比之下，2018 年至 2019 年上半年 B 轮及之后的融资事件数量占人工智能总融资事件数量的 24%左右，与 2017 年的 15%相比显著增加（见图 1）。[5] 其中，B 轮的大额融资集中分布于计算机视觉、机器人、芯片、自动驾驶等核心技术厂商，如计算机视觉领域的商汤科技、旷视、依图科技，实体智能机器人领域的优必选，人工智能芯片领域的地平线等。[5] 由此可以推断出资本市场对早期人工智能企业的态度由追捧转向谨慎，对人工智能头部企业或技术商业化落地和商业模式明晰的企业热度不减。

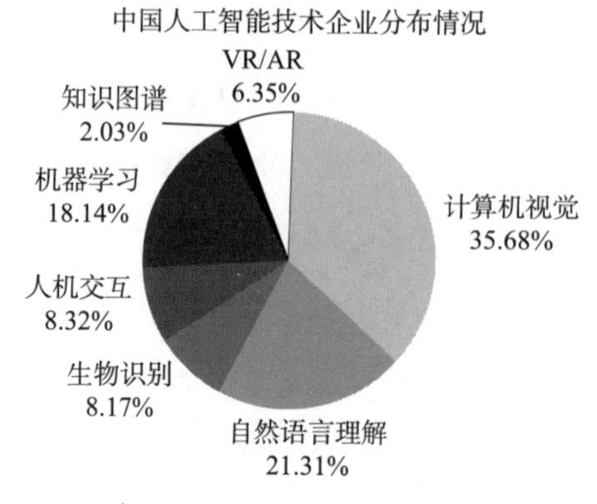

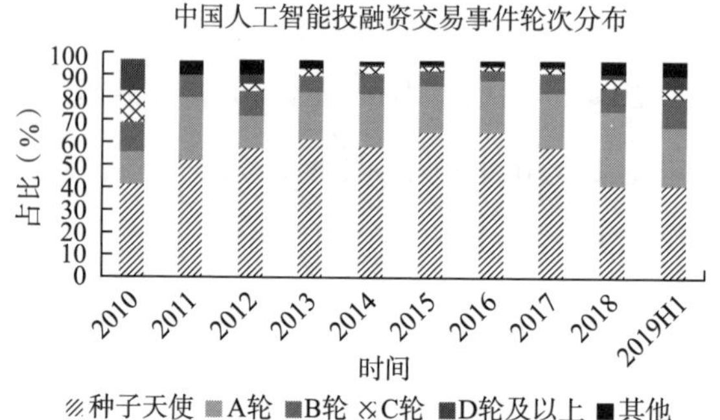

图 1　中国人工智能技术企业与投融资交易事件轮次分布

资料来源：《36 氪研究丨人工智能商业化研究报告（2019）》，https：//36kr. com/p/5220859，访问时间：2024 年 8 月 19 日。

（二）人工智能行业的特殊性

蒸汽革命、电力革命和计算机革命推动人类文明从农耕文明转型为工业文明，在此过程中，人类追求技术的热情有增无减。历史上，第一辆汽车于 1885 年研制成功，而安全带成为汽车的标准配置则是在 1963 年。1945 年世界上第一次核爆炸实验成功后，全球 59 个国家于 1968 年联合签署了《不扩散核武器条约》。由此可见，在人类文明的发展历程中，人们从未停止过对相关技术的探索，但也一直遵循着“有所为，有所不为”的原则。这一原则多源于长久积累的社会实践和生活经验。

相较之下，人们对尚处于人工智能时代初期的人工智能行业的研究已经不限于科学与技术演进、产业发展与行业规范等问题。越来越多的社会主体开始从社会、政治、法律、伦理、道德等各方面思考人工智能可能带来的潜在问题。

与基因工程、生物医药等行业不同，人工智能技术具有机器模仿、机器学习的能力，将打破长久以来人类构建的生产与劳动力关系，成为新一代产业革命的引擎。世界各国重视人工智能并将其作为未来国家竞争力的战略重点已是不争的事实。然而，正是由于“类人”是人工智能的终极目标，如果出现不低于人类智慧甚至超过人类智慧的“类人”机器，那么“人”与“类人”机器的关系将走向何方呢？因此，各国又高度重视人工智能发展带来的潜在风险，纷纷倡导国际合作治理。甚至世界著名物理学家斯蒂芬·霍金、美国太空探索技术公司（SpaceX）创始人埃隆·马斯克以及微软联合创始人比尔·盖茨等都呼吁对人工智能的开发、使用持审慎的态度。这不禁促使越来越多人开始思考人工智能的与众不同，以及它是否对人类文明的演进带来了挑战。

虽然人们常说技术是中性的，错误往往是由使用端造成的，换句话说，技术的负面影响是由技术的使用者造成的，与技术本身无关，但是人工智能却超越了这一界限。这既是由人工智能本身的学科性质决定的，也是由人工智能在未来社会中所起的作用决定的。

从学科的角度，人工智能可谓典型的交叉学科，不仅与物理学、化学、生物学、心理学、认知科学、神经科学等自然科学，以及量子信息技术、生物技术、纳米技术等当代技术相关，而且涉及智能、认知、思维、心灵、意识等哲学概念。事实上，人工智能的强大在于它是一种知识工程[8]，可以赋能各个行业，并让这些机器像人一样自主地完成任务。换言之，强人工智能定义下的机器对人的模拟不是机理性的，而是功能性的。机器人威胁论也是源于对强人工智能的假设，这也让不少研究者担忧未来人工智能与人类文明的走向。[8]

目前，人工智能是建立在一套行之有效的算法基础上的，而算法的优化又是建立在大数据基础上的。数据不同，算法的设计与优化也就不同。因此，这体现出“智能”的算法背后可能天然地蕴含着群体和个体的偏向[10]，比如程序设计者所处的不同环境、文化、习俗，设计者的技术水平或逻辑严谨程度，以及训练模型的数据是否全面、是否存在偏见等。这几种偏向是隐性的、潜在的，并不是设计者故意的行为，但是它却将影响算法的结果和决策倾向。[8]

比如，人工智能的世界是各种数字化行为构成的数据世界。当数据成为人们认识世界的窗口时，人们事实上已经无意识地把获取信息的方式交给了算法。一方面，机器通过算法学会如何在海量数据中挖掘出有价值的隐藏信息，以形成决策，并预测相关事件发生的可能性，这将转变人们的思维方式。比如，在搜索引擎的引导下，人们从重视寻找数据背景的原因，转向如何运用数据本身。此外，算法会基于个人的行为数据，通过个性化的自主信息推送，强化使用者的消费习惯或行为习惯，如网络查询在某种程度上能够还原查询者的兴趣爱好和各种隐私偏好等，算法本身的不透明性和使用者的透明性形成了鲜明的对比。[8]

另一方面，由于人类社会长久以来的法律规则体系建立在人的行为与后果的因果关系之上，因此，企业需要以法律和监管制度作为其开展商业活动的依据。"遵纪守法"是企业最基本的义务。但是对于人工智能行业而言，仅以法律作为产品创新的约束标准已经远远不够了。如 AlphaGo 连续击败围棋冠军，并不是因为其程序员是围棋高手，而是因为其拥有依据程序员给出的学习规则和大规模数据训练后的算法，而这一结果与程序员的意志并无直接因果关联。所以，如果将人工智能所造成的负面结果归咎于其设计者，无疑不具有说服力；但如果要归咎于人工智能本身，人们又该如何问责机器呢？又如，谷歌无人驾驶汽车出现的交通事故甚至导致人员伤亡，虽然对于有些情况，谷歌表示，94%的同类城市车祸都是由人类司机操作不当引起的，无人驾驶汽车就是为了创造一个更安全的道路环境而生的[9]，但这个解释并没有抚平社会对于无人驾驶的担忧。

伴随着人们对人工智能塑造及其与人类社会关系的反思，人工智能的伦理及其治理也随之成为行业发展新的探索和驱动方向。然而，尽管中外人工智能产业的参与者们已经意识到人工智能治理可能带来的问题，从国家、企业等多方发起相关讨论并发布各自的人工智能伦理原则或治理标准，有的企业也结合自身特点组建了相关的管理机构，尝试通过制度化管理进行治理落地，但就目前的情况来看，行业内尚未出现人工智能治理的标准化管理路径或可参照模式。

三、关于旷视

2011年10月，三名清华大学“姚班”[1] 毕业的学生——印奇、唐文斌和杨沐一起创立了专注于计算机视觉人工智能技术的旷视。经过十多年的发展，旷视已成为该领域技术开发与商业化应用的佼佼者。回想创业之初，他们只是想将计算机视觉的技术应用到游戏中。但是2012年，发生在脸书（Facebook，现Meta）与以色列面部识别公司Face. com之间的一笔高达1亿美元的针对人脸识别技术的收购，让处于创业初期的印奇等人突然意识到，视觉技术的前景“远不止于此”。于是，他们立即调研计算机视觉技术在市场上的应用，随后决定将旷视转型为技术和解决方案的提供商，这也成为旷视持之以恒的追求。

2012年10月，旷视推出视觉开放平台Face++，它是一个基于云端的服务平台，可提供完整的人脸识别、检测以及面部分析技术。当时，人工智能“刷脸”技术尚属于新鲜事物，于是Face++上线后很快迎来了第一批客户。但是，创始团队并不想止步于浅层领域的技术开发与应用。因此，自2014年起，旷视便将精力集中在基础技术的研发上，向更深一层的深度学习框架和底层算法研发平台深挖。

2020年3月25日，旷视对外开源了自研的人工智能深度学习框架“天元”MegEngine，并将集算法、算力和数据于一体的Brain++重新定义为人工智能生产力平台。旷视联合创始人唐文斌介绍，Brain++平台可以理解为是为研发人员提供的一站式人工智能工程解决方案，它由数据管理平台MegData、深度学习计算平台MegCompute和人工智能深度学习框架“天元”MegEngine组成。

---

[1] 清华大学“姚班”是清华大学面向本科生的计算机科学实验班，因由图灵奖获得者、中国科学院院士、清华大学教授姚期智创办，故称为“姚班”。

在人工智能行业，开源深度学习框架的企业并不多。主流的开源深度学习框架是谷歌的 TensorFlow 和 Meta 的 PyTorch，两者占据了大部分市场份额。深度学习框架通常被认为是人工智能的操作系统，上承各种业务模型、行业应用，下接芯片、大型计算机系统。[10]旷视选择开源自己的深度学习框架，是希望通过分享自己多年业务积累所形成的结构化、开放的底层系统，让更多的用户、企业、学术界、从业者参与到人工智能产业的创造与创新中来，从而推动中国人工智能行业的建设，并且推动整个社会生产方式的改进和生产力的发展。另外，通过开源降低客户和合作伙伴的使用门槛，提前对存量市场和新增需求进行储备，有益于企业在业务横向拓展中的产品化能力。

未来，基于旷视自研的人工智能生产力平台 Brain++和对行业的探索经验，旷视仍将持续聚焦个人物联网、城市物联网和供应链物联网这三大场景进行深耕，以消费电子、传感器和机器人作为核心终端，将业务方向聚焦于六个核心领域：云服务和开发者、消费电子、城市管理、园区、物流及零售，致力于用软硬件相结合的解决方案，构建连接及赋能百亿物联网设备的人工智能基础设施（见图 2）。

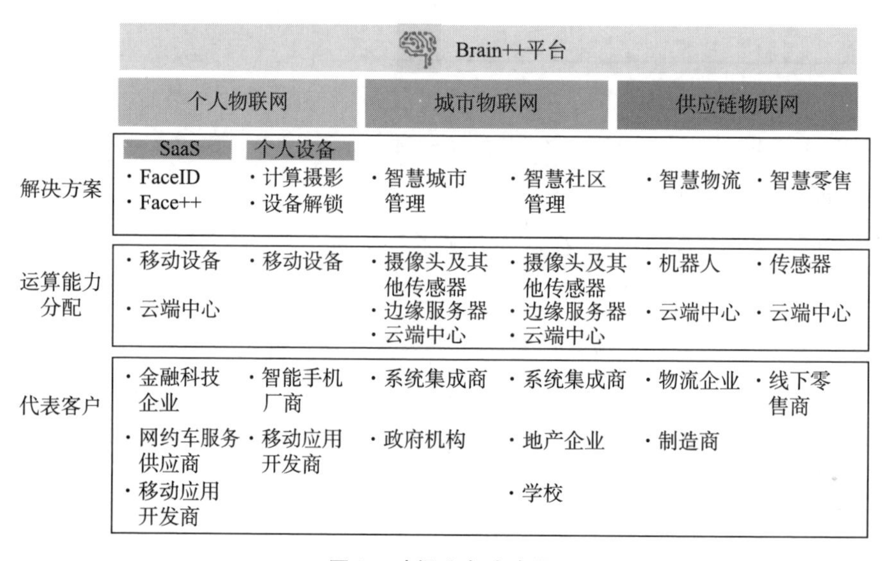

图 2 旷视业务生态图

资料来源：作者根据旷视提供的资料整理。

四、旷视人工智能治理的思考

（一）企业进行人工智能治理的动机

1. 治理思考萌芽

作为中国人工智能的领军企业之一，从 2018 年起，旷视就越来越多地参与到人工智能行业的国际对话中去。而且随着时间的推移，印奇发现，无论是业界的讨论，还是与海外媒体的对话，大家在讨论行业未来发展时都会反复提出“人工智能治理”的问题。

让印奇印象深刻的是，海外的人工智能研究机构非常热衷于对人工智能行业存在的伦理风险进行讨论，而且他们也非常希望能有来自中国人工智能企业的观点。虽然很多问题尚无定论，但他们似乎并不担心对伦理道德的过多讨论或担忧会影响行业规则的制定，或将在一定程度上制约行业的发展，甚至会让社会产生负面的反馈。

在这一过程中，印奇也深切感受到中国对人工智能治理的研究和理论贡献已经处于全球领先水平。而作为国内领先的人工智能企业，旷视也和全球的人工智能同行一样，在面对机会的同时，也面临由技术的快速发展带来的产品不确定、市场不确定，以及由此产生的人工智能治理问题带来的挑战。印奇在接受采访时曾说：“人工智能对中国来说是个机会。以前中国没有做过这样的命题：当产品和市场都不确定的时候，怎样把产业做成一门好的、长久的生意？但现在，人工智能是中国第一次有机会牵头做创新驱动型的产业，而且是真正在产品和市场两侧都能具有领导意义的产业。”

2. 参与国内人工智能治理标准建设

2019 年年初，在科技部的推动下，“国家新一代人工智能治理专业委员会”成立。委员会明确，治理问题是人工智能发展中的重要问题，推进人工智能健康发展必须把握人工智能技术属性和社会属性高度融合的特点，高度重视和前瞻预判其所带来的各种社会问题，注重激励发展与合理规制的协调，防范和应对可能带来的风险。[11]

作为委员会七位委员之一的印奇带领旷视全程参与研究并联合推动发布了《新一代人工智能治理原则——发展负责任的人工智能》，提出关于人工智能治理的框架和行动指南，还深度参与了其中关于数据安全与隐私保护的项目。

在参与《新一代人工智能治理原则——发展负责任的人工智能》制定的过程中，印奇体会到监管层对于人工智能治理问题的重视，同时也意识到在具体管理方面仍存在很多待解决的问题。我国人工智能治理现状与欧美极为相似，比如在具体问题上现阶段更多的管理是针对数据安全，而涉及人工智能伦理的量化标准和治理手段仍有待完善。同时，从数据治理的现实情况可以看出，一些数据隐私保护、使用加密等措施完备的企业，虽然符合当下监管的要求，却因此无法充分获得或使用数据，造成对业务的冲击。

除了参与国家层面关于人工智能治理制度的建设，旷视还积极参与推动北京地区的人工智能研发与治理，作为科技部与北京市政府支持建立的北京智源人工智能研究院①的委员之一，旷视于 2019 年 5 月 25 日与其他共建单位共同发布《人工智能北京共识》，针对人工智能的研发、使用、治理三方面，提出了各参与方应该遵循的有益于人类命运共同体构建和社会发展的 15 条原则。[12]

3. 上市进程助推治理落地

一直以来，旷视秉承着“技术信仰，价值务实”的价值观，通过对技术极致的追求谨慎地探索技术可行性和产业化能力。在无数次的商业选择过程中，以“价值务实”为基础构建旷视长久的盈利能力和健康的商业模

---

① 北京智源人工智能研究院（Beijing Academy of Artificial Intelligence，BAAI）成立于 2018 年 11 月 14 日，是在科技部和北京市委市政府的指导和支持下，由北京市科委和海淀区政府推动成立的新型研发机构，依托北京大学、清华大学、中国科学院、百度、小米、字节跳动、美团、旷视等北京人工智能领域优势单位共建。

型。印奇坚定地认为，旷视长久的盈利能力和健康成长，离不开自身的自律和行业的健康发展。

由于人工智能技术的复杂性及其在不同场景下商业化转换的局限性，人工智能的发展需要高额的研发费用并以丰富的产业形态为支撑。[13]正因如此，从 2018 年开始中国的资本市场对人工智能的态度也从早些年的狂热中冷静了下来，同时掀起了中国人工智能行业第一轮“浪淘沙”，人工智能技术商业化落地的成效成为资本市场新一轮的判断标准。

> 从资本市场上来看，大部分投资人在关注企业的盈利模式、市场规模之余，特别关注企业的长期规划和人工智能治理，主要关注点有三个：一是企业是否具备长线发展的驱动力；二是长线基金都设置有企业社会责任委员会，特别是在欧美地区，他们十分看重企业的道德和社会责任感；三是基于经济利益的考量，有些科技企业因为数据泄露等问题暴露了其管理问题，造成了投资人的利益损失，这是投资人所不愿意看到的。因此，关注人工智能治理，对于企业、投资人，都是双赢的好事。
>
> ——王海桐，旷视首席财务官

2019 年 8 月 25 日，旷视向港交所递交了 IPO 招股说明书。在招股说明书中，印奇以写给投资人的公开信的形式，一方面从个人的角度表达了他对人工智能行业和旷视的愿景，另一方面则强调人工智能治理对旷视和行业发展的重要性，表达“人工智能治理”是在旷视企业价值观“技术信仰，价值务实”指引下的一项重要战略部署，也将成为旷视重要的竞争力。“人工智能创新就是一场无限游戏。它始于几十年前，并终将超越这个时代。旷视发力当下，从多个维度探索人工智能技术、产品、商业模式和生态系统的高度融合。这是一个长期的过程，我们必须树立明确的战略和清晰的愿景，让它们像‘北极星’一样引领我们走向下一个目的地。”

印奇坦言，与全球大多数人工智能企业的发展轨迹类似，旷视 2011 年刚成立时，大家也不知道旷视能不能发展起来，因此更多关注技术本身的发展和应用。后来，随着行业的发展和社会对人工智能应用的担心，全球的科技巨头才开始关注人工智能的治理。在旷视筹备上市的过程中，很多海外的股权投资人、公关企业、媒体等都在关心中国的人工智能企业在治理方面的实践。所以，随着全球人工智能企业和行业及市场环境对人工智能治理诉求的日益关注，上市计划也加速推动了旷视在企业内部落地“人工智能治理”的进程。

（二）旷视人工智能治理的权衡与考量

在印奇和唐文斌的眼里，“技术信仰，价值务实”始终贯穿着旷视的经营与运作。旷视作为一个商业主体，首先需要解决业务发展中面临的实际问题。比如，早期的时候，旷视的首要目标是盈利和生存。之后，随着企业的发展壮大，旷视逐渐成为中国领先的人工智能企业，在与行业和全球市场进行交流时，需要国际化的视野和主流的价值观。这就更凸显了人工智能治理的迫切性。与此同时，从 2019 年开始，随着人工智能的商业化应用进一步推进，人们对人工智能技术引起的社会问题越发担忧。

对于旷视来说，人工智能治理的重要性和迫切性逐步凸显。企业的创始人必须坚持对于人工智能治理的重视与执行，但具体应怎么做？治理的边界在哪？在企业内部的确有不同的声音。

1. 商业利益与企业社会责任

印奇认为：“企业上下虽然不会认为人工智能治理不对，但是对于它的重要性，或者把它上升到战略层面的重要程度，或者说对于它的迫切程度的理解是不一样的。有人可能会说创始人重视，想弄就弄呗！我觉得有这种想法很正常，比如当它跟商业利益产生一些小冲突时，可能就需要企业创始人有一定的定力和决断力，明确企业的路线。其实，有些决定做出时我们是犹豫的，最后没做的，现在回过头来看都是正确的决定，对企业的长期发展是有利的。”

为了建立一套符合企业自身发展需求的人工智能治理体系，旷视 COO 徐云程女士被任命为组织与执行人工智能治理议题的负责人。凭借在大型高科技企业多年的工作经验，她认为人工智能治理的成果最终会体现在企业的商业价值上。“一些现在不被认为是风险（人工智能的伦理风险）因素的，未来也有可能成为风险因素。即便有完备的技术，由于人工智能技术的特殊性与复杂性，一旦出现纰漏也会产生巨大的影响，对企业的声誉和市值都会造成不可估量的损失，比如脸书此前就曾因为隐私泄露成为各界关注的焦点。”

同时，徐云程认为，正是由于人工智能技术的普遍性及其对于社会影响的深刻性，促使社会各界在人工智能早期的商业化进程中，就非常积极地探索人工智能治理这条道路。而且，治理行动并不应仅局限于个别企业，而是需要政府与监管、同行、产业上下游的共同协作才能达成治理的终极目标。为达成这一目标，旷视首先需要有正确的价值观，需要在企业内部建立认同感。但是，人工智能引发的道德风险和对人工智能技术本身的追问与回应对于整个行业都是全新的挑战，在企业内部推进更是要不断摸索，谨慎前行。如何在企业内部进行机制建设？如何推动全员认知？这些都是企业在人工智能治理实践中要面对和解决的首要问题。

另外，企业内部也有部分人担心过度治理是否会影响企业的创新发展。从技术的角度来说，技术应用场景的拓展方向本身就值得讨论。对于不同场景下技术是否符合伦理进行判定，需要具体情况具体分析，否则会影响技术的创新与完善。比如，将无人机用在农田喷洒农药的场景下就是被大众所接受的，但是用在杀伤性武器上就是禁区。同时，根据产品展示出来的效果来判断技术本身是否符合伦理也是失之偏颇的。以数据挖掘技术为例，假设数据样本采集不全面，或是打分标准设置有问题，那么据此训练出来的算法就可能带有偏见。但如果因此武断地判定数据挖掘技术本身就是有偏见的，那也是不合理的。

> 技术研究与探索本无禁区，但是对于具有商业化目标的企业来说，无论是不是高科技企业都应该有禁区。
>
> ——孙剑，旷视首席科学家、研究院院长

观察人工智能行业的发展，在过去的几年里经历了一轮大浪淘沙，其中所暴露出的行业乱象，也致使人工智能行业受到更为广泛的关注并引发

担忧。人工智能产业的红线到底要画在哪里？需要由谁来画这条红线？这些问题备受关注。

> 比如数据隐私方面的问题，一旦出现，对企业来说就是致命的打击。那么对于产品创新来讲，取决于这家企业能否承担后果（产品风险）。人工智能企业受到这么多关注，其实源于社会对企业的担忧和期待。如果不去面对，一旦出问题，企业有可能就会处于很尴尬的境地。企业应该有主动去化解风险的意识，至于投入多少资源，是否过度，企业应该自己衡量和对自己负责……
>
> ——徐串，旷视首席架构师

在商业价值的追求之上，是企业的使命和初心。旷视的创始人们希望带领团队建立一家受人尊敬的企业，成为在人工智能行业的领军企业。但是要成为伟大的企业，必将面临取舍。毕竟短期的投入是摆在眼前的，而长期的回报却不一定看得到。

> 人脸识别之所以得到大面积应用，是因为它的应用场景很多，所以很多问题很快就会被摆在企业面前。迫切性本身是客观存在的。从另一个角度看，中国企业是有机会和时间窗口去做市场的引导者，成为行业架构、规范或原则的制定者的。对于旷视来说，有这种敏感性和愿景，就已经超过企业价值最大化的目标。所以它（人工智能治理与企业商业利益）并不矛盾。
>
> ——刘俏，北京大学光华管理学院院长

2. 企业道德标准与个人道德标准

唐文斌曾说：“我们也在审视自己，随着人工智能力量逐渐发展得越来越强大，什么该做什么不该做，这不仅仅是道德伦理方面的问题，更是回到企业最本质的价值观层面的问题。”

对于一般行业来说，企业做到“不违法”所实施的即正常甚至健康的商业活动。从目前中国人工智能行业的监管来看，只有数据安全方面的管理办法。旷视目前在企业内部数据安全管理上，通过微分学习、联邦学习等先进的方法解决用户的数据隐私和数据质量问题。同时，旷视大部分的管理层认为，尽管“法律是道德的底线”，但是人工智能道德的底线应当高于法律，企业应当做得更好。因此在开源、开放的Brain++平台上，旷视专门投入了人力、物力，在涉及平台数据安全的问题时，Brain++会提供基于《准则》所制定的用户操作指引，帮助用户在使用平台的过程中有效地发现潜在风险。设计团队坦言，增加这些环节在一定程度上会影响效率和增加运营的成本。但是，旷视之所以坚持这样做，就是在遵循监管要求之上，向行业、从业者传递人工智能治理的倡议。

> 治理本身是主观的事情，所以企业需要有治理意识，然后需要有制度，让所有人去理解和遵循。之后再用技术去保护这套流程的执行……人们总归希望能在道德水平更高、责任感更强的环境里工作，而不仅仅考虑商业利益的影响。
>
> ——徐串，旷视首席架构师

对于人工智能行业的产品创新来说，“以法律为底线”也是不够全面的。以人工智能“换脸”合成视频类产品来说，它虽然不违法，并在短期内迅速收获了大量的个人端用户，但在一段时间后，人们便意识到，由于用户使用协议的约定，个人隐私很难得到必要的保护，甚至面临巨大的威胁。

（三）突如其来的人工智能治理挑战：课堂分析产品

在商业实践的过程中，旷视也在审慎求证，通过市场的反馈来验证产品落地的可行性。就在《准则》发布后的两个月，2019 年 9 月初，一则关于江苏南京的中国药科大学在部分教室“试水”安装了人脸识别系统的新闻充斥于互联网媒体。新闻中备受争议的系统是由旷视提供的一套课堂分析的技术演示版系统。新闻中诟病这套系统基于人工智能面部识别技术，将“监视”学生上课的“一举一动”，是对课堂上学生隐私的“侵犯”。

1. 课堂分析产品的研发背景

实际上，早在2017年，各种以高科技著称的课堂分析类产品就已经在中国问世并得到广泛推广。同时，在“教育信息化”的背景下，很多教学机构更愿意在教学环境中增设人工智能相关的产品，校方对于更全面地获取课堂大数据具有强烈需求。比如，2018年7月，好未来推出“WISROOM”智慧课堂解决方案；2018年10月，清帆科技EduBrain教学分析系统用人工智能分析课堂情绪，助力教育“精细化运营”。近年来，在每年两届的中国高等教育博览会上，也充斥着诸如此类课堂场景分析的产品和解决方案。

由于在人脸识别技术上的积累，旷视也考虑在教育领域展开探索，并将其作为企业产品新的应用方向。于是，旷视设立教育行业的项目组。通过对公立和私立教育机构进行需求调研，发现师生之间存在许多需要实现数据化的信息。比如，有些机构的学生需要“远程听课”或上网课，但是在主课堂里的教师看不到远程课堂上学生们的表情或肢体反馈，因此无法确认课程质量，也无从调整或优化授课方式。或者有些校方需要通过观察教学课堂上学生们的参与度，对教师的教学效果进行评分，但仅依靠人力线下观察无法准确收集、考量参与度数据；又或者，对于一些教师来说，他们希望能有一份真实反映学生课堂表现的数据，帮助他们改进教案的设计；等等。

随后，旷视的教育项目组结合需求调研结果和行业中的同类产品，设计出了一整套教育解决方案产品，其中就包括学校情境下的教学、场地、通行、消费安全等管理解决方案。教学解决方案主要由课堂考勤和教学效果评价两个功能模块构成。其中，教学效果评价功能可以通过识别课堂上学生的面部表情和肢体行为进行结果分析，形成一份课堂分析报告提供给授课教师，但报告并不会明确展示具体哪个学生的课堂反应如何，而是向教师反馈综合的课堂数据，这样的设计也是为了给学生留有隐私的空间。

经过旷视内部产品申请审核，该课堂分析产品于2018年10月正式立项并进入研发阶段。为了方便客户直观理解该产品，旷视根据产品预期功能拍摄了校园课堂场景的画面，并通过后期制作展示了该产品的使用效果。2019 年 3 月，旷视将该产品的视频作为产品 Demo（样本）在于江西举办的渠道展会上展示。6 月，该产品的 MVP（技术演示）版本完成测试，并于 7—9 月在中国药科大学开展试点部署试验。8 月 26 日，中国药科大学项目负责老师接受了关于该产品的试点宣传采访，引发了社会各界的强烈反应。

2. 媒体与社会的反馈

当时一些媒体报道称“系统会全程监控学生上课听讲的情况，就连发呆、打瞌睡和玩手机等动作行为都能被识别出来，逃课和‘替同学答到’或将成为历史”[14]。随着社会各界参与到讨论中来，关于这套产品的争论焦点逐渐从最初的“青少年隐私保护”，发展到“服务于教学效果的合理性”和“人工智能监控对学生人格成长的影响”等，有观点认为，课堂表情分析产品的投入甚至会导致下一代青少年发展出“表演型人格”。

在 9 月舆论大爆发后，教育部等八部门联合印发首个全面规范教育移动互联网应用的政策文件《关于引导规范教育移动互联网应用有序健康发展的意见》，明确校方应严格对待校内监控数据安全和师生隐私的保护，甚至对于校园内安保人员调取录像都应有严格的流程管理，明确“监控应起到相应的作用，随意调取不可取”。9 月底，教育部召集包括中国药科大学在内的 10 所大学对教室内使用人脸识别系统进行了研讨，会议的基本结论是“可以将系统用作考勤，但不建议用作行为分析”，不过并未明文禁止使用人脸识别系统进行课堂分析。

3. 旷视的决策

社会和媒体对于试点产品有如此强烈的反应是旷视没有预料到的，这也给该产品下一步是否要进行商业化打上了问号。2019 年 9 月 2 日，旷视通过官方微博、网站、微信公众号发布了对这一产品的声明（见图 3）。声明中解释了新闻报道中的情景图仅为“概念演示”，并非最后的成熟产品，同时阐明了“人工智能技术向善”的企业追求。最终，经企业管理层反复讨论，并依托《准则》和企业治理原则，旷视于2019年11月对内宣布停止该课堂分析产品的商业化开发推进。

声明

旷视MEGVII V | 作者：旷视MEGVII | 09-02 19:39 | 投诉　　阅读数：17万+

旷视在教育领域的产品专注于保护孩子在校园的安全。

近日网络上出现的一幅课堂行为分析图片，为技术场景化概念演示。旷视在教育领域的产品专注于保护孩子在校园的安全。

旷视的智慧学校解决方案可以协助学校管理人员提升效率并保障学生安全，主要用于智能校门、教室门及宿舍的出入，方便学生安全出入校园。

旷视始终坚持技术向善，让人工智能造福所有人。在人工智能技术的各种场景中，旷视会坚持正当性、数据隐私保护等核心原则，接受社会的广泛建议和监督。

旷视科技
2019.09.02

图3　旷视发布的声明

4. 决策的内部争议

对于管理层最终“停止项目”的决定，企业内部的意见并不统一。可以说有很多人认为项目不该被叫停。他们认为，一方面，当时的局面在很大程度上是由外界强烈的负面情绪曲解了企业对产品设计的初衷造成的。另一方面，此类产品在教育行业已经有好几家厂商在做，甚至做出来的是一模一样的产品，所以此类产品是有市场实践和实际需求价值的。同时，项目团队在前期市场调研和开拓中积累了不少潜在客户，这时停止项目推进，这些客户势必会流失并有很大可能成为竞争对手的客户。而且，法律从来没有禁止此类产品。作为技术提供方，厂商是否有权代替教育机构去制定技术场景使用的规则呢？

这些争论并没有改变管理层停止项目的决定。同时，旷视内部也在积极地复盘，从产品定位上寻找问题的根源所在。比如课堂分析产品看似是企业端的业务，面对的是学校或学校的教师群体，但是其产品逻辑中的终端受益者或用户则是学生。因此，项目团队在前期调研时多是考虑学校的需求，却没有收集学生和学生家长的反馈。而这次争端恰恰是因为他们——个人用户端引发的，最终导致项目停滞。所以，旷视得到的经验和教训是：未来项目团队在企业端业务上需要谨慎分析其终端用户是谁，以及终端用户的诉求是什么。另外，在企业创新的过程中，即便小心谨慎，也会遭受质疑。企业也要做好时刻与社会和舆论观点沟通和交流的准备。

唐文斌说：企业同事站在各自的立场上，同意与否，各方都有道理，也都没错……在这一系列争论的背后是，如果抛开人工智能技术，在日常教学中，学生是否应该对教学质量进行评估？应该怎么做？人工智能技术提供的是什么？所以，在产品打造的过程中应该先明确场景、目标和价值，再去细化 What（做什么）和 How（怎么做）的问题。

5. 讨论仍在继续

在舆论的风波之后，面对企业内部对“停止”决策的不同意见，高管团队内部和项目团队进行了几次讨论。大家对项目发展前后的过程进行了回溯，并着重对舆论担忧的问题进行反复的研究，试图从人工智能伦理的角度找到当下确定的答案。比如，社会或使用者面对这款产品所带来的价值，是否愿意以改变人类构建已久的互动关系为代价？人们改变的意愿，对企业的产品来说是需求还是风险？如果是风险，它是当下的风险，还是远期的风险？企业能否承担这些风险带来的后果？

> 我们（企业高管团队）当然也可以选择在风波过后再重启项目，但是我们之所以会对此如此谨慎，是因为企业需要对产品负责。当我们还不能对产品存在的伦理争议达到内部观点统一的时候，我们不想做出可能会给企业未来的发展埋下隐患的选择。
>
> ——徐云程，旷视 COO/人工智能治理负责人

五、下一步

事实上，无论是国外还是国内，人工智能技术引发的伦理道德问题已频频见诸报端。公众对人工智能涉足的领域和智能的能力有着本能的关注和担忧，而这种担忧也在日益加剧。作为参与并见证中国人工智能商业化进程的旷视，也经历了对人工智能治理逐步认清的过程。随着《准则》的发布，人工智能的伦理和治理也引起了企业内部管理层和全体员工的讨论。

面对人工智能技术与人类之间特殊的关系，以及这项技术应用的广泛可能性，站在人工智能引发的新一波科技浪潮的顶端，旷视秉持长期主义发展的思路，抱着做造福大众的“好生意、长久的生意”的心愿与决心，对人工智能治理进行的探索，不仅是新的挑战，也是一件刻不容缓的事情。

作为人工智能行业的从业者，旷视的治理之路才刚刚开始。企业进行人工智能治理的边界在哪里？应该做什么？做到什么样的程度？治理的成本和收益如何平衡？落实到日常的业务中又将如何执行？这些现实的问题，有待旷视团队一步一步地探寻。

附录：人工智能技术发展

从人工智能的研究来看，共分为三大派系，第一个派系通常叫作符号主义（Symbolicism），又称逻辑主义、心理学派或计算机学派，其原理主要为物理符号系统（即符号操作系统）假设和有限合理性原理，也是日后“专家系统”的雏形。符号主义出现于1950—1960年，当时其研发成果已能解开拼图或进行简单的游戏，却几乎无法解决实用的问题。例如，早期IBM的Watson系统就是基于符号主义的人工智能，在美国电视知识竞赛上击败了人类。[15]第二个派系称为连接主义（Connectionism），又称仿生学派或生理学派，其主要原理为神经网络及神经网络间的连接机制与学习算法。其核心是神经元网络与深度学习，仿造人的神经系统，把人的神经系统模型用计算的方式呈现，用它来仿造人类智能。第三个派系是行为主义（Actionism)，又称进化主义或控制论学派，其原理为控制论及感知-动作型控制系统。推崇控制、自适应与进化计算，目前较少提及。[16]

20世纪80年代，伴随着计算机的普及，当时的人工智能应用多是以灌输“专家知识”作为规则，来协助解决特定问题的“专家系统”。比如语音识别和机器翻译是人工智能相对成功应用的场景。不过，由于当时人们对人工智能期望过高，纵然有一些商业应用的实例，却因为其可开发场景很有限，这一波热潮也因此逐渐消退。

2010年，随着高性能计算机、因特网、大数据、传感器的普及，计算机的计算成本下降，人工智能技术下的“机器学习”随之兴起。所谓机器学习，是指让计算机大量学习数据，使它可以像人类一样辨识声音及影像，或是针对问题做出合适的判断。从机器学习的发展来看，又可以分为“浅层学习”和“深度学习”两个阶段。最开始，大多数机器学习的方法都是利用浅层结构来处理数据，这些结构模型最多只有一层或者两层非线性特征转换层。典型的浅层结构包括高斯混合模型、支持向量机、逻辑回归等。[17]直至2006年，计算机科学家杰弗里·辛顿、杨立昆和约书亚·本吉奥[15]突破深度学习的技术瓶颈，使深度学习成为机器学习领域最接近“人类智能”目标的一种建模方法。因此，在该次浪潮中深度学习成为最受瞩目和研究应用最多的技术，它是通过模仿人脑的“类神经网络”来学习大量数据的方法。它通过数据进行高层抽象（一种算法），该效率大大高于过去由人工提取特征的方式。理论上，只要计算机的运算能力足够强、样本数据量足够大，就可以不断增加神经网络的层数、改变神经网络的结构，深度学习模型的效果就会显著提升。因此，大数据的发展促进了深度学习的崛起，深度学习的方法又最大限度地发挥了大数据的价值，两者相辅相成。如语音识别、图像识别是通过深度学习首先实现商业化落地的领域，在应用过程中通过数据反哺，带动了这两个领域算力、框架的一步步升级，使其更加智能。[18]

一直以来人工智能技术的符号主义和连接主义两大派系互相比拼，近年来，随着深度学习的成功落地和媒体宣传，连接主义已占上风。但是，无论基于哪种派系研发的人工智能技术，在行业上，依据机器是否可以产生自我认知和适用范围，又可以将人工智能划分为弱人工智能和强人工智能。具体来说，强人工智能被定义为机器具有一定的自我意识，能够通过学习拓展功能，即当机器意识到自身不具备某种功能时，可自主学习并获取相关技能。因此，强人工智能可以独立面对各种复杂情况。但是，强人工智能的研究进展缓慢，技术上存在巨大的挑战，同时，在应用风险和社会伦理等方面也颇具争议，因此业界普遍认为，强人工智能在短期内难以获得较大突破。

相较之下，现阶段人工智能技术的研究和应用以弱人工智能为主。比如人脸识别、语音识别、语义理解等，都是通过特定条件的设定解决某一类问题的，而非机器的独立思考、推理解决问题。

即便是弱人工智能，它也体现出超越人类的功能，比如在提升社会劳动生产率，特别是在高危险、高度重复等类型的工作上，它有效降低了劳动成本、优化了产品和服务，并创造了新市场和就业等，为人类的生产和生活带来革命性的转变。因此，在全球范围内越来越多的政府将人工智能提升到国家发展战略的层面，积极引导社会各界重视人工智能的产业融合。据推算，世界人工智能市场将在2020年达到6 800亿元人民币的规模，复合增长率达26.2%。据Sage预测，到2030年人工智能的出现将为全球GDP带来额外14%的提升，相当于15.7万亿美元的增长。

参考文献

1.《旷视发布〈人工智能应用准则〉倡导AI技术健康可持续发展》，https：//www.megvii.com/news_detail/id/6016，访问时间：2024年8月19日。

2.《解析人工智能的3大浪潮、3大技术和3大应用》，http：//www.elecfans.com/d/667766.html，访问时间：2024年8月19日。

3. 孟令鹏、田萃、许维胜：《人工智能赋能城市社区治理的共融模式及其实施路径》，《上海行政学院学报》2021年第2期。

4.《德勤发布：中国人工智能产业白皮书》，https：//www.sohu.com/a/277487702_505926，访问日期：2024年8月19日。

5.《36氪研究 | 人工智能商业化研究报告（2019）》，https：//www. 36kr. com/p/1723938553857，访问时间：2024年8月19日。

6.《AI热下的冷思考 商业化缓慢》，https：//tech. sina. com. cn/it/2019-11-02/doc-iicezuev6589081. shtml，访问时间：2024年8月19日。

7.《全球人工智能产业数据报告》，http：//www. caict. ac. cn/kxyj/qwfb/qwsj/201905/P020190523542892859794. pdf，访问时间：2024年8月19日。

8.《人工智能与人类文明的未来发展》，https：//www. cssn. cn/zx/kjrw/202210/t20221027_5554897. shtml6，访问时间：2024年8月19日。

9.《燕麦云何洋开讲 | 无人驾驶汽车来了！它安全吗?》，https：//www. oatos. com/courses/872. html，访问时间：2024年8月19日。

10.《旷视开源一小步，AI基建一大步》，https：//www. pingwest. com/a/207449，访问时间：2024年8月19日。

11.《2019年，AI产业避虚向实》，https：//www. stdaily. com/index/kejixinwen/2019-12/26/content_847921. shtml，访问时间：2024年8月19日。

12.《人工智能大浪淘沙，北京何以站立潮头》，https：//chuangxin. chinadaily. com. cn/a/201905/30/WS5cef417da310e7f8b157fa08. html，访问时间：2024年8月19日。

13.《AI拓荒者旷视的坎坷》，https：//maimai. cn/article/detail? fid = 1469034764&efid = x3PLahoWshV1PUWHBRfacA12，访问时间：2024年8月19日。

14.《南京一高校“试水”教室人脸识别：翘课、发呆玩手机全能识别》，https：//www. thepaper. cn/newsdetail_forward_4311952，访问时间：2024年8月19日。

15. 顾险峰：《人工智能的历史回顾和发展现状》，《自然杂志》2016年第3期。

16.《何谓人工智能？三大浪潮是什么?》，http：//www. ck365. cn/news/9/44959. html，访问时间：2024年8月19日。

17. 张建明、詹智财、成科扬、詹永照：《深度学习的研究与发展》，《江苏大学学报：自然科学版》2015年第2期。

18.《旷视为何加入“开源之战”?》，https：//www. 36kr. com/p/1725324902401，访问时间：2024年8月19日。

02

数字化服务

“如虎添翼”如何美梦成真？——步步高的“智慧零售”征程

彭泗清、王卓

洋葱学园：引领数字化教育创新

王翀、王卓

林清轩——数字化转型

刘宏举、吴俊霞

密苑云顶：强体验经济数字化转型

翟昕、王卓

贝壳找房的数字化之旅：一次“难而正确”的探索

张宇、王念念

“如虎添翼”如何美梦成真？——步步高的“智慧零售”征程[①]

彭泗清、王卓

创作者说

在电商冲击以及新兴零售模式带来的挑战之下，以步步高为典型代表的传统商超企业应该如何实现数字化转型？在经历了电子商务冲击所导致的“迷失的五年”后，2018 年步步高与腾讯、京东签署了《战略合作框架协议》，开始实施智慧零售变革。利用数字化工具和平台，步步高既提升了门店管理效率，又改善了顾客购物体验，同时还拓展了线上线下渠道；通过数字化达成动态用工，对人力资源配置进行了优化，开启了生产关系的变革；运用数据分析来指导选品、定价和促销策略，实现了数据驱动决策。为了给变革提供有力支持，步步高调整了内部组织架构以强化执行力。在这场变革中，步步高充分展现出其“霸得蛮、耐得烦”的精神，通过“实事求是”的工作方法以及一定的激励机制，推动了文化与管理的创新。

步步高的数字化转型，为其他商超企业提供了极具价值的借鉴意义。步步高在自建电商平台失败后，准确识别出数字化驱动的实体零售与网络零售融合发展这一行业趋势，从而选择采取与数字化巨头企业结盟的发展战略，凭借“智慧零售”开启数字化变革，通过一系列创新举措，积极探索零售行业的产业价值提升以及价值链重塑。本案例有利于读者加深对智慧零售现状及其未来发展的思考，也能让企业明晰如何识别转型的战略时机以及如何做出合作发展的战略决策。

① 本案例纳入北京大学管理案例库的时间为 2020 年 11 月 11 日。

2020 年 9 月 13 日，是步步高①长沙南国店②的 10 周年店庆日（现场照片见图 1）。店长王闪指挥团队开展了一系列店庆活动。虽因多日高强度工作有些疲惫，但看着店内店外人头攒动，他内心还是洋溢着久违的开心——那种轻松又充满希望的开心。

步步高南国店（如图 2 所示）位于长沙市东南部的一处回迁社区中，服务周边 3 公里内的约 14 万人。[1]作为一家成熟老店，营业状况一直较为稳定。2016 年，一家全国性零售连锁百强企业在十字路口对面开了一家超市，为了抢夺市场，该超市开展负毛利促销。客源的分流，让南国店也陷入亏损状态，两家店的竞争日渐白热化。这一区域也成为长沙步步高超市板块火药味最浓的“战场”。

图 1　步步高南国店 10 周年店庆活动照片

资料来源：王闪提供。

图 2　步步高南国店照片

资料来源：作者拍摄。

2017 年，步步高联手腾讯和京东开始推动新一轮智慧零售变革，南国店成为变革试点之一，改变开始发生。数字化运营工具让门店管理更为高效，工作人员可以通过移动端企业微信实现店面管理；通过“小步用工”实现动态用工，人员由原来的 180 人减少到 100 人左右；经营合伙制的施行让全员更有工作动力。在数字化营销工具方面，步步高打造了小程序“步步高 Better 购”“小步优鲜”“小步到家”等线上渠道，让用户可以体验拼团、1 小时到家等更为丰富、更为便利的服务；“全员带货”也迅速推

① 步步高投资集团股份有限公司拥有商业和置业两大核心产业，涵盖零售贸易、电子商务、商业地产、互联网金融、物流运输等多种业态，其中，集团控股子公司步步高商业连锁股份有限公司运营着集团的主要业务。

② 步步高南国店的经营面积为 8 300 平方米，SKU（最小库存单位）数量为 23 000 左右。

行。变革改善了南国店的经营状况，2019年其利润转正，2020年9月已经完成了全年盈利目标的一多半。王闪算了算自己可能得到的分红，就买了一辆全新奔驰SUV汽车。这一切的变化，缓和了王闪和团队长久以来的紧迫感，全店的精神面貌变得更为积极。

南国店只是步步高数百家各业态门店①中的一家。[2]作为一家区域性老牌零售商贸企业，步步高是如何在智慧零售变革的道路上走实步、积跬步的？

步步高升的商业集团

对中国零售业来说，1995年是具有划时代意义的一年。那一年，中国允许外资进入食品及连锁经营领域，零售业全面对外开放。[3]家乐福在中国开设了第一家大卖场，国际先进的超市管理模式开始进入中国。1995年也是很多著名民营商超连锁企业的生辰年，张轩松创办第一家永辉超市[4]、李彬兰创办新一佳[5]、王任生在河南创办丹尼斯百货[6]……

同样在1995年，湖南省湘潭市的王填和夫人张海霞离开本地明星国企，创办了湘潭市步步高食品公司，从行销②方便面开始，踏上创业征程。[7]机缘巧合下，王填夫妇二人在广州参加了一个探讨国营零售业发展之路的高层研讨会，学习到"连锁超市"的业态。1995年12月24日，湖南省第一家连锁超市——湘潭市解放路步步高连锁店开业。[2]1998年，步步高岚园量贩广场开张，这家采用了仓储式购物、低成本运作、低价格经营的新经营业态的仓储企业[7]，又一次引领了当地市场。"开业当天关了三次门，每次要让里面的人出去一部分才能再放顾客进去。"[8]

在中国零售市场快速发展的浪潮中（见图3），步步高稳扎稳打，采用

① 步步高拥有超市、百货、电器城、便利店等多种业态，其中，截至2020年6月30日，步步高拥有各业态门店409家，超市业态门店357家，百货业态门店52家。

② 行销是指走动式营销，与坐销（店面销售）相对。当时，零售行业还是以供销社等国有单位为主，销售网点较少，市场有很多空白。行销的方式，帮助王填建立起有800多家分销商的分销终端网络。

立足于中小城市的区域发展战略，实施密集式开店、双业态（超市、百货）、跨区域的发展模式[9]，从伟人故里走出大美湖湘，步步高升。2008 年，步步高集团子公司步步高商业连锁股份有限公司在深交所上市（股票代码：002251. SZ）[10]，被誉为“中国民营超市第一股”。2019 年，步步高已经拥有 629 家多业态门店，遍布湖南、江西、四川、重庆、广西，年销售逾 415 亿元，提供就业岗位 7 万个。[2]2020 年，步步高迎来了它的 25 周年。

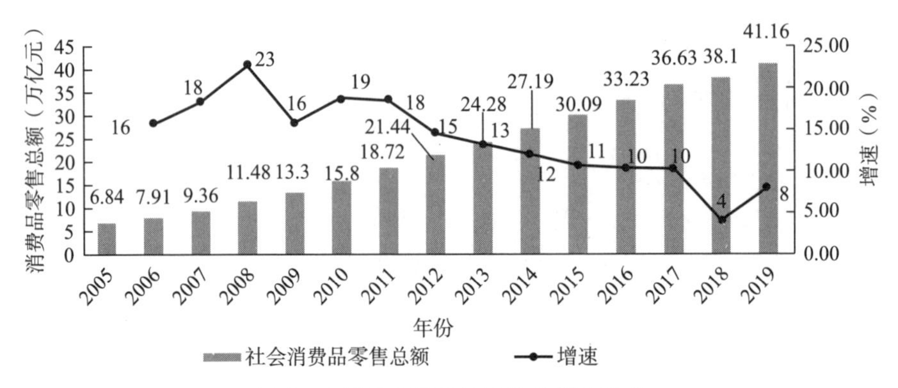

图 3　中国社会消费品零售总额及增速

资料来源：作者根据国家统计局相关资料整理。

零售之变

零售是古老又年轻的行业。古老，是因为零售自古就存在，在日常生活中司空见惯。年轻，是因为零售业为了确保人们在想要的时间、地点以合理的价格买到他们需要的产品和服务，[11]需始终走在产业变革的前列。

1852 年，世界上第一家百货商店在巴黎开设，像博物馆一样陈列商品。[11]19 世纪末，随着美国铁路网的发展，一种新的零售业态——邮购被催生出来，其中的代表企业西尔斯在 1920 年实现营业收入 2. 5 亿美元。20 世纪六七十年代，美国公路网的完善、汽车的普及以及信息技术的快速发展，促成连锁大型超市商业模式的腾飞，沃尔玛就是其中的典型代表。20 世纪 80 年代，沃尔玛建立合作规划、预测及补货系统[11]，发射了一颗商用卫星，完成一整套电脑和卫星系统的构建。90 年代，它又联合供应商共同打造了零售数据交流平台 Retail Link。基于一系列变革和创新，沃尔玛创造了供应链管理的传奇，为顾客提供“天天低价”的服务。

随着以互联网、移动通信等为代表的数字技术的发展，全球经济从工业时代进入数字化时代。[14]数字技术成为新时代的基础设施和引擎，深刻影响着商业环境、交易方式、组织结构和组织间的关系、工作方式及我们的日常生活。[13]零售业也因技术的发展走在各行业数字化变革的前列，产生了新的业态——电子商务，零售业和消费者交互的“前台”开始发生变化。

20 世纪 90 年代，真正组织化的电子商务开始涌现。[14]1994 年，亚马逊在美国成立。同年，中国正式接入互联网。1995 年，易贝（eBay）在美国成立，马云在中国创立中国黄页，中国电子商务进入启蒙阶段。[15]随后，中国的电子商务紧紧追随先进潮流，并在中国交通和 ICT 基础设施快速发展的加持下，开始呈现出赶超和引领之势。1999 年，中国第一个线上电子商务商城 8848 平台诞生，阿里巴巴上线；2003 年，淘宝网诞生；2004 年，京东商城①成立……新的商业模式层出不穷，越来越多的消费者开始习惯于网络购物，中国电子商务交易额快速增加（见图 4 和图 5），2013 年，中国成为全球最大的网络零售市场。[16]同年，工业和信息化部向三大运营商发放 4G 牌照，中国电子商务市场继续高歌猛进。实物商品网上零售额占社会消费品零售总额的比例从 2013 年的 7.9%攀升到了 2019 年的 20.7%。[17]

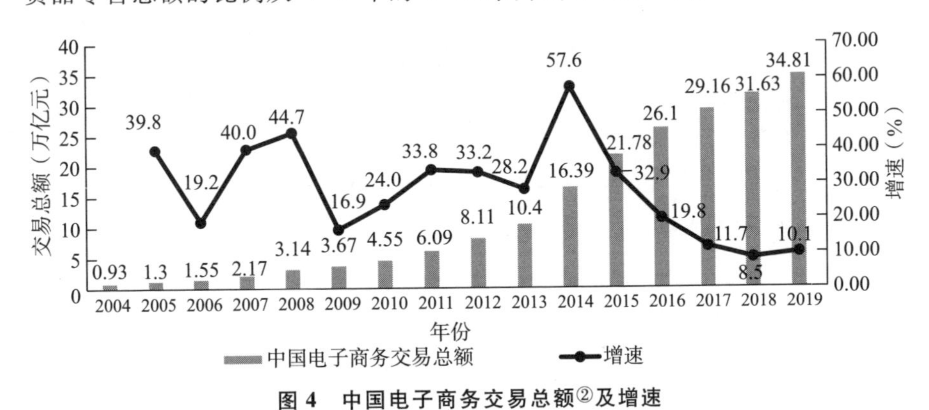

图 4　中国电子商务交易总额②及增速

资料来源：作者根据相关资料整理。

① 最初的名称为京东多媒体网。

② 电子商务交易额是指电子商务销售额和电子商务采购额的平均值。

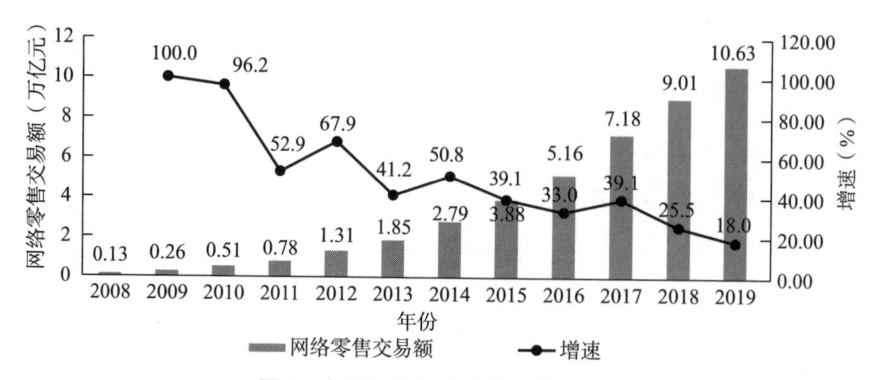

图 5　中国网络零售交易额①及增速

资料来源：作者根据相关资料整理。

来势汹汹的电子商务，给仍以传统商超和百货为主要业态的连锁零售企业带来巨大压力。传统连锁零售销售规模增速放缓（见图 6）。众多企业纷纷发力电商，通过以自建电商为主的方式进行多渠道经营探索。[18]

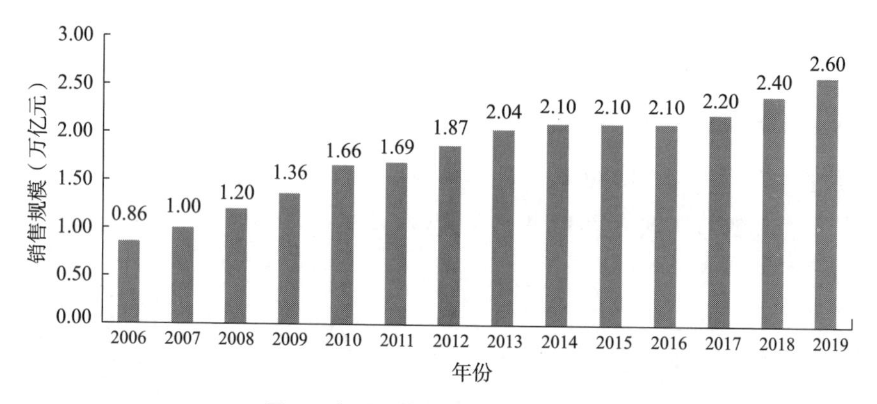

图 6　中国连锁百强企业销售规模

资料来源：作者根据相关资料整理。

步步高试水线上转型

步步高也切实感受到大潮般的冲击②，开始组织突围，于 2013 年成立

---

① 网络零售交易额是指通过公共网络交易平台（包括自建网站和第三方平台）实现的商品和服务零售额。

② 步步高在其 2013 年的年度报告中提到，企业“面对电子商务大潮冲击”。

步步高电子商务有限责任公司，正式进军电子商务领域，上线步步高商城，并开始生鲜冷链基础设施的建设。[19]2014 年，步步高成立湖南云猴数据科技有限公司，启动"云猴"O2O 大平台线上线下全覆盖的发展战略。[20]大平台战略包括五个子平台：大会员平台、大电商平台、大物流平台、大便利平台、大支付平台。[21]核心理念为：整合同城资源，依托本地化的供应链，低成本、高效率地满足本地消费者线上线下的需求。[21]以手机 App 和电脑端的云猴平台为核心，联合联盟商户，为会员提供多种本地生活服务。2015 年，步步高进一步布局了线上生鲜和全球购业态。[21]

然而，这些尝试并没有带来业绩的增长，步步高的线上业务和线下业务相互独立，没有形成合力。云猴全球购在 2017 年最后一天关停，步步高电子商务有限责任公司和湖南云猴数据科技有限公司两家子公司在连续亏损多年后，于 2018 年以合并吸收的股权处置方式走下了舞台。[22]

王填将 2013—2017 年这五年称为"迷失的五年"[23]，并将电商的冲击视作他创业以来遇到的最大挑战。他在后来接受采访时谈道："面对电商发展带来的压力，我们做了很多，比如网上商城，比如云猴，花了两亿元，但没有突围出来。"[24]

再出发，步步为营的智慧零售变革

智慧零售大幕渐起

虽然电子商务发展迅猛，但最初专家和业界预计的互联网销售将占主导的场面并没有出现[14]，而市场面貌已经发生了巨大变化。

一方面，需求端即消费者的购物方式已经发生改变。因移动设备和移动应用的普及，"点击收藏""先在线搜索，后进店购买""先进店挑选，后网购""店内下单，快递到家""在线下单，店内提货""社交商务"等已经成为消费者重要的购物方式。[25]①

另一方面，供给端即零售业也因技术演进酝酿着新的变革。随着以物联网、云计算、大数据、人工智能等为代表的新一代信息技术的进一步成熟，信息系统在企业内部的作用越来越重要，如钉钉、企业微信等前端应用已经开始成为协同办公的重要工具，数据中台等技术已经从概念发展为企业数字化变革必要的架构，云计算成为企业重要的基础设施等。

在中国市场上，线上线下零售之争于2016年逐渐平息。[26]以数字化驱动的实体零售和网络零售融合发展已经成为行业共识。[27]业界也开始打破线上和线下的边界，探索如何深度融合线上交易能力和线下服务能力，解决“数据无法流通、场景无法融通、交易无法同步”[28]的行业痛点，从线上线下多渠道业态，向全渠道（Omnichannel Retailing②）业态演变[29]，打造以消费者为中心的零售服务。

线上线下企业开始联手。自2014年开始，阿里巴巴陆续战略入股或收购传统零售商业公司[30]③，并于2016年提出“新零售”。[31]④2017年，京东创始人刘强东提出“无界零售”。[32]同年，京东与腾讯宣布联合推出赋能品牌商的“京腾无界零售”解决方案，基于消费者在京东上的交易习惯、腾讯对用户社交行为特征的深度洞察和品牌商的线下购物数据，为品牌商定制高水平的营销活动与服务。[33]2017年，马化腾在《致合作伙伴的公开信》中

---

① 美国近75%的消费者在去实体商店购买鞋子、玩具和健康美容用品之前都会使用互联网搜索信息；83%的人在购买电子产品、书籍和音乐作品前会上网。而持有手机的成年人中有一半以上会通过在线搜索来获得产品评价或价格信息。[11]

② Omnichannel Retailing一词较早可见于达雷尔·里格比2011年发表于*Harvard Business Review*（《哈佛商业评论》）的“The Future of Shopping”（《购物的未来》）一文。

③ 阿里巴巴于2014年战略投资银泰，2015年战略投资苏宁，2016年投资三江购物，2017年入股联华超市、新华都、菜鸟网络、东方股份、高鑫零售等。

④ 马云在2016年于杭州召开的云栖大会上发表演讲时说：今天电子商务发展起来了，纯电商时代很快会结束，未来的十年、二十年，没有电子商务这一说，只有新零售这一说，也就是说线上线下和物流必须结合在一起，才能形成真正的新零售。线下的企业必须走到线上去，线上的企业必须走到线下来，线上线下加上现代物流合在一起，才能真正创造出新的零售。

提出,腾讯将通过"智慧零售①解决方案",采用"去中心化"的方式,把平台能力开放给广大品牌商、零售商以及商业地产等合作伙伴。[34]腾讯自2017年也开始投资入股零售企业。② 腾讯智慧零售、阿里巴巴新零售和京东无界零售的比较如表1所示。

表1 智慧零售、新零售、无界零售的比较

	腾讯智慧零售	阿里巴巴新零售	京东无界零售
概念	• 融合腾讯流量、数据、技术与生态优势,帮助线下零售业态提升营销、门店管理以及数据分析效率,助力零售回归商业本质	• "以消费者体验为中心的数据驱动的泛零售形态",其核心价值是将最大限度地提升全社会流通零售业运转效率	• "场景无限、货物无边、人企无间。"场景无限:未来零售的场景会逐渐消除时间和空间的边界;货物无边:未来的商品将不拘泥于固有的形态,商品、内容、数据、服务等彼此渗透——商品即内容,内容即数据,数据即服务;人企无间:人与企业之间的关系被重新定义
方法/工具(以商超为例)	• 运营管理 数据管理:通过企业系统与腾讯系统和第三方系统打通; 门店管理:通过智能选址和门店安防来提供服务;基于门店商圈客流画像和	• 提供App/小程序,支持对接饿了么、美团等第三方外卖平台,基于阿里巴巴多年沉淀的业务中台技术,建立商品、会员、交易、营销等共享服务中	• 场景联通:通过定位、消息推送、二维码、拍照、人脸识别等,建立实体与虚拟场景、移动与固定场景之间的衔接,实现无缝切换;

① 智慧零售(Smart Retailing)的概念源于20世纪80年代出现的"智慧城市"(Smart City),随着智能技术在零售行业的应用,智慧零售的概念变得越来越清晰。2008年,IBM提出"智慧地球"的概念,其内涵包括"智慧的零售",自此"智慧零售"一词开始逐渐为人所知。

② 腾讯于2017年入股华南城、每日优鲜、永辉超市、唯品会、家乐福中国,于2018年入股京东物流、海澜之家、步步高。

（续表）

	腾讯智慧零售	阿里巴巴新零售	京东无界零售
	偏好，合理调配门店商品；根据顾客购物动线和停留监测，优化陈列，提高坪效；基于对门店和商品销量的预测，合理筹备库存和分配库存； 提高办公效率：提供高效快捷的办公管理工具，方便业务人员快速了解每日营运情况，随时随地处理工作事宜，完成审批、内部即时沟通、培训、材料快速下发等业务管理； • 顾客拉新 用户洞察：通过商圈洞察、社区洞察、人群画像、品牌舆情进行用户分析； 用户触达：通过人群扩展、短信、公众号、腾讯广告等进行用户触达； • 营销转化 消费者行为：可开展到访时间热力分析，进行游逛动线、商品触碰、转化率分析，实施人脸支付、智能推荐、会员识别等； 消费者画像：可根据消费者的地理位置、经济能力、兴趣爱好进行分析； • 顾客留存 离店营销：通过电子会员卡、红包、一物一码、小程序等触达	心，实现全渠道数据的共享和统一，帮助零售商打造线上、线下无差别的全渠道销售能力； • 前台：提供影响推广和转化交易的工具，包括微博、微信、抖音社群，以及营销通道； • 中台：包括业务中台和数据中台； • 后台：包括云计算、ERP、CRM、仓储管理、财务管理、协调办公管理等多个后台管理系统	• 数据贯通：解读不同场景沉淀下来的数据，实现“知人、知货、知场”； • 价值互通：打通会员体系； • 开放京东仓储物流体系； • 对外开放门店科技和供应链技术
主要战略投资	• 美团、步步高、家乐福、永辉超市、中百集团、京东、沃尔玛、每日优鲜	• 饿了么、联华超市、百联集团、新华都、三江购物、苏宁、银泰、居然之家	

资料来源：腾讯智慧零售主页，https：//retail. tencent. com/，访问时间：2024 年 8 月 20 日；《腾讯“智慧零售”VS 阿里“新零售”》，https：//www. sohu. com/a/382616980_114819，访问时间：2024 年 8 月 20 日。

步步高和数字化巨头企业结盟

云猴平台的停止运营，并没有让步步高停下数字化变革的步伐。2017年，王填提出步步高要进行数字化转型，成为一家数据驱动、线上线下融合的智慧零售企业，并构建了数字化蓝图，即顾客数字化、商品数字化和运营数字化。[23]虽然有了战略，但王填依然在苦苦寻找“救国救民”的可靠路径，“到底哪条路能走得下去，我估计这是很多传统企业都在思考的一个问题”。最终，王填选择带领步步高和数字化巨头企业结盟，“很多事要凭一己之力去做，成本很高，关键还经常会没有方向感”。

2018年，步步高数字化变革（也可称为智慧零售变革）开始落地实施。2月14日①，步步高与腾讯、京东签署《战略合作框架协议》，腾讯和京东分别持股步步高6%和5%。三方建立全面战略合作伙伴关系，探索零售业的产业价值提升及价值链重塑，共同以“去中心化”为理念，以技术革新为驱动，以数据产品、互联网工具、供应链能力为赋能手段，推动以经营进销差为核心的传统模式，向经营顾客全生命周期的新模式转型。[35]三方战略合作的主要内容如表2所示。

表2　步步高与腾讯、京东战略协议的主要内容

标题	具体内容
探索“智慧零售”“无界零售”新价值链	建立全面战略合作伙伴关系，探索零售业产业价值提升及价值链重塑，以“去中心化”为理念，以技术革新为驱动，以数据产品、互联网工具、供应链能力为赋能手段，推动以经营进销差为核心的传统模式，向经营顾客全生命周期的新模式转型

① 在三方协议签订前10余天，即2018年2月1日，步步高宣布和腾讯签署《战略合作框架协议》。

（续表）

标题	具体内容
线上流量赋能	以“去中心化”为运营理念，实现企业线上流量的多元经营。企业以小程序、公众号为承载工具，建立微信商城，作为线上主要自营电商平台，充分发挥腾讯社交流量与场景优势。同时以京东到家为主要电商平台，充分发挥京东线上运营、物流履约、商品数字化能力的优势。三方共同协作，提升用户触达能力与营销效果，实现差异化经营
线下业态科技创新	探索图像识别、人工智能及其他前沿技术在线下业态的应用。通过扫码购物、店内导航、智能收银、门店 SaaS 系统、智慧供应链、无人店技术等应用场景，持续提升门店用户体验，并实现运营效率的长足提升
供应链赋能	以持续提高步步高经营效率为目的，利用京东货品供应链优势，以及仓配物流全国覆盖的触达能力，提升步步高货品供应链丰富度及履约效率
共建赋能方案	通过合资企业或其他资本合作方式，共同探索孵化信息技术在线下场景的应用转化

资料来源：《步步高商业连锁股份有限公司关于与深圳市腾讯计算机系统有限公司、北京京东世纪贸易有限公司签署〈战略合作框架协议〉的公告》，https：//file. finance. sina. com. cn/211. 154. 219. 97：9494/MRGG/CNSESZ_STOCK/2018/2018-2/2018-02-24/4083822. PDF，访问时间：2024 年 8 月 20 日。

步步高调整内部组织架构，将前些年在电商领域探索的团队重组成了智慧零售事业部，由集团高级副总裁兼首席信息官彭雄领衔。[36]王填董事长也决定自 2019 年起“回归零售”，重新担任步步高商业连锁股份有限公司 CEO。[37]2018 年下半年开始，腾讯智慧零售协同微信团队帮助步步高核心管理层对企业的团队领导力、文化和战略进行了重塑，并不时邀请数字化研究和实践专家与步步高高管进行思想交流和碰撞。[36]

丰富客户体验——数字化交易

在探索产业互联网的中国路径方面，腾讯近些年进行了系统的布局。[38]为了能帮助零售企业进行全面的数字化升级，腾讯向外输出了七个工具箱：

微信公众平台、微信支付、小程序、腾讯广告、腾讯云、企业微信、泛娱乐 IP。腾讯智慧零售流量联动运营详情如图 7 所示。

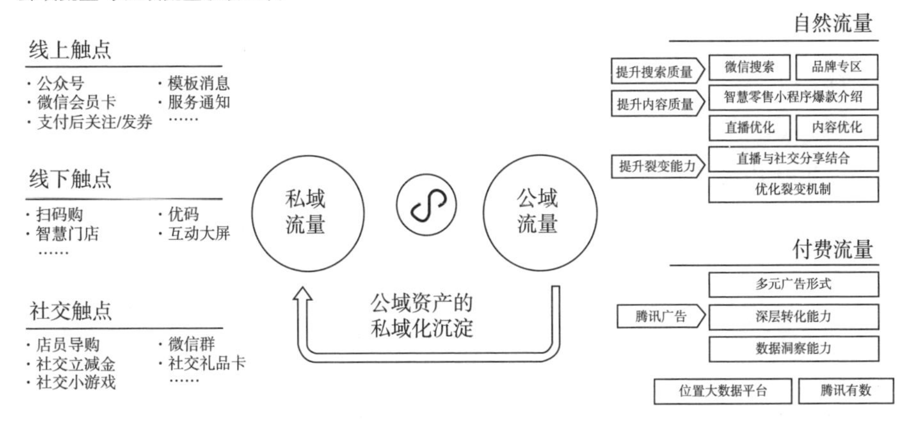

图 7　腾讯智慧零售流量联动运营

资料来源：作者根据相关资料整理。

这些工具箱能够帮助企业将会员数字化，真正释放会员价值。步步高首先利用这些“工具箱”武装线下门店，以改善线下体验为起点，建立消费者认知，让消费者成为数字会员，改变传统零售“有客流、无用户”[39]的经营方式。

愿景很丰满，但智慧零售变革的路径却依然迷雾重重。步步高决定先在长沙梅溪湖新天地步步高超市试点，迈出落地的第一步。他们利用微信小程序架构打造“步步高 Better 购”小程序，将购物流程的每个场景与线上系统打通，形成服务流程闭环，其中的环节包括停车场内导航、导购、优惠信息展示、优惠券领取、扫码购、自助收银、会员卡管理甚至电子发票等。新设备也入驻门店，如能够人脸支付的自助收银机等。彭雄谈道：“这些环节的数字化改造并没有特别之处，只是把每一个环节都做好并串联起来很不容易。”[40]此外，步步高还通过和京东到家等外送平台的合作，为消费者增加了“线上购物、60 分钟到家”的新体验。

2018 年 4 月，团队试点门店完成了购物体验、交易的数字化落地闭环测试[36]，搭建起基于小程序的“以门店为中心，覆盖 3 公里，90 分钟快速生鲜送达”的服务模式。5月24日，“步步高 Better 购”小程序正式在试点店上线，微信支付也配合活动推送红包。“步步高 Better 购”小程序上线4天，在试点店通过小程序注册的会员数达到1.1万，一周内门店微信支付占比达到62%。[36]

除线下试点外，在线上，步步高通过微信公众号、微信支付定向发券、模板消息、社群、朋友圈广告等触点将用户引流至“步步高 Better 购”小程序，形成内外流量入口，线上线下相互配合实现全渠道运营闭环。如社群运营方面，小程序提供了很多工具，社群运营或者消费者可以将“秒杀”“拼团”“立减金”“分享红包”等工具一键转发。[41]基于这些工具和方法，步步高开启“全员带货”，每个员工都成为线上售货员，有的员工也提供为社区邻居送货的服务。至2020年上半年，步步高共发展了400万左右的社群用户，数字化会员人数达到2 100万。

提升门店运营效率——数字化运营

但是对于数字化变革而言，单单通过构建线上渠道丰富客户体验、增加线上会员，还远远不够。零售行业的商业模式非常简明，每一家盈利可存续的单店构成零售网络，实现规模经济。商业模式中不存在“战略性亏损”，即使是新店，也只有1～2年的培育期，如果之后2～3年内扭亏无望，该店就会被关闭。如何提升单门店运营效率，成为变革最为关键的落脚点。

动态用工——用工数字化

彭雄在门店推广数字会员项目时，偶然间发现用工需求波动大的真实痛点：中午顾客稀少，但收银台还是站着很多员工，此时真正需要人的岗位却人手不够。一家超市门店内有很多岗位，如理货、打称、收银、叫卖等，在过往依靠纸质和电脑端表格管理的条件下，这些员工的岗位基本都是固定的。现场的发现让彭雄脑洞大开，他认为通过数字化手段，做一个类似滴滴的系统，动态发布用工需求，员工可以抢单，这样肯定能够解决用工不匹配的问题。

实现信息发布和抢单匹配并不困难，依靠企业微信系统即可，真正困难的是如何将岗位设置标准化，并将每小时薪酬标准化，且让这些标准不仅适用于每家门店，更能大规模推广。这件事几乎没有零售企业做过。

彭雄带领团队开始深入门店，做实验，梳理岗位，拆解流程，明确岗位职责，重新确定每个岗位每小时的薪酬等，再基于这些标准化的信息形成体系，通过企业微信呈现出来。“小步用工”就此诞生。店长可以随时根据店内情况发布用工信息（包括什么岗位、需要多少小时的工作），非当班员工（包括临时工）可以根据自己的情况抢单上岗，完成工作后，系统按照标准进行结算。

试点于2019年开始。根据2020年上半年的运营情况，步步高试点超市人力成本降低了30%，超市临时工比例从曾经的5%，增长到现在的12%～15%。[43]彭雄说道：“动态用工不仅可以解决门店用工需求波动大的痛点，大幅度提升效率，还为员工增加收入提供了可能，比如一个收银员，一个月通过抢单理货，就能多收入600元。更重要的是，步步高依然是劳动密集型企业，每年工资支出都有十几亿元，门店人效提升30%是一个惊人的数字。我认为，步步高的这个创新，是全国领先的。”

流程优化——运营管理数字化

动态用工让运营数字化变革取得了实质性突破，变革进一步深入。2019年起，彭雄带领团队逐步打造出基于手机和其他便携设备的移动端门店管理系统，实现门店数字化管理，从而实现门店和岗位绩效的可量化、可评估、可追溯、可优化。彭雄将系统建设路径总结为四步。[44]

第一步是把所有运营动作数字化。他们深入门店的每个运营环节亲身体验，将全流程拆解成一个个关键动作，将这些动作数字化后，输入移动门店的管理系统。

第二步是要实现每个动作绩效考核指标可评估。步步高超市体系运营多年，已经形成了一些运营标准，有些已形成制度，有些则是口口相传。

为了确定客观标准，彭雄开始质疑原有的一切标准，采用 A/B 测试①来验证，找到更好的方案和规律，并结合行业规律，重新制定了每个动作的考核指标。

第三步是实现动作的可记录和追溯。步步高在移动端系统中，设计了多种互动模块，可以进行拍照、填表、选择等，让员工将操作情况反馈至系统中。员工可以将货品品质、货品门店价格、销售数量、库存等信息及时通过系统上报。此外，步步高还将很多硬件设备如电子秤、POS 机等接入系统中，实现数据联动。例如，员工通过移动端更改商品价格后，电子秤和 POS 机的价格会自动变化，而通过电子秤、POS 机搜集到的售卖情况，也会自动上传至系统中。

第四步是归因分析（综合数据分析和迭代优化）。通过以上三步，步步高能够采集到大量的内部运营和市场数据。系统也接入了外部公开数据，监测商品价格走势等。[45]基于这些内外部数据，系统能够得出数据分析报告，并推送给门店以及集团管理人员。管理人员再根据这些数据进行运营调整，实现 PDCA 循环②，不断迭代优化系统。

这一系统经过 2019 年的试点、迭代，逐步完善，开始在更多门店推广，给门店运营带来了很大变化。原有的基于电脑端的管理系统全部被废弃。原来常常坐在办公室填表格的门店管理人员，现在拿着手机就可以完成动态盘点、预警、订货、送货、库存管理、调价、市场调查、营销等管理动作。管理人员可以收到系统推送的一系列信息：每款商品的生命周期需要多少天、按小时动态监控的库存偏差预警、库存异常预警、定损报告、定价参考、爆品推荐等。[40]员工看到预警后，要及时处理并在系统中通过拍照、勾选等方式反馈，这些处理情况也会被纳入个人评级。更高层的管理人员可通过移动端系统及时查看试点门店的关键信息，甚至可以实现对一

① A/B 测试是一种随机测试，就是为同一个目标制订两种方案，让一部分用户使用 A 方案，另一部分用户使用 B 方案，然后收集用户体验数据和业务数据，分析、评估出较好的版本。

② PDCA 循环是指循环式品质管理，又称戴明环，即将质量管理分为四个阶段：Plan（计划）、Do（执行）、Check（检查）和 Act（处理）。

些信息进行按天盘点。

店长王闪讲述了很多生动的事例。[1]王闪说店长最主要的职能就是选品和定毛利（定价），之前是依靠传统标准、口口相传和直觉等，现在则能够根据系统信息，制定更为科学的决策。过往门店管理人员大部分时间都坐在办公室，无法及时掌握现场数据，现在拿一部手机就可以实现动态盘点，走到货架前，扫描相应的二维码或条形码，就可以看到库存、销量等情况。过往货品调价，需要在电脑系统上操作，要等待很长时间，改价信息才能同步至电子秤和收银机，然后才能将价签打印出来，去现场更替；现在站在货架前，打开手机企业微信，就可以在系统中完成调价，信息立刻实现同步，点击打印按钮就可以通过便携打印机将价签打出来，现场更换。这样的改变还有很多。

“爆品葱”

“爆品葱”的事例也让王闪体验到了变革的力量。[1]某一天，王闪收到系统的一个爆品推荐，他一看，系统推荐了葱。随后接连几天，这一单品的推送都出现在他的手机上。起初他弄不清楚是什么情况，后经了解得知，葱这个潜力单品是系统结合很多门店信息自动分析得出的，并且系统还分析出了人均购买的重量是多少。他决定试试按系统的建议进行葱这一单品的重点推广。找谁来专门卖葱呢？他结合门店正在开展的合伙制，让打称员工负责将葱洗干净并打包成 1 元钱一份，放在电子秤旁边，向消费者售卖，员工每卖出一份能提成 2 毛钱。效果出奇得好，原本每天只能卖 200 多元的葱，现在能卖到 800 多元。而且，这一小改进也让消费者获得很好的体验，解决了做菜时需要葱但总忘记买的小痛点。

“爆品葱”的背后是系统的支撑。步步高 CTO 王卫东解释道，“爆品葱”的出现要基于两个手段：“爆品预测”和“斤入把出”。所谓“爆品预测”是指系统通过收集内部众多门店信息和外部数据，分析得出什么季节哪些商品会比较好卖、不同类别的门店销量应该在什么区间，并会向销量不及标准的门店推送信息。所谓“斤入把出”是指系统自动归集门店的每一台称的数据，计算得知每一类散装商品每一个用户大约会买多少。而要做到这一切，则需要用系统将整个运营流程的每一个环节，包括：采购、入库、门店订货、门店收货、理货、盘点、销售、打称、收银、售后反馈等串起来。这里面又涉及每个环节的货品信息、标准流程执行信息如何收集，库存商品如何实现电子盘点，各个环节的设备收集的信息如何自动归集，如何分析数据等一系列问题。

“如虎添翼”如何美梦成真？步步高的变革方法论

步步高在变革道路上进行了很多尝试，并且已经开始取得显著效果。变革不会仅仅因为引入几项技术而自然发生，这背后的变革方法论，是迈向成功的决定因素。

锲而不舍地进行技术研发投入

一直以来，步步高都很重视信息系统建设，这为变革培养了坚实的队伍并积累了宝贵的经验。

早期，步步高处于IT阶段，以采买为主，建立了小规模的运维团队。早在1998年步步高第一个量贩广场开业时，王填就狠下心来花了20多万元引进先进的软件信息系统。[7]2001年，步步高启动代号为“祥龙”的新一代零售系统研发，2012年，又向甲骨文采购所有和零售相关的IT系统①，并将其命名为“翔龙”。[46]2013年，随着云猴平台项目的启动，步步高又从阿里巴巴等企业招聘员工，将技术队伍扩大到150多人，并投入大量资金自研线上系统，线下系统还是以采买为主。

从2016年开始，步步高着手推进线上线下数据打通的工作。2017年搭

① 包括企业绩效与商务智能（BI）、集团财务（EBS）、人力资源（PeopleSoft）、企业流程（BPM/OA）、项目管理（EBS）、采购/招标、资产/设备、招商管理（JDE）、会员管理（Siebel）、供应商服务等企业透视、公共业务系统以及超市、百货、置业等业态各级子系统。

建了完整的数据仓，并对传统的甲骨文 ERP 软件进行改造，重构了前端和会员相关的系统。随着智慧零售变革的推进，技术团队基于小程序、腾讯云等架构，继续进行技术改造。2019 年 7 月步步高建立了数据中心。

步步高非常重视自研能力的提升，采取信息系统 60% 自研、40% 采购[45]的发展方针。拥有自研系统能力，能够保证核心系统符合企业自身业务实际，避免出现因更换技术路线及核心系统而产生的大量转移成本①，尽量避免与第三方供应商合作时可能出现的沟通不畅、周期长、供需不匹配、开发失败风险等。[45]

“霸得蛮、耐得烦”

这六个字是湖南人性格的生动写照，体现出他们敢为人先、倔强执着、吃得了苦、做事耐心等品质。这六个字，亦体现在步步高变革道路的点点滴滴中。

最初，步步高面对智慧零售变革时如同置身迷雾，领导层也经历过一段时间的蓝图构想。不久后，在腾讯专家的建议下，彭雄带领团队和腾讯团队一起，就启动数字化会员项目试点，迈出了变革的第一步。彭雄说，变革不能天天画蓝图，而要落地，整体的执行思路应该是优先选择小的切入点，通过细微节点的局部变革，四两拨千斤，带动全流程的再造重塑。[47]

2018 年 4 月，梅溪新天地步步高超市的数字化会员推广试点正式开启。随后，彭雄基于现场洞察，自掏腰包鼓励员工参与动态用工原型测试，并验证成功。再后来，他们开展了门店运营数字化改造试点。王填将长沙梓园路店直接划拨给智慧零售事业部，赋予他们调动门店所有资源的权力，也让他们对盈亏负责。[36]从来没有在一线摸爬滚打过的彭雄，带领精兵干将组成特种兵小组，一头扎进门店运营的现场，深入调查。他说：“我的工作

① 普通商品，如衣服等，买了不合适就可以更换。企业或个人应用一个信息系统，需要对该系统进行大量可持续互补性投资（如要配合信息系统更改某些业务流程等），这些投资也成为更换信息系统时要面临的转移成本。

方法很简单，就是要真正深入一线去了解。早上五点钟起床，在六点钟之前赶到门店，观察、记录、分析门店售货的每一个环节，每天复盘，寻找问题和解决方案。”

王闪说，在南国店进行试点时，彭雄经常在门店蹲点，测试系统。彭雄对王闪说：“你有任何需求，立刻告诉我们，我们帮你实现。系统有哪些用着不顺畅的地方，告诉我们，我们去迭代，以系统用起来舒服为准。”[1]后来王闪提到原有报损流程太过复杂，彭雄就带着团队连夜升级了功能，第二天就让王闪测试。

步步高副总裁徐莎莉谈道：“我们零售业的发展需要一毛钱一毛钱地积累，虽然慢，但大家又很想赢。腾讯曾对步步高的高管做了性格测试，90%都是老虎型。这让步步高有霸蛮的风格。”可以说，没有“霸得蛮、耐得烦”的精气神，这些无数点滴落地的实践就无从谈起。

“实事求是”

始创于公元976年的岳麓书院讲堂檐前悬挂着民国初年由湖南公立工业专门学校校长宾步程撰写的“实事求是”匾。面对如何将流程标准化、其他部门的质疑、变革的阻力等，“实事求是”成为彭雄的工作心法。

在门店数字化改造试点过程中，彭雄为了建设门店运营管理系统，需要将很多运营流程标准化。为了找到真正的合理标准，他质疑一切既有标准，采用A/B测试的方法，总结规律，重新寻求确定标准，并且发现了很多“小的知识点”，比如说，某种爆品水果的毛利应该定多少较为合适，包装后的猪肉是不是更好卖，什么样的包装销售效果更好等。一旦看到有什么可以改善的，他就会去测试。这些秉持实事求是理念获得的测试结果，也成为他说服他人、推动变革的有力证据。

经营合作制改革

新的数字化工具，改变了很多工作流程，在提升效率的同时，某种程度上也增加了员工工作量，因此也会产生变革阻力。彭雄打了个生动的比方：“是牛犁田好还是机器犁田好？这要看使用者的主观立场。如果说快，那肯定是机器更快，但肯定会让人更累。如果说每天给员工固定工资，那员工肯定愿意用牛犁田。”

为了解决这一问题，步步高继续进行生产关系的变革，推行利益再分配激励、动员方案。2020年，步步高启动门店层面的经营合伙制改革，门店店长和团队可以分享门店产生的部分超额利润。1月，步步高在南国店等3家门店开始试点，4月第一批13家超市门店签约，9月初有27家超市门店完成签约。[48]经营合伙制在短期内取得了成效。2020年1—8月，数量占比6%的跟投门店实现了38%的利润增量，销售同比增长超过19%，利润同比增长达171%，劳效提升超30%。[48]

“无限的游戏”

> 世界上有两种游戏：有限的游戏和无限的游戏。有限的游戏，其目的在于赢得胜利；无限的游戏，目的是让游戏永远进行下去。有限的游戏在边界内玩，无限的游戏则不断打破边界与规则。
>
> ——詹姆斯·卡斯，《有限与无限的游戏》

2019年年末突发的新冠疫情成为步步高数字化变革成果的练兵场。因为有了数字化变革基础，步步高很快承接了社会应急需求。在线下门店客流量锐减的情况下，步步高通过Better到家、小步优鲜和直播三种线上推广渠道，为消费者提供服务，其中首场卖货直播的在线观看人数近6万人，点赞量超过60万，商品点击高达2.2万次。[49]2020年2—3月，仅在湖南省内，步步高每天就向超过30万个家庭提供到家服务。这些保障民生用品供给的努力，让步步高收到了湖南省委省政府和商务部的感谢信。

至2020年6月底，步步高商超体系的409家门店中，到家服务门店为349家、自主收银门店为348家、扫码购门店为234家、社群覆盖门店为346家。步步高拥有数字会员2 081万，数字化会员贡献销量占总销售量的

71%。[42]步步高线上业务占比从新冠疫情前的2%～3%攀升至20%。王填坦言道："线上业务能有这样的成绩，是我没有想到的。可以说，我们现在正在享受数字化变革的成果。"

不过很多变革正在进行中，如步步高开始实施新的"两化三单"战略①；管理模式和业务模式还会进一步发生深刻变化；供应链数字化还在进行中；还有很多数字化运营工具正在开发中……步步高和腾讯的合作将日益深入。

数字化变革这场"游戏"还在继续。王填在2019腾讯全球数字生态大会上发表主题演讲时说："我们仍然还在这个数字化的隧道当中穿行，但是我们已经看到了隧道口的一点光亮了，只要我们坚持，相信一定能够顺利走出来，成功地向数字化转型。"[42]

参考文献

1.《90后店长的人生逆袭：从600块工资，到年薪百万》，https：//www.sohu.com/a/441615223_120230267，访问时间：2024年8月19日。

2. 步步高集团官方网站，http：//www.bbg.com.cn/index.html，访问时间：2024年8月19日。

3.《中国零售业站上潮头》，http：//finance.people.com.cn/n1/2019/0111/c1004-30516310.html，访问时间：2024年8月19日。

4.《永辉超市：逆袭成就的百亿零售帝国》，https：//www.yicai.com/news/100086580.html，访问时间：2024年8月19日。

5.《年销180亿元的新一佳破产，实体零售真的不行了吗?》，https：//www.huxiu.com/article/202399.html，访问时间：2024年8月19日。

6.《商超&便利店，26省/市的"本土快消品零售商代表"都是谁?》，https：//www.sohu.com/a/288995834_275750，访问时间：2024年8月19日。

7.《从5万到50亿——王填如此创业》，https：//finance.sina.com.cn/roll/20050625/1113152748.shtml，访问时间：2024年8月19日。

---

① "两化"指数字化、平台化。"三单"指单客（数字化会员）、单品（数字化商品）和单店（将门店视作基础平台，赋能门店，提升单店快速响应用户需求的能力）。

8.《步步高王填夫妇的创业故事:首家店人太多关 3 次门》,https://hunan.voc.com.cn/article/201505/201505260834444384.html,访问时间:2024 年 8 月 19 日。

9.《步步高商业连锁股份有限公司首次公开发行股票上市公告书》,https://paper.cnstock.com/html/2008-06/18/content_61978255.htm,访问时间:2024 年 8 月 19 日。

10.《步步高 2019 年年度报告出炉:数字化转型收官之年,步步高实现营收近 200 亿》,https://bbg.com.cn/a/xinwendongtai/yaowen/3005.html,访问时间:2024 年 8 月 19 日。

11. 迈克尔·利维、巴顿 A. 韦茨、杜鲁弗·格雷瓦尔:《零售管理(原书第 9 版)》,刘亚平译,机械工业出版社,2017。

12.《刘强东:第四次零售革命意义将超互联网》,https://www.36kr.com/p/1721680838657,访问时间:2024 年 8 月 19 日。

13. 拉兹·海飞门、习移山、张晓泉:《数字跃迁:数字化变革的战略与战术》,机械工业出版社,2020。

14. Neil F. Doherty, Fiona Ellis-Chanwick, "Internet retailing: the past, the present and the future", *International Journal of Retail & Distribution Management*, 38 (2010): 943-965.

15.《1995 年—2015 年,中国电子商务 20 年的时光岁月》,https://www.iyiou.com/news/2017112160403,访问时间:2024 年 8 月 19 日。

16.《商务部召开例行新闻发布会(2018 年 6 月 21 日)》,http://www.mofcom.gov.cn/article/ae/ah/diaocd/201806/20180602758147.shtml,访问时间:2024 年 8 月 19 日。

17.《2019 年中国电子商务报告》,https://dzswgf.mofcom.gov.cn/news/5/2020/10/1602480531631.html,访问时间:2024 年 8 月 19 日。

18.《2013 年中国连锁百强》,http://www.ccfa.org.cn/portal/cn/view.jsp?lt=31&id=410420,访问时间:2024 年 8 月 19 日。

19.《步步高商业连锁股份有限公司 2013 年年度报告》,https://file.finance.sina.com.cn/211.154.219.97:9494/MRGG/CNSESZ_STOCK/2014/2014-3/2014-03-28/1335930.PDF,访问时间:2024 年 8 月 19 日。

20.《步步高商业连锁股份有限公司 2014 年年度报告》,https://static.cninfo.com.cn/finalpage/2015-04-29/1200933269.PDF,访问时间:2024 年 8 月 19 日。

21.《发力跨境电商及生鲜电商,布局生态 O2O》,https://pdf.dfcfw.com/pdf/H3_AP201503250008889535_1.pdf?1601213693000.pdf,访问时间:2024 年 8 月 19 日。

22.《步步高商业连锁股份有限公司 2018 年年度报告》,https://static.cninfo.com.cn/finalpage/2019-04-20/1206059346. PDF，访问时间：2024 年 8 月 19 日。

23.《步步高盈利 1 亿背后，超市数字化的漫长之路》，https：//finance. sina. com. cn/tech/2021-04-24/doc-ikmyaawc1553780. shtml，访问时间：2024 年 8 月 19 日。

24.《步步高回归零售，王填重掌步步高商业 CEO》，http：//hunan. ifeng. com/a/20181105/6997651_0. shtml，访问时间：2024 年 8 月 19 日。

25. Wojciech Piotrowicz，Richard Cuthbertson，"Introduction to the Special Issue：Information Technology in Retail：Toward Omnichannel Retailing"，*International Journal of Electronic Commerce*，18（2014）：5-15.

26.《中国零售行业 40 年发展史》，https：//www. iyiou. com/p/78113. html，访问时间：2024 年 8 月 19 日。

27.《步步高商业连锁股份有限公司 2017 年年度报告》，https：//static. cninfo. com. cn/finalpage/2018-05-11/1204929102. PDF，访问时间：2024 年 8 月 19 日。

28.《"做零售业赋能者" 腾讯推出智慧零售解决方案》，https：//www. 36kr. com/p/1721995771905，访问时间：2024 年 8 月 19 日。

29. Peter C. Verhoef，P. K. Kannan，J. Jeffrey Inman，" From Multi-Channel Retailing to Omni-Channel Retailing：Introduction to the Special Issue on Multi-Channel Retaling"，*Journal of Retailing*，2（2015）：174-181.

30.《4 年砸 750 亿！阿里狂买百货超市，称无人零售是伪命题》，https：//www. thepaper. cn/newsDetail_forward_1872549，访问时间：2024 年 8 月 19 日。

31.《马云：电子商务将消失 新五通一平将引领未来》，https：//developer. aliyun. com/article/61583，访问时间：2024 年 8 月 19 日。

32.《刘强东：第四次零售革命下的组织嬗变》，https：//t. qianzhan. com/daka/detail/171020-1823a48e. html，访问时间：2024 年 8 月 19 日。

33.《建立大数据库 京东、腾讯推出无界零售解决方案》，https：//tech. huanqiu. com/article/9CaKrnK5x9P，访问时间：2024 年 8 月 19 日。

34.《马化腾公开信：7 大关键词打造"数字生态共同体"》，http：//it. people. com. cn/n1/2017/1030/c1009-29616624. html，访问时间：2024 年 8 月 19 日。

35.《步步高商业连锁股份有限公司关于与深圳市腾讯计算机系统有限公司、北京京东世纪贸易有限公司签署〈战略合作框架协议〉的公告》，https：//file. finance. sina. com. cn/211. 154. 219. 97：9494/MRGG/CNSESZ_STOCK/2018/2018-2/2018-02-24/4083822. PDF，访问时间：2024 年 8 月 19 日。

36.《而今迈步从头越——步步高集团数字化转型侧记》，https：//mp. weixin. qq. com/s/36EhilCoPWXqu8B04G4inw，访问时间：2024 年 8 月 19 日。

37.《2018 步步高超市全球供应商峰会举行王填董事长三个关键问题解读数字化战略》，https：//www. bbg. com. cn/mobile/ydong/kuaixun/2669. html，访问时间：2024 年 8 月 19 日。

38. 汤道生、朱恒源：《产业互联网的中国路径》，中信出版社，2020。

39.《从前台颠覆走向产业重塑：中国零售业的互联网革命》，http：//m. eeo. com. cn/2020/0605/385827. shtml，访问时间：2024 年 8 月 19 日。

40.《步步高集团高级副总裁彭雄：机制+工具实现顾客和业务的深度运营》，https：//www. sohu. com/a/335921568_100032554，访问时间：2024 年 8 月 19 日。

41.《步步高：以数据驱动全链路商业决策，让零售业焕发新生》，https：//www. mycaijing. com/article/detail/409719? source_id=51，访问时间：2024 年 8 月 19 日。

42.《步步高商业连锁股份有限公司 2020 年年度报告摘要》，https：//static. cninfo. com. cn/finalpage/2021-04-21/1209739011. PDF，访问时间：2024 年 8 月 19 日。

43.《步步高高级副总裁彭雄：数字化赋能 步步高超市上半年销售增长 17%》，https：//moment. rednet. cn/pc/content/2020/07/23/7778754. html，访问时间：2024 年 8 月 19 日。

44.《步步高彭雄：智能技术成就未来零售》，http：//www. linkshop. com. cn/web/archives/2020/453360. shtml，访问时间：2024 年 8 月 19 日。

45.《步步高的五年迷失与智慧零售》，http：//www. 2b. cn/all/2019-09-25/71599. html#，访问时间：2024 年 8 月 19 日。

46.《步步高签约 IBM、甲骨文 销售直指 1 千亿》，https：//bbg. com. cn/a/xinwendongtai/meitibaodao/645. html，访问时间：2024 年 8 月 19 日。

47.《腾讯如何一步步成为了步步高的“红颜知己”?》，http：//www. geekpark. net/news/236009，访问时间：2024 年 8 月 19 日。

48.《王填董事长：经营合伙将成为公司压舱石的战略》，https：//www. bbg. com. cn/a/xinwendongtai/yaowen/3068. html，访问时间：2024 年 8 月 19 日。

49.《零售人变身“李佳琦们”“薇娅们”》，https：//hn. rednet. cn/content/2020/03/06/6838628. html，访问时间：2024 年 8 月 19 日。

50. 卡尔·夏皮罗，哈尔·瓦里安：《信息规则——网络经济的策略指导》，张帆译，中国人民大学出版社，2000。

洋葱学园：引领数字化教育创新[①]

王翀、王卓

创作者说

信息技术的快速发展给许多行业带来了颠覆式的冲击。教育一直是信息技术应用的关键领域。国家对教育信息化十分重视并投入了大量资源进行基础设施建设。近年来，移动智能设备的普及和人工智能技术的快速发展推动了数字化教育创新的又一热潮，洋葱学园就是在这样的背景下逐渐发展起来的一家教育科技企业。

本案例记录了洋葱学园对人工智能驱动的数字化教育创新的深入思考和实践尝试。洋葱学园起源于其创始人杨临风等人为解决我国农村教育问题所做的公益尝试，旨在推动教育资源下沉的实践既让团队感受到了农村教育状况的困境，也让他们意识到了在线教育发展的关键所在。

通过聚焦优质的教师资源，建立科学的教育框架，搭建高效的流水线式内容生产体系，洋葱学园在短短几年的时间内完成了对于我国 K12 教育体系内数学、语文、物理、化学、英语的内容覆盖，累计注册学生用户数量超过 4 000 万，并通过积极拓展与公立学校的合作，在转变公立学校课程模式方面做出了有益的尝试。同时，洋葱学园于 2017 年成立人工智能实验室，基于企业积累的学习数据，自主研发个性化学习系统，努力推动个性化学习的发展。

洋葱学园的实践不仅体现了企业对信息技术赋能教育的独到思考，也为其他领域的企业寻求数字技术创新、赋能机遇、构建企业数字化能力提供了有益的参考。

---

① 本案例纳入北京大学管理案例库的时间为 2020 年 6 月 15 日。

“在广告业不景气的这一年，在线教育震惊了广告业。”[1]媒体用这样的文字形容2019年在线教育市场的营销“战争”。在线教育市场是个发展迅猛、竞争激烈的市场：近年来市场规模维持10%以上的增速；2017年，前五大综合在线校外辅导及辅考服务供应商的总营收占市场的比重仅为1.67%[2]；但2018年教育互联网方向的岗位薪酬平均涨幅达18%。[3]同时，在由人工智能技术进步引发的智能革命热潮下，互联网教育企业的争斗弥漫着科技竞赛的硝烟，图像、语音识别、大数据分析、聊天机器人、智能助手等信息技术应用不断向教育领域渗透。

行业内的硝烟，似乎并没有在洋葱学园CEO杨临风和他的团队（简介见附录1）中激起波澜。洋葱学园快速发展的压力似乎也没有影响到杨临风。穿着清爽干净的衬衫、背着双肩包的他，清瘦的身姿透出一股儒雅的书卷气息，并不能让人自然联想起打拼中的创业企业CEO。然而，带着“哈佛学霸”“理想主义者”标签的杨临风已经在促进教育公平这条路上坚持了10年。自2010年在偏远山村小学里迈出第一步后，杨临风带领的创业团队几乎没有改变过初心和愿景。他们有着堂吉诃德式的坚持：如果社会只能改进一个问题，那就是教育，他们希望让教育有所不同。但他们也清楚地知道，理想要通过现实中的脚踏实地来实现。市场和投资人或许会认可他们的初心，但也可能无法容纳他们的坚持。“科技终将改变教育”的简单论断在现实中未免显得过于单薄。理想，是动力还是掣肘？洋葱学园在砥砺前行、寻求快速增长的路途中，时时刻刻感受着来自市场的压力。面对着市场和技术环境的风云变幻，团队在商业价值和社会价值方面的取舍、平衡是杨临风不得不面对的问题。

一、杨临风和阳光书屋

2008年，杨临风在哈佛大学就读计算机科学专业。当年，他参与了哈佛大学肯尼迪学院豪泽非营利组织研究中心的一个中国项目，开始接触中国非营利组织和社会企业的发展。[4]杨临风关心着中国城乡教育资源不平衡的问题，并投身于一些深入中国农村的支教活动。与他一起的还有他的高中好友朱若辰，他当时在杜克大学攻读生物及心理学学位。通过这些活动，杨临风和朱若辰开始深入了解农村教育①的现状和问题。

“知识改变命运，教育成就未来”，教育的重要性对于国家以及每个家庭都不言而喻。我国一半以上的小初高学生就读于镇和乡村学校。② 可以说，中国教育的根本在农村教育。近年来，政府③和社会④对农村教育的投入持续加大。[5]最显著的表现就是乡村学校硬件设施条件大幅改善。在大量农村地区，学校的教学楼成为整个村镇里最好的楼房，并且很多学校都接通了互联网。然而，城乡教育差异仍然较大。在各教育阶段城乡学生成绩差异明显，农村普遍低于城市，农村小学、初中阶段的学生流失率高达40%。[6]城乡学生高校入学率差距也很明显。2011 年的一项研究表明，农村贫困家庭学生的大学录取率约为 4%，北京、天津和上海的大学录取率是这个数字的 10 倍。[7]

造成城乡教育差距的重要因素之一是农村教育质量较差⑤，教师教学水平普遍偏低。以 2016 年小学专任教师学历构成为例，乡村小学的专任教师中有 11%是高中阶段毕业或高中以下阶段毕业，42%是大学专科毕业，37%是大学本科毕业；镇区小学的这一比例分别为 6%、46%和 48%；城区小学的这一比例则分别为 2%、30%和 66%。[8]农村学校课堂授课模式也一成

① 农村教育研究者普遍认为，农村教育就是指县和县以下的教育，包括县、乡（镇）、村教育。国家在推行教育政策时也规定了农村教育管理体制要由县级政府负责。

② 《中国教育统计年鉴 2016》显示，镇区和乡村小学在校生比例为 67.1%，镇区和乡村初中在校生比例为 65.6%，镇区和乡村普通高中在校生比例为 53%。

③ 如国家财政性教育经费支出占 GDP 的比重由 1998 年的 2.55%上升至 2010 年的 3.66%；1995 年至 2000 年年末，中国实施“国家贫困地区义务教育工程”，提高义务教育普及程度，改善中小学办学条件，师资水平大幅度提升；2003 年，国务院还发布了《关于进一步加强农村教育工作的决定》等文件。

④ 社会上对乡村教育投入项目繁多，其中最知名的就是创立于 1989 年的希望工程，其主要项目是为乡村建设希望小学。

⑤ 2003 年，教育部督导团对全国 60 个县进行了初中学生辍学情况的监测工作，收集了 3 532 名学生的有效样本。调研显示我国农村教育存在突出的教育质量问题，61.47%的被调查学生认为自己上小学时就存在学习困难问题，其中 60.81%的学生辍学，严重的厌学是重要的辍学动因。

不变，“进入课堂一看，教师和学生的互动方式、教师的教学方法依然没有改变，更多的是单向灌输的过程，学生就是被动、机械地做出反应。楼房的品质可以平移，但是一堂课在城里上和在农村上就有差别”[9]。更严峻的问题是，由于城市对人才的虹吸效应，愿意留在乡村的教师越来越少，优秀教师则更少。农村师资逐步流失导致教育质量堪忧，似乎成为无解的难题。

阳光书屋

经过调研，杨临风和朱若辰决定采用信息技术来探索城乡教育资源不平衡的解决方案（具体应用参见附录 2）。2010 年 1 月，杨临风等人现场聆听了 One Laptop Per Child① 项目的创始人尼古拉斯·尼葛洛庞帝的讲座。受到启发的他们开始筹备公益项目，希望利用平板电脑、无线网络、学习软件等资源帮助农村学校改变和提升教育质量。2011 年，杨临风辞去波士顿咨询公司的工作，与另外几位志同道合的好友联合发起了公益项目“阳光书屋乡村信息化教育行动”，并获得了一位香港企业家的资助。很快，他们推出平板电脑“晓书”及一系列相关的教辅软件，在甘肃省武威市数所农村学校试点。2012 年，他们正式成立民办非企业单位“北京阳光书屋乡村信息化公益发展中心”。（洋葱学园的发展历程和部分运营数据参见附录 3）

为了能够让高科技产品适应农村教育现状，他们对“晓书”做了很多细节方面的改进：每个平板都配有保护套和耳机；加大了电池容量；增加了自动加温功能；为了适应电源插座少的现实，设计师设计了专门的充电盒，一个教室的所有“晓书”能放在一起充电；在试点学校铺设了本地无线局域网。

---

① One Laptop Per Child，又称“每童一电脑”，是由麻省理工学院于 2005 年发起并组织的，由非营利组织推进的项目，即生产售价接近 100 美元的笔记本电脑，并提供给发展中国家的儿童使用。该电脑的内置功能和软件是特别设计的，儿童可以自行学习，同时也可以互相交流，令学习过程变得有趣和有效，以此缩小知识鸿沟。

软件方面，“晓书”运行基于安卓的定制化系统，加载自主开发的阳光书包、阳光提高班等教学应用，还安装了第三方的阅读、词典等学习应用。“晓书”的应用都针对教学，通过系统权限控制，学生使用者无法自行更改设置、安装应用。此外，杨临风还说服了自己的母校——北京市第四中学加入计划，开发优质课程内容。[10]

随着实践的深入，他们逐步发现，更好的信息化硬件、功能强大的学习软件、优质的教学内容并非改变教育质量的关键。农村学校有一个长久以来一直存在的痛点——优秀教师的稀缺。教师作为教育的主要供给者，其教学理念、能力和方法对教育质量至关重要。而大部分农村教师的教学理念和方法不太贴合学生的认知逻辑，授课过程还是以单向传播为主。学生因无法得到循循善诱的指导，常常难以理解相关知识。[11]而优秀教师的经验和能力很难被复制，强行推广新的教学工具有可能产生反面效果。同时他们也发现，普遍存在于农村学校教育中的痛点，在城市中也大量存在。哪怕是最好的学校里也分实验班和普通班，同一个班里面也分好学生和差学生。对于后进群体来讲，上学是件痛苦的事情。[9]杨临风总结道，学习体验是关键，而现在大部分环境下，教育者给学生提供的学习体验都太差了。[10]

面对城乡教育共同的痛点，杨临风等人认为利用互联网技术同样有望解决这一痛点：“要提供优良的学习体验，要面对极高的课程设计门槛，需要投入大量的教研成本。而传统教学中，不论是教材还是学校，对教师的教研支撑都不够。如果我们能建立起一个既拥有一线教学经验，也拥有学科教研经验的多样化专业团队，利用认知发展、心理学等专业知识，再结合多媒体和互联网技术，研发深入浅出的动画或影视化课程，应该可以辅助大部分教师在课堂上进行知识讲解，为教师们提供有力的教学支撑。与此同时，也让那些无法得到教师有效指导的学生取得不错的自学效果。通过这种方法，我们能够将原本只有少数优秀教师才能输出的教学过程变成标准化的在线学习体验，以数字化的方式让高质量教育资源得到大规模复制。”[9]

经过几年的尝试，杨临风及其团队逐步找到了努力方向：开发视频课程和相关软件，并将“学习科学”的理念贯穿于课程设计和软件设计中。他们的动画课程在农村试点学校获得了很好的反馈。但是，继续研发教育产品需要技术开发、产品设计、课程研制、动画制作、产品推广等全方位的大量资源投入。他们认识到，“阳光书屋乡村信息化教育行动”代表的公益模式不足以支撑需要大量投入的教学产品开发，探索可持续的商业模式势在必行。

二、从公益走向商业，将教育资源网络化

2013 年 12 月，杨临风和朱若辰联合有着丰富技术开发和项目管理经验的李诺，共同创立了洋葱数学，从初中数学课程切入，主攻教学视频软件开发。为了进一步验证商业化是否可行，他们在 2014 年年初，拿着在农村学校试点中使用的同一款产品，来到北京最好的公立学校进行测试，并得到非常好的反馈。洋葱数学的产品在教育水平非常落后和非常好的两个极端环境中得到的肯定，让他们更加坚信自己最初选择的方向是正确的。他们相信，在将来，大量雇用很多教师授课仍然无法避免传统教育模式教学水平参差不齐的问题，而他们的产品一定会为学生提供高品质、稳定性极高的在线教育服务体验。这便是洋葱数学最有价值的地方。[9]

流水线上的课程内容开发

确定了努力方向，团队首先聚焦内容生产。他们开始系统地拆解初中数学教材，针对每一个知识点重新开展教研工作，制作动画视频，并不断打磨视频产品的交互体验。

1. 采用动画形式，搭建生产流水线

针对课程内容的具体呈现方式，洋葱学园最初探索过多种形式，如类似可汗学院的录屏方式，或者有教师出镜的录播方式。但他们发现这些模式对教师的要求很高，且这种高度依赖教师能力的内容产品的开发存在规

模化的障碍。相对而言，动画形式的教学产品有其独特优势。除具有表现形式生动有趣的特点外，动画更容易实现标准化和规模化。动画是由一个个分镜组成的，相较于人的口头表达，更需要字斟句酌，所以画面制作的前提是要有“教学剧本”。而专业团队的教研能力能够提升教学剧本的信息专业性和信息浓度，同时减少人的个性化差异影响，更容易实现产品标准化。

洋葱学园为了保证动画课程品质的稳定，将课程制作拆分为七个步骤，并搭建起视频内容生产的流水线作业模式。流水线中有教研教师、讲师和动画师三类人员参与制作（见图 1）。流水线中还包括精选题型、制作教具等一系列小细节。平均下来，每门视频课程需要历时 2 个月反复打磨。[11]

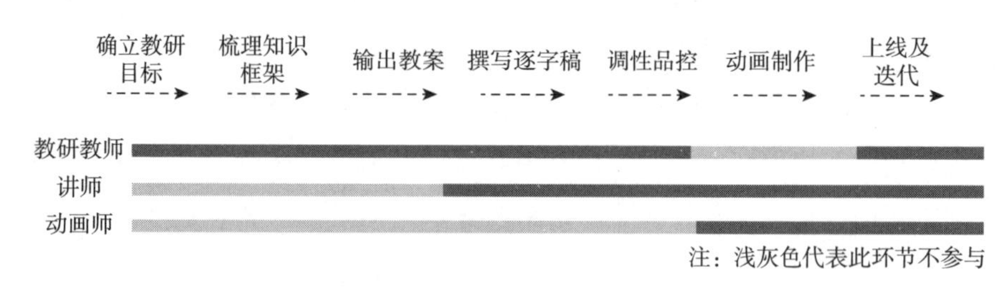

图 1　视频课程生产流水线

资料来源：作者根据洋葱学园官方资料整理。

2.“洋葱味道”框架

洋葱学园紧跟国家课程标准和考纲，坚持“布鲁姆教育目标分类法”“追求理解的课程设计法”等原则[11]，逐步摸索制作优质网课的“洋葱味道”框架方法论，即好网课的六个标准：①内容生动有趣——孩子主动学；②讲解直观易懂——孩子不走神；③进度与学校同步——孩子易巩固；④教师传授方法——学会举一反三；⑤课时设置精良——时间不浪费；⑥测评查漏补缺——个性化学习。[11]同时，洋葱学园归纳出制作视频课程的一些原则，如教学设计要体现目标感、共情感和逻辑性，动画要体现画面感、趣味性和启发性等（见图 2）。为了支撑这一体系的落实，洋葱学园制定了系统性的手册、流程、质检、培训等体系。

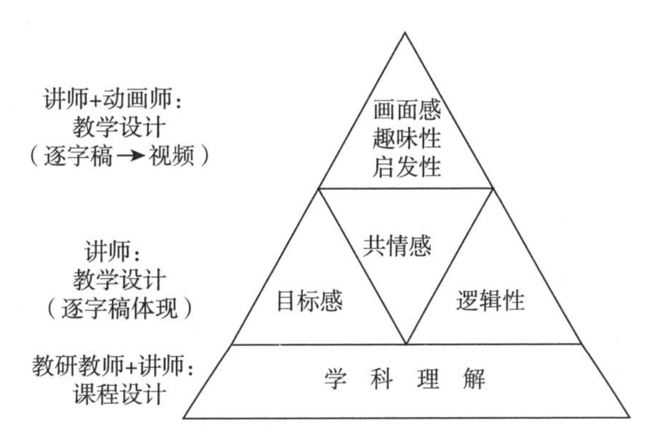

图 2　洋葱视频课程制作原则

资料来源：作者根据洋葱学园官方资料整理。

3. 集群智

动画虽然具有易于流程化、标准化开发的优势，但是内容的生成同样需要优秀教师的经验输出。为此，洋葱学园积聚了大量优秀教师，形成了老中青三代、名师与名校组合的优秀教研团队。[11]严谨科学的流水线生产模式加上优秀的团队，使得洋葱学园在课程内容开发上建立起强大的优势。传统教学中，教师打磨一节精品课程需要很长时间。而在洋葱学园，集群智打磨和迭代的生产模式，大大提高了课程质量、加快了制作速度。

洋葱学园的动画视频课程平均时长约 10 分钟，能够覆盖课堂上 20～40 分钟的信息量。① 这样足够大的信息密度能够帮助学生提升学习效率。另外，洋葱学园坚持情景化授课、启发式解题的原则，提升视频课程的有趣程度，让学生更容易集中注意力。

2013 年至 2015 年 10 月近两年的时间里，洋葱学园一直在默默建设自己的流程体系，开发覆盖初中数学所有知识点的视频课程，并同步开发软件系统（包括移动版本和个人计算机版本），不断提升产品体验。2015 年 10 月，苹果应用商店的一名编辑无意间发现了洋葱数学，并将其推荐至苹果应用商店中国区首页。这一推荐使洋葱数学用户量出现爆发式增长。很多用户使用

① 至 2020 年 3 月，洋葱学园将初中阶段的课程拆分为 1 700 个视频，其中绝大多数是数学和物理课程，语文、英语和化学课程均刚起步，仍在更新中。

后，获得了很好的体验，就又向身边的朋友推荐。口碑传播成为洋葱学园主要的推广方式。2017 年是洋葱学园商业化的第一年。其付费产品“金牌提分辅导”定价为一年 488 元，对标一线城市辅导机构价格的 1/10。[4]洋葱学园进入发展快车道，2018 年其营收同比增长 212%，2019 年营收同比增长 163%（运营数据见表 1 至表 3）。至 2020 年 3 月，洋葱学园累计注册学生用户数超过 4 000 万，教师用户数超过 150 万，课程覆盖数学、物理、化学、语文、英语，涉及小学、初中和高中课程。

表 1　洋葱学园部分运营数据

	2015 年	2016 年	2017 年	2018 年	2019 年
课程类型	数学	数学、物理	数学、物理	数学、物理	数学、物理、化学、语文、英语
上线课程数（节）	260	600	1 000	1 591	2 777
学生用户数（万）	100	500	1 000	2 000	3 200
教师用户数（万）	N/A	N/A	30	60	100
覆盖学校数（万所）	N/A	7	9	16	20

资料来源：作者根据洋葱学园官方资料整理。

表 2　洋葱学园个人用户端产品定价　　（单位：元）

	初中数学			初中物理			高中数学			初中化学			小学数学
	季度	半年	年	季度	半年	年	季度	半年	年	季度	半年	年	学期
2017 年	198	298	488										
2018 年	198	298	488	98	158	248	98	158	248				
2019 年	198	298	488	198	298	488	98	158	248				798
2020 年	298	498	798	298	498	798	298	498	798	298	498	798	998

资料来源：作者根据洋葱学园官方资料整理。

表 3　洋葱学园对公产品标准产品及价格　　（单位：元）

产品名称	服务时长	价格
初中数学合作校版	1 年	30 000
初中数学高教社版	1 年	40 000

（单位:元）（续表）

产品名称	服务时长	价格
初中数理化合作校版	1年	50 000
初中数理化高教社版	1年	60 000
高中数学合作校版	1年	30 000

资料来源：作者根据洋葱学园官方资料整理。

三、智能前夜

人们曾经以采集食物为生，而如今他们要重新以采集信息为生，尽管这件事看起来很不可思议。

——马歇尔·麦克卢汉，加拿大传播学者

（一）在线教育的寒武爆发

中国教育产业受多方重视，市场逐年扩张，近年来市场规模增速维持在10%以上，根据相关研究估计，2018年中国教育市场①规模达到26 836亿元。[12]

教育市场可以按线上和线下、校内和校外、学历教育和非学历教育多种维度来划分。从学历教育中的校内外维度来看，2017年，中小学阶段学生校外辅导参培率为47.2%，[13]我国校外辅导市场收入达到3 930亿元。[12]从线上线下维度来看，我国在线教育渗透率约为10%，2017年，在线教育市场规模达到1 941亿元人民币。[14]其中，参加在线校外辅导及辅考的付费学生人次由2013年的8 000万，增长至2017年的1.5亿，[2]市场规模达到964亿元，K12的市场规模达到219亿元。[2]市场的快速增长吸引了大量资

① 现有的教育市场统计数据并不统一，所以下文的说明中将会使用多家机构的数据。此外，需要说明的是，根据德勤的研究，中国教育市场产业分为三大部分：培训教育、民办学历教育和公办学历教育。在线教育主要集中在培训教育领域，包括五大类：在线早教、在线K12+STEAM（科学、技术、工程、艺术、数学）、在线企业、在线职业和在线语言学习。

本的进入。该领域的创业投资在 2013 年经历短暂低谷后，热度迅速攀升（见图 3）。

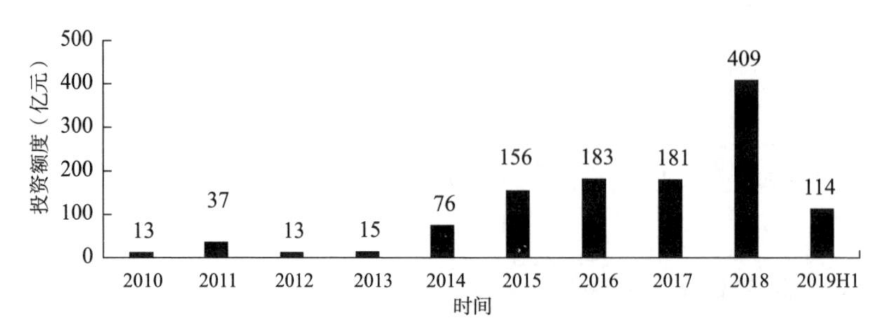

图 3　2010 年至 2019 年上半年中国教育行业投资额度

资料来源：作者根据相关资料整理。

（二）技术引领行业变革

与教育市场热度不断攀升同时发生的，还有技术发展带来的商业模式演进。在国内，2000 年以后，录播技术推动教育资源线上化；2012 年前后，直播和移动技术（如 LBS①）的结合推动教育产品模式的丰富化，慕课成为新的浪潮。随着近年来人工智能技术的快速发展，人工智能和教育的结合——智能教育的应用越来越多，并成为在线教育行业新的主要赛道，比如，2012 年，采用语音识别技术的英语流利说成立，同年，采用自适应技术的猿辅导成立，2014 年，采用图像识别技术的作业帮成立。有媒体认为，人工智能自适应教育是一次行业改革实验，对机构、学生、教师三方都具有降本提效的价值，其核心价值是把教育行业从劳动密集型的“农业时代”带向成本更低、效率更高的“工业时代”。[15]

2017 年，洋葱学园成立了人工智能实验室，自主研发人工智能个性化学习系统，并且提出了互联网教育 3.0 的概念，他们认为，在线教育经历了以工具、录播课为代表的 1.0 时代，以真人一对一定制服务、直播授课

---

① LBS：Location Based Services，基于位置的服务，即利用各种类型的定位技术来获取定位设备当前所在的位置，通过移动互联网向定位设备提供信息资源和基础服务。

为代表的2.0时代后，已经进入依托人工智能和大数据进行大规模个性化学习的3.0时代。优质数字原生的在线课程，加上人工智能赋能的人机交互学习，能够降低教育成本，辅助提升所有教师的教学能力并让所有孩子同时拥有最好的教育资源，这是在线教育的未来。[16]杨临风认为，教育中的人工智能主要包括三件事：对学习过程的感知、认知和行动。只有把三者串联形成闭环，才能发挥出教育智能真正的价值——个性化学习。[9]

感知层面需要解决的问题是收集学习数据。数据只有在学习流程在线化后才能被获得。目前洋葱学园的学习过程都是线上的，并且流程标准化程度高，能够记录学生在使用产品过程中的多种交互信息，如学习视频数据、练习数据、学习策略数据等。学习视频数据包括学习视频过程中的暂停、拖拽、回放等。练习数据包括选择哪些选项、花了多长时间选择、选完之后是马上提交还是犹豫之后再提交、答题之前有没有看解析、答题之后是否看了解析、看解析的过程中看到了哪一步等。学习策略数据包括是看完视频就做题，还是看完视频之后过了一段时间再做题，抑或先做题再看视频，等等。同时，洋葱学园还将这些数据进一步分成知识层和能力层。[9,17]

人工智能对数据质量的要求也很高。朱若辰认为，要提升数据质量，并不仅仅是算法设计的问题，还是需要产品、课程以及专家系统协同解决的问题。[17]团队需要把产品中的教学视频、练习题、知识点、知识结构等每个板块都拆分得足够细致，且需要凭借专业科学的认知再将这些拆分点搭建起来。只有如此，系统才能采集到有效数据。

认知层面解决的问题是如何解读数据。[17]团队必须对数据有很深入的理解，才能够明确这些数据对学生真正意味着什么。洋葱学园坚持所有学习资料都自主研发，以求能够较为清晰地理解各种学习数据背后的含义，从而能够进行准确、有效的知识图谱分析。解读学习数据的难点在于数据噪声比较大。比如学生有一道题不会，但不会的原因到底是什么？也许是因为他在读题时忽略了某些条件？也许是因为他没有掌握题中包含的多个知识点中的某一个？也有可能是因为视频内容本身比较差，学生怎么看都看不懂，然后做题又做错了？朱若辰认为，为了提高数据解读的科学性，需要了解学生学情历史数据，需要精细、科学地设计产品中的知识点隐藏关系，而这些问题不能单靠一项技术来解决。[17]

第三步是行动。智能教育需要通过对学生学情的正确认知，告诉学生出现了短板之后应该怎么办，推送给学生其真正需要加强学习的内容，并告诉他根据全国范围内的数据，学习这些内容大概率能够帮助他解决问题。[17]这样，感知、认知和行动三个环节才能连接起来。

（三）在路上的智能技术

洋葱学园人工智能实验室已经在教育智能化道路上迈出了步伐。洋葱学园已经形成“学、练、刷、测、诊、纠”的闭环（见图4），且开发出了一套个性化学习系统，包括个性化推送学习内容——智能测评与查漏补缺——习题难度自动调节——动态规划学习路径，辅助学生达成更好的学习效果。具体包含数据层面和应用层面。

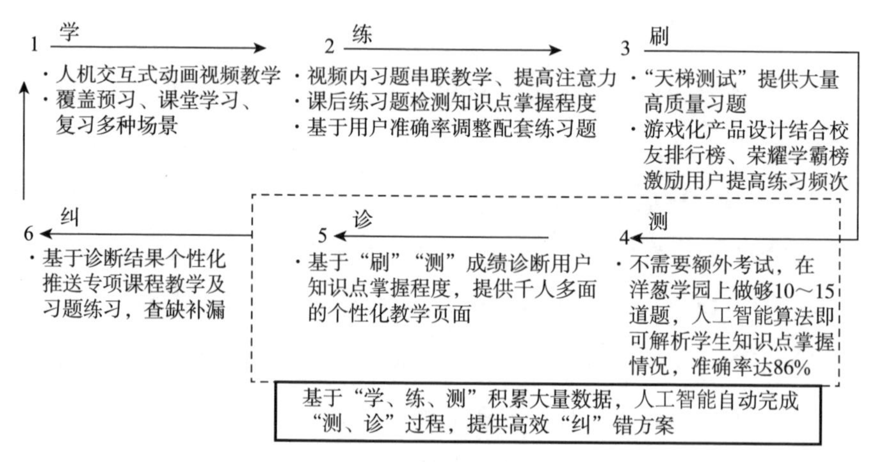

图4　学习闭环

资料来源：作者根据洋葱学园官方资料整理。

数据层面，洋葱学园建立起多维度的学习数据收集体系，获取了大量的闭环数据，包括视频数据、学习数据、行为数据等。至2019年，总数据超过 1 100 亿条，其中课程学习时长累计达 34 亿分钟、习题练习数据累计达 31 亿次。[11]根据数据和深度教研，洋葱学园基本完成了知识体系建模（见图 5），目前还在探索学生学习情绪模型的搭建。

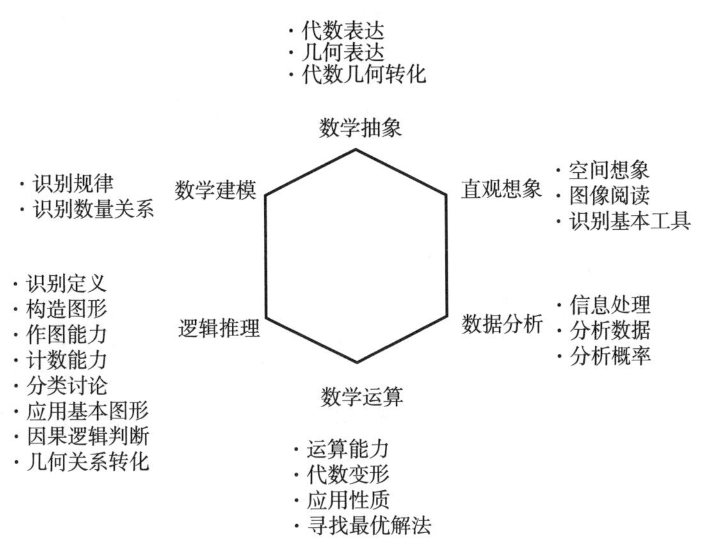

图 5　学生数学能力模型

资料来源：作者根据洋葱学园官方资料整理。

应用层面，洋葱学园人工智能实验室着重探索两个方面：推荐算法和图像识别。推荐算法领域的探索包括练习题的推荐和学习视频推荐。根据学生的历史做题数据，洋葱学园可通过 DKT（深度知识追踪）自适应测试模型等技术，评估学生对于知识的掌握水平，并向学生推荐适合的习题，巩固学生的学习效果。目前测试模型的准确率可达 80%。学习视频推荐方面，洋葱学园会根据学生的学习情况，采用算法推荐适配学习进度和掌握程度的视频，以及与基于人工的编辑推荐相结合，构成推荐页面的视频展示列表。在图像识别领域的探索集中于对印刷品内容和手写体的识别。算法可以帮助教研人员快速将各地试卷等教学资料上传至系统。同时，洋葱学园还在研发机器读题的技术，以期未来能够让机器解读习题，并匹配好相应的标签。

虽取得了一些成绩，但洋葱学园也逐渐认识到目前技术的局限性。洋葱学园认为，在目前的教和学的过程中，大量有效信息存在于非结构化的数据当中，这些信息无法仅仅依靠现有数据技术获取和处理，更多需要依赖一个团队对于课程本身教学法以及课程设计的理解[9]。这是一个有效的智能教育产品的核心。此外，洋葱学园认为，信息技术与学科教育的融合是很复杂的事，其中涉及教学理念、教学形式、教学法、人工智能等许多领域，涉及师生关系的改变，甚至需要课堂教学流程的重构。[18]

打造智能教育产品并非一蹴而就。CTO 李诺认为，任何一款教育产品要实现智能教育都是需要分阶段的：第一阶段是利用技术实现学习过程的线上化。第二阶段是规模化，需要利用研发的方法论制定有效流程，来支持规模化。第三阶段是收集数据，数据分为两种：规模类数据和行为类数据。行为类数据就是单个用户和洋葱学园的交互数据，这些数据能够提升迭代效率、驱动精益生产。规模类数据主要是指用户数量、活跃度、留存率等业务数据，这些数据能够支撑一家企业以数据的方式驱动业务发展。第四阶段，则是数据格式化，到这个时候才能开展真正的商业分析、智能分析，才有可能通向自适应。李诺谈道，目前洋葱学园正处于从第三阶段向第四阶段跨越的时期。

四、与公校合作改变教育

近年来课外辅导市场的火爆，亦加重了家庭和学生的负担。2013—2016 年，我国城乡居民的人均教育现金消费支出已经占到人均现金消费支出的 6%～7%，农村居民中这一比例更是高达 10%，相较于同期日本的 4% 而言偏高。[19]学生放学后，还要参加各种课外辅导班。因为校内教学内容和校外内容并不完全一致，学生需要在不同的教学内容中切换，导致认知负担加重。

杨临风并不希望洋葱学园作为脱离于学生的学校而存在，洋葱学园的产品必须保证既能够对学生个体适用，也能够对学校和教师教学适用。洋葱学园从来不把自己定位为个人用户端产品或企业端产品，而是把自己融合在学校教育体系中，围绕着提升学生学习效率和效果这一目标来定位。

洋葱学园积极与公立学校合作，推进混合教学，帮助公立学校克服变革困难。① 根据布鲁姆教育目标分类法，人类认知领域分为六层，从低到高分别为知道、领会、应用、分析、综合、评价。传统教学中，教师主要利用课堂时间来教授知识点，即完成“知道、领会、应用”这三项任务。在混合教学中，教师可以选择采用教练模式教学。先让学生在洋葱学园产品上根据自己的学习能力学习知识点，完成前三层的认知任务，再利用课堂教学，引导学生利用知识进行“分析、综合、评价”，从而实现更好的教学效果。同时，教师能够利用洋葱学园的产品实时监测学生的学习过程、及时给出诊断，得到更精确、更及时的学生学情测评，从而向学生推送个性化学习内容，查漏补缺。这种方法能够改变传统且低效的以作业和阶段测验为主的监测方式，减轻教师负担。②

杨临风说自己在成立洋葱学园之初就确定了三个信念：第一，希望产品实现低成本可复制，无差别帮助所有学生，无论他们是在城市还是在农村；第二，用团队的系统方法来打造产品化、标准化的高品质教学服务；第三，坚持以学习者为中心的原则，满足学生个性化的学习需求。[9]洋葱学园正在这三个信念的支撑下前进着。洋葱学园的愿景是能够成为一种国民级的产品，成为所有学生身边的陪伴者，使所有学生都有机会、无差别地通过洋葱学园的辅助，爱上学习并实现高效的学习，并且希望洋葱学园为教育系统提供一种新的供给，推动教育供给的帕累托改进。[9]

洋葱学园成立至今，已形成了系统的产品开发模式，数学学科产品获得了市场的初步认可，对信息技术融合的手段、路径进行了探索。然而，团队面对的是来自政府、学校、家长和学生的更复杂的市场需求，是头部培训机构、互联网平台厂商的市场挤压，是智能技术的持续发展。作为一

---

① 公立学校在推广混合教学中面临的问题在于：第一，不知道怎么推进；第二，没有相应的资源、手段和工具。

② 日常教学中，教师通过作业来评估学生学习情况。这会耗费教师大量精力，如一位小学教师平均每天要花两三个小时用于作业的设计、批改、分析、辅导和讲评。

家教育科技企业，洋葱学园如何进一步实现向主流市场的扩张？如何平衡团队在商业价值和社会价值中的取舍？杨临风展现出的从容背后有着怎样的思考？

附录 1：洋葱学园创始团队简介

杨临风，光合新知（北京）科技有限公司、洋葱学园联合创始人，CEO。毕业于美国哈佛大学计算机科学专业，曾就职于波士顿咨询（BCG）公司。

朱若辰，光合新知（北京）科技有限公司、洋葱学园联合创始人、首席课程官。毕业于美国杜克大学生物科学专业，辅修教育学和心理学，高中时期曾获英特尔国际科学与工程大奖赛（Intel ISEF）一等奖。

李诺，光合新知（北京）科技有限公司、洋葱学园联合创始人、CTO。前创新工场孵化的首个项目“点心 OS”的技术高管，曾为索尼爱立信中国最年轻的高级项目经理。

附录 2：信息技术在教育领域的应用

将先进信息技术应用于教育领域的尝试由来已久。早在 20 世纪 60 年代，第一个教育软件就被设计出来；70 年代，一些人工智能研究者开始进行教育研究，设计智能导师系统和其他应用程序；80 年代，有科学家就宣称计算机可以从根本上改革学校教育，但这一阶段的实践表明，计算机技术对于教育的正向影响依然微弱。[20]

到 1990 年左右，互联网技术成熟并开始快速发展，电信网络大规模铺设，通信硬件价格大幅下降。1992—2016 年，全球互联网流量由 100 GB/天增长到 26 600 GB/秒，每月人均互联网流量由 2007 年的 1 GB 增长至 2016 年的 10 GB。[21]随着互联网基础设施的日渐完善，信息技术开始在各个产业领域显现出颠覆性的影响。

数字化和网络技术的发展，使得原本只能存在于书本、电视、光盘等媒介上的教育资料，能够在互联网上以数字资料的形式被创造、储存、获得和交互。[22]在线教育（E-learning）开始凭借其“及时训练、复制性强、规模经济、效率高、成本低”等优势[23]兴起。在这一时期，在线教育的实践丰富多彩。软硬件结合方向上，WILD“无线交互式学习设备”于2000年左右被提出[20]；2005年“每童一电脑”项目启动；2010年，以iPad为代表的平板电脑开始普及，并很快被应用于教学。在教育内容信息化方面，2009年可汗学院成立，成为在线教育的典范；国际知名的在线语言学习平台Duolingo（多邻国）于2011年成立，并成为在线语言培训领域的领头羊。在国内，教育培训领域的企业亦开始尝试在线教育，2001年沪江网上线，2005年新东方在线上线。[14]

在此详细介绍一下可汗学院。[24]可汗学院是由孟加拉裔美国人萨尔曼·可汗于2009年正式创立的一家教育性非营利组织，通过网络提供一系列免费的教学视频，内容涵盖数学、物理、化学、医学、天文学、金融、历史，等等。

萨尔曼·可汗拥有麻省理工学院数学学士学位、电气工程和计算机科学学士和硕士学位，还获得了哈佛大学工商管理硕士学位。毕业后从事金融工作。自2005年起，可汗为了辅导身处异地的表妹学习数学，用录制教学视频的方式替代面对面讲授。后来，可汗把自己录制的教学视频上传至网络（主要是YouTube），获得热捧。2009年，可汗辞去原有的工作，全职创办可汗学院。

可汗学院每段教学视频时长约为10分钟，教学者本人不出现在视频中，而是采用一种电子黑板系统进行教学。并且网站拥有练习系统，能够记录学习者的学习过程，评估学习者的知识点掌握程度。这一系统也能帮助教师和家长评估学生学情。

可汗学院2018年年报披露，其已发布27 297个视频，拥有7 100万注册用户，月活跃用户①达到1 500万，覆盖190多个国家和地区。

---

① 可汗学院把月活跃用户定义为每个月在可汗学院平台上学习时长超过120分钟，或每个星期学习一节课以上的用户。

附录 3：洋葱学园的发展历程和部分运营数据

2011 年，杨临风、朱若辰等多人联合发起“阳光书屋乡村信息化教育行动”。

2012 年，北京阳光书屋乡村信息化公益发展中心成立，目前依然在营业中。

2013 年 12 月，“洋葱数学”成立，注册企业名称为光合新知（北京）科技有限公司。

2014 年，洋葱学园推出数学课程，并推出洋葱学园助教行动；2 月，“洋葱数学”获得 A 轮融资 200 万元美元，投资方为晨兴基金。

2016 年 5 月，洋葱学园获得 A+轮融资 3 000 万元人民币，投资方为峰瑞资本。

2017 年，洋葱学园成立人工智能实验室；2017 年 5 月，洋葱学园获得 B 轮融资 9 700 万元人民币，该轮投资由 StarVC 和青松基金领投。

2018 年 2 月，洋葱学园获得 C 轮融资 1.2 亿元人民币，由君联资本和腾讯投资联合领投，峰瑞资本等跟投。

2019 年，“洋葱数学”更名为“洋葱学园”。2019 年 4 月，洋葱学园获得 D 轮融资 3 亿元人民币，由春华资本领投，昆仑万维等跟投。

截至 2019 年年末，洋葱学园用户覆盖情况和区域分布：用户覆盖全国 2 822个区县，占 99%；用户覆盖全国 20 万所中小学，占 80%；65%的学生分布在三线及以下城市和地区。

参考文献

1.《2019“K12 网校”大爆发，决战在线教育千亿美元市值》，https：//www.36kr.com/p/1723966963713，访问时间：2024 年 8 月 19 日。

2.《新东方在线科技控股有限公司招股说明书》，https：//www.baogaoting.com/info/3353，访问时间：2024 年 8 月 19 日。

3.《2019 人才市场洞察及薪酬指南》，https：//www.careerintlinc.com/whitepaper/94.html，

访问时间：2024 年 8 月 19 日。

4.《专访丨洋葱数学 CEO 杨临风：从公益到创业，我为什么选择“死磕”教育普惠》，https：//www. sohu. com/a/244612627_99947734，访问时间：2024 年 8 月 19 日。

5.《教育部等六部门关于印发〈教育脱贫攻坚“十三五”规划〉的通知》，http：//www. moe. gov. cn/srcsite/A03/moe_1892/moe_630/201612/t20161229_293351. html，访问时间：2024 年 8 月 19 日。

6.《中国农村教育的现状及未来发展趋势》，http：//www. yifangfoundation. org/share/%E4%B8%AD%E5%9B%BD%E5%86%9C%E6%9D%91%E6%95%99%E8%82%B2%E7%8E%B0%E7%8A%B6%E5%8F%8A%E6%9C%AA%E6%9D%A5%E5%8F%91%E5%B1%95%E8%B6%8B%E5%8A%BF. pdf，访问时间：2024 年 8 月 19 日。

7. Xiaobing Wang, Chengfeng Liu, Linxiu Zhang, et al., “What is keeping the poor out of college? Enrollment rates, educational barriers and college matriculation in China”, *China Agricultural Economic Review* 3 (2011): 131-149.

8.《2016 年中国教育统计年鉴》，https：//www. stats. gov. cn/sj/ndsj/2016/indexch. htm，访问时间：2024 年 8 月 19 日。

9.《洋葱学园杨临风：用技术让优质教育资源普惠化》，https：//new. qq. com/rain/a/202107 28A0DUP000，访问时间：2024 年 8 月 19 日。

10.《青年力量丨杨临风 教育改革的商业实践推动者》，https：//www. nfpeople. com/article/9175，访问时间：2024 年 8 月 19 日。

11. 洋葱学园官网，https：//yangcongxueyuan. com/index. html，访问时间：2024 年 8 月 19 日。

12.《教育新时代——中国教育发展报告 2018》，https：//www2. deloitte. com/cn/zh/pages/technology-media-and-telecommunications/articles/new-era-of-education-china-education-development-report-2018. html，访问时间：2024 年 8 月 19 日。

13.《2017 年中国教育财政家庭调查：中国家庭教育支出现状》，https：//library. ttcdw. com/libary/jygl/zhongsjy/jtjy/2018 - 02 - 11/150191. html，访问时间：2024 年 8 月 19 日。

14.《淘金时代结束：中国在线教育行业发展研究报告》，http：//doc. cserver. com. cn/doc_ffa8d756-2e85-4d7a-8ff6-9830896ee16a. html，访问时间：2024 年 8 月 19 日。

15.《AI+教育的核心：自适应教育》，https：//www. sohu. com/a/240807402_111782，访问时间：2024 年 8 月 19 日。

16.《“洋葱数学”的进校之路》，https：//www.iyiou.com/analysis/2019012290467，访问时间：2024年8月19日。

17.《洋葱数学朱若辰：理想主义者不空谈 | 人物》，https：//baijiahao.baidu.com/s?id=1593657502905097675，访问时间：2024年8月19日。

18.《杨临风：用人工智能“重新定义”教师》，http：//www.bjnews.com.cn/edu/2019/09/10/624836.html，访问时间：2024年8月19日。

19.《亿欧智库 | K12在线学科辅导市场研究报告——以二三线城市为例》，https：//www.iyiou.com/research/20181101585，访问时间：2024年8月19日。

20. R. 基思·索耶：《剑桥学习科学手册》，教育科学出版社，2010。

21.《皆字节时代：趋势与分析报告》，http：//www.199it.com/archives/645320.html，访问时间：2024年8月19日。

22. A. W. (Tony) Bates. *Technology, E-learning and Distance Education*. 2nd Edition. London: Routledge, 2005.

23. Wellesley Rob Foshay, “E-learning: Strategies for delivering knowledge in the digital age”, *Performance Improvement* 5 (2002): 50-51.

24. 可汗学院官方网站，https：//www.khanacademy.org/，访问时间：2024年8月19日。

林清轩——数字化转型[1]

刘宏举、吴俊霞

创作者说

在林清轩近年的快速发展中，有两点最值得关注：

一、国产品牌向高端升级

在新的经济发展阶段，我们期待制造业实现从大到强的跨越，进而促进一批国产品牌成长起来。林清轩扎根于民族文化，通过聚焦山茶花油、主打焕肤修护、专注直营模式等逐渐树立了品牌形象，在国际大牌主导的护肤品领域占据一席之地，这是十分难能可贵的。

二、企业的数字化转型

这是大家普遍关注的问题，而企业实际转型路径和效果差异很大。林清轩创始人孙来春以开放的心态，不断学习调整，变革组织，广泛合作，用数字化方式协调渠道利益和开展营销推广，取得了显著成效。

本案例通过对企业的一手访谈，深度剖析了林清轩快速崛起与成长的历程：创建于2003年的国产品牌林清轩成长初期采取传统运营方式，转型高端产品市场后，随着社会的发展和观念的改变，开启了数字化时代的全链条变革。在新冠疫情下，林清轩进行组织变革并转危为机，同时借助近年来中国文化自信不断提升的大势，抓住新出现的发展良机，积极探索国际化发展路径，走出了与国际大牌不同的发展道路，形成了自己的品牌力。

本案例适合商学院的学生在学习“品牌管理”“营销管理”“创新创业”及“数字化转型”“数字化营销”等相关专题课程时参考。

---

① 本案例纳入北京大学管理案例库的时间为2020年12月15日。

2000年，孙来春第一次到巴黎旅游时，他的同伴借用他的护照排队购买法国护肤品。他问同伴："你了解这个牌子吗?"同伴回答："管他呢，只要是法国的就是好的。"听到这句话，他内心深处的一根弦被触动，于是暗下决心，要创立一个纯粹的中国化妆品品牌，不仅被中国消费者喜爱，也让外国人产生购买欲望。随后，他创立了国产化妆品品牌林清轩，采取直营模式，并成功转型，走上了高端市场路线。

但是多年以来，中国化妆品的高端市场主要被国际品牌占据。始料未及的是，一件他最初极力反对的事情却为企业带来了广阔的发展前景。

一、观念的变化

喜爱文学的孙来春以前是半诗人的状态，只想成为一个匠人，做小而美的山茶花护肤品、手工皂，主打温馨、田园、诗意的风格。但是从一件事开始，他的思想逐渐开放。

随着企业的发展，数名投资者想要投资林清轩，孙来春则抱着"防火防盗"的态度一概拒绝。其中，红杉资本的刘星与孙来春沟通了数次。有一次，刘星与孙来春分享了自己在美国参加全球零售业大会的见闻：一个未来趋势是线上线下全打通，线下体验、线上成交。林清轩的直营模式"在中国很难得，很适合做新零售，进行数字化变革，因为品牌天然就拥有用户"，所以需要抓紧布局，打通线上线下，将直营店的一些劣势变成优势，把企业做大。孙来春虽然拒绝了刘星的投资，却从他分享的观点中受益匪浅，于是他郑重地向刘星表达了感谢，随后加快了线上运营的步伐，进行线上线下的融合。

"每个成功的企业家都是偏执狂。"孙来春对数字化最初是完全拒绝的，不仅自己不做电商，而且因为淘宝有店铺未经授权就销售林清轩的产品而起诉过阿里巴巴7次。受到投资人启发，孙来春开始改变观念，这一观念的改变影响了林清轩成长路径。2015年，林清轩开始推动数字化，并借助阿里巴巴的平台进行新零售的变革。理念的转变影响着林清轩的实践和发展，而数字化也为林清轩提供了一个全新的发展模式。

二、数字化转型过程

1.“自己做”与反思

数字化转型伊始，林清轩却走了一段弯路。最初林清轩与阿里巴巴、腾讯及其他服务商并未建立起信任和有效的联系，于是只好自己进行软件开发。2015 年年初，林清轩成立了三个桩（取自“一个篱笆三个桩”）信息科技有限公司（以下简称“三个桩”）。最多时近 70 位软件工程师参与开发企业官方 App，进行数字化和信息化的升级。但在投入了数千万元的资金支付人员开支等各类费用后，该项目以失败而告终。

通过阅读各类书籍、聆听大量报告，到美国、欧洲各国、日本等地学习智慧零售店运营模式（包括亚马逊的概念店），孙来春清醒地认识到，林清轩自己打造一套封闭的系统来建农场和生产原料做化妆品是可行的，但完全依靠自己打造数字化软件的思路是行不通的。数字化不同于传统信息系统，在软件系统的开发实施之外，更需要对数据进行分析和洞察，从而使企业决策更加科学，实现降本增效。孙来春认为，创新不等于创业，创新完全可以与人合作，企业的数字化可以与拥有数字化能力和资源的平台去合作。吃一堑长一智，2016 年前后三个桩的软件开发相关业务基本中止。

2. 如何解决数据割裂

刚开始做电商和运营线上店铺时，孙来春发现线上和线下是割裂的，这使得消费者体验感较差。例如消费者在门店打开手机领取优惠券之后无法立刻使用，因为线上和线下系统需要一天的时间来同步和识别同一个消费者。如何实现线上线下实时连通？为解决这一问题，林清轩与腾讯在微信账号、小程序账号上实现协同，并与天猫、支付宝、小红书、微博、抖音等开展合作，围绕实体，整合全网消费记录，对消费者进行数据画像。林清轩通过与互联网平台合作，进一步连通线上、线下门店，形成企业的数据资产并打造完整的数据平台和生态。孙来春意识到，数字化不能闭门造车，应该广泛地与外部连接，把外部的数据与企业内部的数据打通并将其融入数据平台当中。而这些平台也高度认同林清轩在数字化方面的尝试，愿意与企业一起做实验，帮助企业在思维、系统、组织结构及运营能力上进行提升。

林清轩使用百胜软件开发的业务中台，将各种商品流、资金流、信息流汇集在一起，在显著提高企业的数字化能力的同时降低开发成本。林清轩将业务中台上传到阿里云。通过业务中台、企业的 BI（商业智能）报表以及自己开发的 BI 系统，结合阿里巴巴的数据银行以及达摩盘，林清轩搭建了早期的小数据中台。林清轩同时将三个桩保留的 25 名员工合并到其主业中来，保持了比较强的开发和维护能力。

3. 内部机构变化

此外，林清轩还进行了相应的组织变革。2017 年，林清轩成立了新零售部，研究数字化和新零售如何做、由谁来做，并组织跨部门团队落实新零售。其随后将 CRM（客户关系管理）部门划归新零售，依据数据进行思考和决策，而且在 2019 年将 IT（信息技术）部门升级为数字信息中心，将原先的 IT 职能升级为 DT（数据技术）职能，以 IT 系统的升级来支持整个企业的数字化变革。林清轩较早地采取 DTD（文档类型定义）做法，进行云上部署；与此形成鲜明对比的是，当时很多传统的 IT 人员还没有意识到云化、数字化的力量，即便整个行业已经在进行变革。

4. 大数据赋能

2018 年 3 月，林清轩与阿里巴巴签订新零售战略合作协议，启动智慧门店智能导购项目，全方位为新零售赋能。自 2018 年 3 月 7 日开始的一年多的时间里，林清轩在阿里巴巴的后台积累了 200 万用户，而其本身有 150 万线下用户，通过比对，企业发现 150 万线下会员中 98.1%也是阿里巴巴的用户。阿里巴巴的数据可以有效赋能林清轩，依靠大数据从性别、年龄、地区、职业、婚姻阶段等属性对用户进行更全面的画像，而这是一年 8 亿元销售额的企业难以独立做到的，所以唯有开放才能得到更完整的用户画像和更全面数据支持。例如林清轩计划在某地投资新店，那么几秒内它就可以获得该区域内曾经在林清轩天猫店买过商品的用户信息，未来便可以将新店设在用户密集的区域。在新店开业之前，还可以通过在区域内的写字楼里投放广告，精准覆盖数万潜在用户。此外，基于年龄、学历、月收入等筛选出的目标用户在进入淘宝和天猫平台时，会收到附近林清轩门店的定向广告及代金券。微信商城也可以根据用户所在地附近的门店，进行线下的引流。

5. 开放与创新

2019 年的一次旅行也让孙来春的思想更加开放。孙来春参加在敦煌举行的中国企业家俱乐部绿盟会议时第一次游览莫高窟。曾经繁华的六大宗教集合地，中西交通大动脉的咽喉要塞，风华绝代的西域门户，在与外界交流减少后日渐衰败，成为荒漠。这让孙来春有了很深的感触，一个地区如果不开放，就会成为“荒漠”，而林清轩起初封闭式的软件开发，正是基于不开放的心态。

从敦煌归来，孙来春推动林清轩在企业价值观里增加了“开放创新”，将个人认知升级为企业文化，并在企业内部进行灌输和推行。相应地，在软件开发领域，除了拥抱百胜，也拥抱百胜的竞争对手，进行云分享，进一步开放自己。林清轩与几家软件企业签约，梳理企业微信与小程序之间的结构关系。虽然林清轩内部已搭建好微信商城，但最终还是果断决定让微盟接手重建，最终的服务质量和效率高于预期。例如，在腾讯智慧零售第五次倍增竞赛中，林清轩三天销售了 3 300 万元，各项指标均名列第一，获得一百万腾讯广告代币的奖励。正是因为开放，微盟把林清轩当作一个标杆为其提供广告支持，宣传“林清轩山茶花油，肌肤发光的秘密”和“微盟助力林清轩数字化变革”，同时自己也签约了很多新客户。微盟与林清轩两者相互成就，实现共赢。

“开放有风险，需要勇气，但不开放就不能创新，不开放就不可能发展繁荣。”虽然开放给林清轩增加了风险，但降低了成本，提高了知名度，形成了社会化的协同。开放的同时，林清轩把创新落实到了企业内部，组织创新大赛，初步估计可以降本增效 3 000 万元。从只接受开实体店，转为打开自己做线上，再到完全打通线上线下，最终引导企业拥抱开放，实质上是不断地要求自己社会化的过程。孙来春认为企业能达到今天的发展程度，开放共赢的心态是重要推动因素。2016 年转型之初投入数千万元却宣告失败的开发，以及 2019 年转型中恰逢其时的敦煌之行，让孙来春彻底打破了束缚，完全拥抱开放，与各种软件、平台联合和共享。

6. 数字化转型实施步骤

林清轩将自己的数字化转型或布局分为具体的实施步骤，包括基础设施云端化、前端触点数字化、组织后勤业务在线化、运营数字化和全链路智能化，对应于业务系统 SaaS 化、CRM 会员管理等具体的实现工具（详见表 1）。

表 1　林清轩数字化转型五部曲

序号	步骤	功能	工具	时间
1	基础设施云端化	• 完善 IT 基础设施 • 核心数据云端化	• 办公网络在线化 • 智能会议室公告系统 • 阿里云 - 中台、CRM、POS（销售终端）系统上云 • 业务系统 SaaS 化 • 网络、数据安全	1 ～ 3 个月
2	前端触点数字化	• 门店数字化 • 全渠道平台 • 触达消费层 • 轻量级 POS	• 客流计数器 • 聚合支付——支付即会员 • 阿里系运营体系 • 腾讯系运营体系 • 第三方运营体系 • 导购平台 • RFID（无接触自动识别技术）、一物一码 • 官网、电商平台 • 林清轩公众号 • 商城小程序——优惠券、裂变纳新 • 会员——会员权益、订单业务、展示、品牌宣传、会员裂变、纳新	3 ～ 6 个月

（续表）

序号	步骤	功能	工具	时间
3	组织后勤业务在线化	•组织在线，沟通在线，审批在线，核销在线 •财务、生产、库存系统数字化	•EHR（人力资源综合管理平台）——考勤、薪酬、招聘、培训 •钉钉——在线沟通 •OA——审批、门店巡检 •商旅平台 •ERP——财务管理 •人力资源管理	3～6个月
4	运营数字化	•优化业务中台、建设小数据仓库（DW） •营销市场数字化 •精准会员运营、拉新、转化、复购、留存 •会员画像 •品牌投放数字化、消费者洞察	•业务中台、阿里云RPA（自动化业务处理） •BI、数字看板等 •全渠道CRM会员管理 •数字化分众、数字化营销 •卡券、样品核销等	6～9个月
5	全链路智能化	•数据驱动、会员营销、会员分级、掌握私域流量 •数据驱动、新品开发、商品企划、供应链节点透明化 •数据驱动、全渠道精细化管理、重构生产关系	•小数据平台 •供应链整合三台系统：轻量小前台、App、小程序，共享大中台、业务中台、E3、CRM，稳定重后台、财务、生产、供应链、人力	6～18个月

资料来源：作者根据相关资料整理。

7. 认知边界与企业格局

回过头来看，孙来春认为如果一开始就借助第三方服务进行数字化转型，林清轩可以节省70%的费用以及宝贵的时间。对于财力、人力和经验都相对有限的中小企业而言，从零开始开发自己的数字化软件是一项投资规模大而未必能带来相应产出的工作，而向大平台申请底层技术支持，合作开发，把资金投放到企业实际需要的应用开发中，则是更加有效率的选择。孙来春反复强调，认知的边界，尤其是创始团队认知的边界，决定了企业未来的格局。

三、数字化与渠道利益协调

1. 数字化时代消费者的两大刚需

数字化时代，销售渠道的特点已经发生了变化，线上和线下可以实现无缝对接。孙来春谈道，要从消费者的角度而不是企业的角度去思考数字化的落地问题，从消费者的角度会看到两个刚需：在线上数字空间中，人们使用天猫、京东等平台购物，用微信查看资讯，用抖音刷短视频，数字空间既促进了人与人之间便捷而迅速地沟通，又帮助消费者进行购物；在线下现实空间中，消费者与家人去商场逛街，到实体门店去体验和消费，线下是人与人之间面对面沟通的场景，是情怀和真实场景的多重体验。消费者的生活方式已经发生了翻天覆地的改变，企业也要根据消费者的变化调整策略。

2. 线下体验对线上购物的影响

林清轩曾尝试抽选仅在天猫旗舰店购买商品的 1 000 位线上用户，引导其去线下门店，其中约 200 位客户在门店进行了体验。无论他们是否在门店购买产品，之后回到线上购物时，客单价都比过去提高了一倍。[1]所以，线下的实际体验，尤其是导购的作用非常关键，如何将线上的销售业绩与线下的导购利益分配联系起来？

3. 线上线下销售权益的打通

信息化升级后，需要尽快梳理清楚线下导购、线上平台和直播卖货的利益分配关系。2018 年 3 月 7 日晚，林清轩内部经过激烈讨论后由孙来春拍板：客户如果通过线下导购引导然后在线上进行购买，该导购可拿到全部的提成，与电商客服相同。得益于已经实时同步的信息系统，以及打通的底层 CRM 系统，导购可以和客户建立绑定关系，一夜之间林清轩新的提成政策落地执行。

3 月 8 日，林清轩实施了“手机淘宝+钉钉”的测试——线下导购引导进店的客户通过手机扫码成为林清轩的会员，建立客户和唯一导购间的绑定关系，以此来打通内部线上线下销售权益。林清轩在线下门店推行的新零售策略中，最主要的就是这种“手机淘宝+钉钉”的模式：先由林清轩根据自有会员数据进行分析，在阿里巴巴数据银行中寻找潜在客户，通过营销推广吸引他们到附近的线下门店体验；客户到店后，导购提供帮助和咨询，并引导他们用手机淘宝扫描导购的钉钉二维码，这样，客户在关注林清轩品牌号的同时与导购之间也形成了一对一的绑定关系。

“手机淘宝+钉钉”的模式，有效解决了导购跳槽带走老客户的问题。此前导购大多通过个人微信与客户沟通，离职后总会带走一批客户。[1]而用钉钉扫码，导购通过钉钉与客户交流，客户就会沉淀为企业会员。通过线上线下的一体化，建立品牌、导购、平台之间的利益共同体，既满足了客户自由选择的权利，也调动了导购的积极性。

4. 实时掌握全链路信息

此外，林清轩还试点了阿里巴巴的“天梭计划”，即通过一些黑科技设备，捕捉线下客户的行为轨迹，用来分析客户的购买行为和浏览行为，从而为未来的精准营销提供数据参考。

而孙来春在解决线上线下客户信息割裂的问题时，还设计了林清轩的数字化蓝图——前台、中台、后台实时掌握到店客户的精准信息，用友基于此为林清轩量身定制了数据库业务财务一体化平台。

线下门店和电商起到前台的作用，与阿里巴巴和腾讯的产品对接，同时通过企业小程序，打造自身的个人用户流量，兼具用户裂变和商城的功能。前台记录了每个会员的购买记录、积分权益、会员对应的导购等信息，并汇总企业的业绩、对应的渠道来源和金额，还可以通过会员生日及过往购买记录，对会员进行关怀和提供有针对性的服务。林清轩摒弃了传统的

POS 系统，而选择采用平板，其在 POS 机的传统功能之外，还集成了其他功能，例如打标签、做商品的导览、收集客户位置信息来匹配对应的门店、发放优惠券等。

业务中台是一个枢纽系统，承接着前台与后台数据的交互。在业务中台外，林清轩还规划了一个数据平台，建立了自己的 BI 系统，包括销售模组、会员模组、供应链模组、商品模组、工厂生产系统、经营分析模组六部分，基于企业的体量，做小数据，透过精准营销，针对会员标签进行人群的选择，最后形成一个数据包。根据数据包，通过阿里巴巴或腾讯系统去投放广告，以及进行短信、公众号的运营推广。在实时销售端，针对畅销品如何做推广、滞销品如何促销、在途品如何不错配等问题，清晰把握在途数量、生产、调度；在实时供应链端，从包材的角度去看材料是否好用，以及生产过程所需的包材量。

后台是核心资源，相对笨重，采用的是比较传统的生产 ERP、人力资源管理系统等，包含供应链管理、质量控制以及财务和人力等不同系统的对接。同时，采用阿里云的 RPA 实现电商系统与后台系统的自动对账，一年仅需花费几万元，与之前相比，成本更低，节省人力且更高效。

四、数字化时代的营销

从 2014 年到 2018 年，中国化妆品市场规模从 1 825 亿元逐年增长至 2 619 亿元，其中，大部分化妆品销售额来自线上消费渠道，化妆品网购的渗透率从 2014 年的 53.4%逐年提升至 2018 年的 74.2%。随着中国电商发展得更加成熟，网购会继续成为中国用户购买化妆品的最重要渠道，而化妆品网购市场规模也将持续增长。[2]根据艾媒中心的统计，从网购用户产生网购行为的影响因素来看，电商节或者电商平台实施的促销活动对用户的网购影响是最大的，其次是品牌本身的促销，再次是受到网红、明星推荐或者社交圈的影响（2019 年影响中国网购用户网购行为的主要因素见图 1）。[2]

2020年“双十一”档，林清轩全渠道销售额突破1.5亿元，线上整体销售额达同期的242.8%。

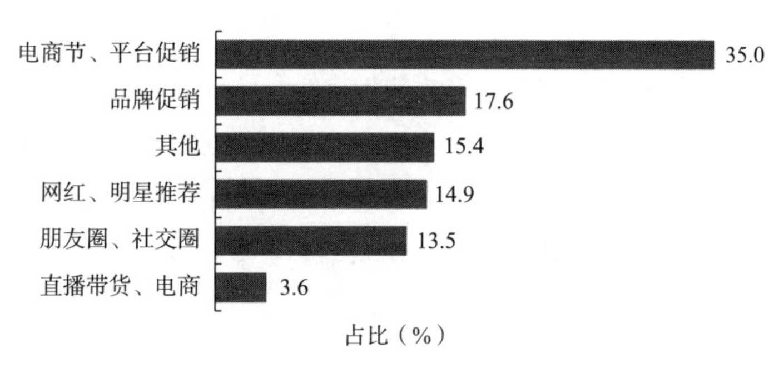

图1 2019年影响中国网购用户网购行为的主要因素

资料来源：作者根据相关资料整理。

1. 数字化营销选择

林清轩认为在数字化时代，人们的生活方式和购物习惯已经发生了改变，企业需要根据消费者已经“数字化”的生活方式进行营销。千禧一代更是新型社交媒体的重度用户。林清轩选择广告投放渠道的标准也相应改变：数字化的合作媒体是基本要求。林清轩积极探索数字化营销方式，先后携手分众传媒和微盟进行数字化营销。其中，选择分众传媒在特定的写字楼或住宅楼进行宣传，因为线上的大数据已经与线下的物理空间结合在一起，能够精准触达特定楼宇的粉丝。他们在手机上打开淘宝、微信，也能看到林清轩的广告，这样既能大幅度降低广告的投放成本，也让想看到的人能够看到广告，且其他人不受干扰。

数字化时代，由于信息获取的便捷性，口碑和评价成为人们购物之前经常关注的内容。林清轩宣传的核心是KOL（关键意见领袖），例如选择一些头部主播进行直播，或者邀请小红书上有格调的网红，通过线下探店，分享使用林清轩产品护肤的心得，再通过数字化媒体渠道传播出去，覆盖到粉丝和潜在消费者。林清轩在重点网站投放的广告、对头部网红的直播投入等可以归入付费媒体，将流量和粉丝导向自身；林清轩在电商平台的官方旗舰店、林清轩以及品牌创始人孙来春的微博、微信、抖音和头条号都属于自有媒体的范畴，可以帮助其拉近和客户的沟通距离；而粉丝、消费者、公众号、新闻媒体资源等免费媒体对产品的积极宣传、评价能进一步增强用户的黏性，降低企业的营销成本。付费媒体、自有媒体和免费媒体三者构成了数字化时代林清轩宣传和传播的有机组成部分。

数字传播将消费者和产品、企业甚至创始人直接连接起来。林清轩通过累积数据资产，打造细分化人群标签，并有针对性地进行推广，营销的效果比较显著。数字化营销方式提升了传播的效率（传统时代与数字经济时代产品供应和营销模型对比见表2），也扩大了林清轩的影响。

表2 传统时代与数字经济时代产品供应和营销模型对比

传统时代	数字经济时代
• **新品开发周期长**：以快消为例，新品开发需要18～24个月 • **新品获反馈滞后**：推向市场后才获得消费者反馈 • **营销活动未定向**：营销投放面广，难精准覆盖目标人群 • **会员资产未盘活**：会员信息有限，且未充分运营	• **新品开发周期缩短**：以快消为例，新品开发时间缩短到9个月 • **新品获实时反馈**：消费者深度参与预售甚至开发阶段并做出反馈 • **营销活动精准定向**：可精准锁定目标人群，实现精准投放 • **盘活会员粉丝资产**：打通线上线下会员信息，持续运营品牌粉丝

资料来源：作者根据相关资料整理。

2. 林清轩的“飞机图”

目前中国的头部网购平台多由阿里巴巴和腾讯投资，如淘宝、苏宁易购、闲鱼、天猫等平台的主要投资人是阿里巴巴，而腾讯则投资了京东、唯品会、拼多多、小红书等平台。从中国主流的电商模式来看，2016年以前，以淘宝为代表的C2C（个人与个人之间）模式占主导地位，但近年来B2C（企业与个人之间）市场交易占比逐年提升并反超C2C，呈继续提升的态势。[2]阿里巴巴系和京东两大巨头的市场份额超过80%，长尾企业数量众多。[3]

2019年，阿里巴巴、腾讯、分众传媒等主流平台对林清轩进行案例级别的支持，帮助林清轩走在行业数字化最前列。林清轩持续创新，尝试将新零售、电商、微信小程序商城和百货利益打通，将门店仓库和电商大仓打通，将线上线下会员打通，并将上线微众银行的“无息消费贷”。

林清轩拥抱数字化，借助外部合作及社会协同的力量，完成企业数字化变革。阿里巴巴和腾讯的数据赋能，对于林清轩来说也是品牌开放、品牌自强、增加品牌资产的良机。林清轩深入挖掘会员数据，建立数字化时代的信息建构，形成了基于700多万会员的数据资产（详见表3），有利于与用户建立长期、稳定、深度的关系。

表3　林清轩主要线上平台店铺基本情况统计表（截至2020年11月30日14:26）

序号	电商名称	粉丝/关注数量（万）	店铺好评率	开店时间
1.	天猫林清轩官方旗舰店	506	综合体验★★★★★[①]，店铺好评率100%；描述相符4.9分，高于同行49.45%；服务态度4.9分，高于同行46.13%；物流服务4.9分，高于同行50.32%	2011年6月14日
2.	林清轩京东自营旗舰店	85.8	—	2017年2月17日
3.	（京东）林清轩官方旗舰店	38.1	店铺星级★★★★★[②]，用户评价9.27分，较高，物流履约8.76分，较高；售后服务8.68分，偏低	2014年10月29日
4.	林清轩唯品会	13.4	—	—

资料来源：作者根据相关资料整理。

每家门店的销售情况、电商占比、各个地区的业绩排名等信息都可以获得并在数字大屏上及时呈现出来。那么基于实时大数据，又该如何管理日常业务？还是像传统管理方式那样等到月度报表汇总之后吗？数字化带来了实时动态决策的可能，每项指标都是实时变化的，可以进行即时分析

① 天猫平台基于品牌力、用户评价、品质体验、物流时效、服务咨询、退换体验、纠纷解决、特色服务八大维度考核确定，星级代表店铺综合体验能力，五星为综合体验最高星级。

② 京东平台从用户评价、物流速度、客服咨询、特色服务、品质体验、纠纷解决、售后服务七个维度综合考核评估店铺，星级越高则体验越好。

及决策。类似于直播，根据粉丝量和当天的产品组合，“零秒”决策，及时调整营销决策，把业绩做到最优。只有线下门店或者只有线上店铺都是不完整的，两者有效配合才能让企业无论是在“双十一”还是平时都可以及时地进行调配、互补，清晰地了解产品的全部存量，真正做到全部售罄。

林清轩在数字化道路上秉持完全开放的心态，无论是用户购物渠道偏好占比最多的电商平台，还是占比较少的小程序（见图2)，无论规模大小，只要有远见卓识、能合作共赢、能为中小企业提供更好服务的，都可以选择。当林清轩的导购左手“钉钉+智能导购”，右手“微盟+小程序商城”，“身下坐着小红书，脑袋顶着抖音”（林清轩的“飞机图”见图3)，用各种手段将自己武装起来时，企业将随之进行整合和交互，产生更丰富的数据，形成自己的数据资产，进一步推动数字化和精准营销。

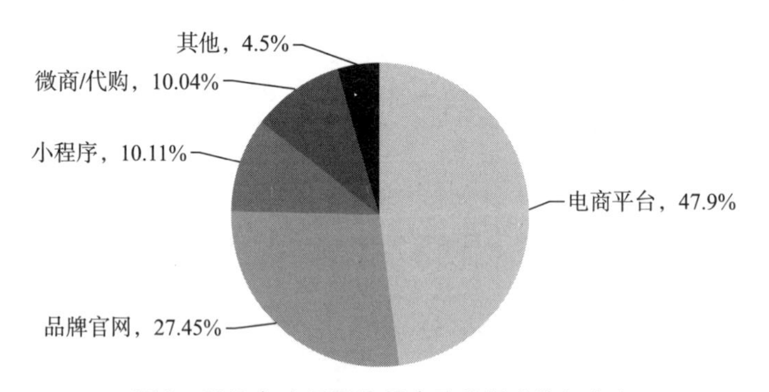

图2　2019年中国网购用户购物渠道偏好分布

资料来源：作者根据公开资料整理。

3. 头部网红直播营销

电商行业在不断发展，电商直播成为当下最火的购物方式之一。传统电商、社交电商和顶流网红电商三种模式下购买转化率（产生购买行为的用户数/到达店铺的用户数）分别为0.37%、6%～10%、20%。[3]孙来春以前认为直播和电视购物相差无几，但随着销售模式的创新发展，他积极拥抱新变化，改变了对直播的认识，从拒绝采纳到勇于接受，并付诸行动。

2019年“双十一”，林清轩与李佳琦进行了首次合作直播尝试，两分钟就销售了9 700瓶产品，纳新比例达79%，增加了6 000多位新客户。

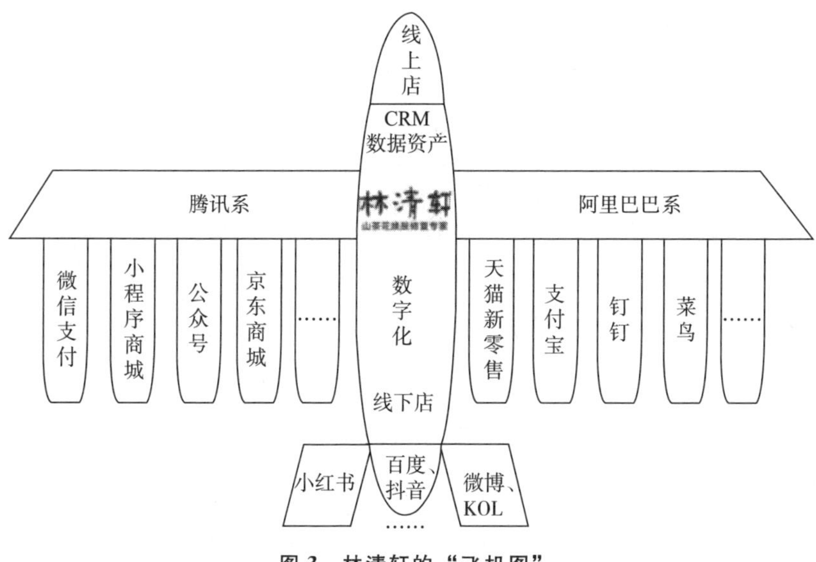

图 3 林清轩的“飞机图”

资料来源：作者根据相关资料整理。

2020 年元旦，双方再次合作，仅直播 1 分钟就销售了 1 万多瓶林清轩山茶花润肤油新年限定款产品。由顶流网红直播带货能实现快销的原因在于两个方面：一方面是顶流网红对粉丝的影响很大，能够短期内迅速吸引人们的注意力；另一方面则是消费者对林清轩品牌的认可度提高。通过直播将林清轩品牌力已经形成的势能充分地释放，并将顶流直播的话术、流量进一步转换为品牌的势能。新的工具和模式提升了生产力，成为企业智能化的工具，也促进企业新的核心竞争力形成。

而林清轩也认识到，头部明星直播，实际上是一种品牌营销行为。直播本身是一种爆发力很强的短期行为，可以给品牌带来粉丝，而如何将直播中的粉丝固化才是关键的课题。

五、新冠疫情下的全员自救

2020 年，新冠疫情将人们隔离在家。受疫情影响，2 月 4 日，林清轩分布在全国的 337 家门店中，有 140 多家关闭，幸存的也门可罗雀。[4]其他以加盟模式或批发为主的化妆品企业，可以通过数量众多的分销商、加盟店转移风险和压力。林清轩的全直营模式则显现出弊端，劳动资金密集的门店瞬时成为最大的“包袱”，仅店铺租金、员工开支两项费用就将近 3 000 万元/月，而企业的资金储备只能够维持 67 天周转，仓库内堆满了本该在春节档热销的化妆品，如果两个月内没有转机，林清轩可能就会面临破产。

面对危机，唯有自救，孙来春迅速分析当前局势，林清轩有线上线下店铺和店员，如何利用这些资源挖掘客户呢？2019 年李佳琦等直播时能在短时间内卖掉一两万瓶山茶花油，证明了林清轩的品牌影响力，300 多家门店都有自己稳定的客户群，那么唯一需要做的就是找到联结客户和产品的渠道。企业两年来一直在进行“钉钉+手机淘宝”和“微信+小程序”的打通，线上渠道已经存在。但是化妆品比一般商品更依赖线下体验，根据林清轩的市场调研，客户在门店做面膜和手膜的过程中，更容易体验到产品的价值和匹配度，不少直营门店导购员能将客单价做到 1 500 元左右；而在线上，仅凭客户自己下单，客单价往往只有五六百元。[5]尽管平时 75%的业绩来自线下实体店，但特殊时期，只能依靠企业建立的数字化管理模式和渠道，全员转型走“销售全线数字化”道路。

1 月 31 日凌晨，孙来春发表《至暗时刻的一封信》，利用企业的数字化优势发动一线的 2 000 名林清轩“战友”进行创新来提升销量。2 月 1 日动员大会之后，企业全员线上办公，相互以“战友”相称。企业迅速成立“内容工厂”，发动全体员工制作图片、文字、小视频等宣传素材，支援线上品牌传播和销售。所有门店立即部署线上业务，将分布于各地的导购从待业状态切换至工作模式进行业务拓展。导购们利用“钉钉+手机淘宝”“微信+小程序”等平台和其他互联网手段联系老客户，拓展新客户，寻找客户的护肤需求与销售机会。

疫情防控期间，一张护士摘下口罩时露出红肿的面容的照片引发人们的普遍关注，而林清轩在向武汉医务人员捐赠护理物资用于面部修护的同时，也发现了一个全新的护肤场景——修复“口罩脸”。[6]虽然武汉 30 多家线下门店已关闭，但是 2019 年林清轩推进门店数字化建设时武汉当地门店的数字化程度较高，“当地用钉钉智能导购和微信小程序的占比在全国是最高的，其他地方才占 5%，武汉能占 10%，所以说新冠疫情发生之后，武汉门店的业务也是最先反弹的”。武汉 100 多名导购从 2 月 1 日开始应用“钉钉+手机淘宝”和“微信+小程序”等智能导购工具在线开展销售业务，平均每家门店每天都有几千元的收入。数据显示，不止武汉地区，林清轩在湖北境内所有门店的销售业绩较同期都有较大幅度的增长。2 月 1 日至 2 日，林清轩武汉门店平均销售业绩排名全国第二，2 月 1 日的销售额相比上年同期增长 234.2%，2 月 2 日的销售额相比上年同期增长 182.8%。“仅 2 月 3 日一天，钉钉上就新增了 3 000 多个会员粉丝，平时一天也就只有 700～1 000 人的新增规模，疫情防控期间反而增长迅速。”

据了解，在新冠疫情发生之前，会员拉新主要通过门店导购在线下引导客户扫码。门店暂停营业期间，居家办公的导购通过微信、微博等社交平台和更多人建立联系，引导对方用淘宝扫描导购的钉钉二维码。孙来春认为，之前很多人都不看好的在线导购模式，在 2020 年疫情防控时期却帮了林清轩的大忙。在企业员工重拾信心之后，林清轩积极布局数字化基础设施建设，继续动员员工居家开展线上销售业务。[4]数字化让企业与全体员工隔离在家时仍保持持续和有效的沟通，实现转危为机。

1. 孙来春带头直播

2 月 4 日，淘宝直播小二组织了一个由林清轩门店店长和员工组成的 470 人的大群，在线培训如何直播，包括申请达人号等。但林清轩直播间刚开播时只有零星数人观看，与头部主播讲解林清轩产品时的人数形成巨大反差。有员工提出请孙来春亲自开直播鼓励大家。孙来春一拍桌子回复，“没问题，我来试试”。很快这场直播被安排在 2 月 14 日情人节。直播前，忧心忡忡的孙来春提前在一张 A4 纸上写好直播步骤、内容及抽奖时间等，公关部门也准备了直播效果不好时的对策。临直播前，去了几趟卫生间后，孙来春却发现那张 A4 纸丢失了。没有了“拐杖”，他只好豁出去自由发挥，讲最熟悉的林清轩的故事，为什么选择新零售，为什么做直播，疫情防控期间林清轩做了哪些事情，等等。直播间的热度慢慢上来了，有人问产品、有人问护肤，几十年的专业老本行，他越讲越来劲。结果出乎意料，孙来春的第一场直播就有 6 万人观看，收到 36 万个点赞，卖出 40 万元的货，相当于林清轩在发达城市一家直营门店两个月的业绩。孙来春作为首个直播间“带货”的企业创始人，被宣传后无意之中带动了企业创始人直播卖货的潮流，红蜻蜓、雅戈尔、波司登等很多企业的创始人也开始走入直播间。此后，林清轩成立“All in 短视频+直播”项目，迅速启动全员直播。2 月 19 日，林清轩的销售额已经超过了上年同期。

2. 组织变革与转危为机

在线上一场场的直播中，员工不断成长，每个人都从客户的立场出发，倾听客户的声音，成为品牌连接客户的终端。原来的层级体系被打破，跨销售、电商、直播、财务等部门组成服务客户的 35 个临时项目组和独立作战小团队。审批者在一个项目组，全组成员都在盯着、等着，一人审批完其他人都能收到，一些审批流程以前需要一周时间，现在只需 2 个小时。每家门店都建立了线上工作小组，同时做直播、电商、社群，用钉钉+智能导购，微信社群+小程序，突破物理销售界限，成为一个个数字化的综合体，形成了两栖作战的能力。以直播为点，促使企业组织的变化和升级，实现了组织的扁平化、灵活性管理。

2020 年 2 月，林清轩整体的销售额比上年同期增长了 45%，其中在湖北和东北地区市场的销售业绩翻了一番。3 月 1 日至 3 月 8 日，林清轩的线下销售额同比增长 147%，线上销售额同步增长 513%，其中 99% 的销售额是线上带来的，线下销售收入也大多来源于门店导购的直播和盘活私域流量。[5] 3 月 22 日，在淘宝首个直播购物节上，经过一番比拼后，林清轩登顶国货好价榜首。林清轩度过了危机，实现了业绩逆袭。随着新冠疫情防控形势的逐渐好转，线下门店陆续恢复营业。截至 2020 年 6 月，林清轩的销售额同比增长 165%，“6 · 18 购物节”期间天猫销售额达到同期的 300%。[7]

孙来春用“信心、品牌力、数字化”三个词概括了林清轩的绝处逢生之路：“一旦人心崛起，再加上数字化的运营手段，品牌就死不了。因为我们的产品还在，业务还在，客户还在。”[8] 在疫情防控期间，门店导购的能动性很强，主动创造新的销售路径，比如开通公众号写文章吸粉、微博引流、短视频直播种草，而企业也在利用后台系统把导购的各种努力、达成业绩的环节都记录下来。形势缓解后，林清轩的业务步入正轨，每家门店都在直播、运营短视频，形成了更明确的分工。[4]

这段特殊时期，也让孙来春对如何建立数字化门店有了新的认识，“数字化门店的经营模式是两全其美的，既能够扩大线上市场，又能够保留过去经营线下门店的优势”。2020 年 8 月 28 日，林清轩广州正佳广场数字门店正式开业，店内设置智能测肤区、自助体验区、VIP 深度定制护理区以及直播区。客户走进门店，用门口的“魔镜”智能测肤仪照一照，就可在几秒内测出肌肤状态，两旁陈列产品的玻璃幕墙代替了早期门店的一排排货架，还有数字大屏展示品牌，环境更舒适、更数字化、更具科技感。林清轩把 2020 年原计划增加的 80 家线下门店全部直接转型为数字化门店，通过打造全新的数字化门店，以店铺直播的形式，向线上客户展示店面信息，邀请客户到店体验，形成线上线下资源的互通。

危机倒逼林清轩实现创新和进一步的开放。孙来春表示，踩对网红直播经济的风口，固然是企业能够转型的直接原因，但转型的基础是产品和供应链：企业既有研发、生产、销售的全产业链布局，又有不断更新迭代、受到客户认可的硬核产品。通过致员工的一封信和带头做直播，孙来春带领林清轩走过了至暗时刻。林清轩在数字化时代利用各种创新转危为机，也在引领中国的零售业探索全新的生存模式和发展路径。

六、数字化与未来

2020 年 9 月 12 日，林清轩第三代山茶花润肤油正式上市。疫情防控期间凭借直播走红的林清轩及孙来春在开启发布会的同时也启动了直播。发布会现场，林清轩以线上连线的方式，邀请来自日本、法国等不同国家的专家，基于实验数据，与现场嘉宾及线上网友分享了林清轩第三代山茶花润肤油的功效和产品特点。首发直播吸引了千万人次在线观看，直播带货环节成交近 1 400 万元。

林清轩从过去的发展经验中识别出了两大趋势：一是通过专注于林清轩山茶花润肤油等高端产品的研发和生产迎合从低端到高端的消费升级趋势；二是从粗放型的跑马圈地的管理，到精细型的数字化管理。两次转型为林清轩开辟了广阔的发展前景。数字化代表着全链路的变革，不仅基于互联网和大数据的运用实现零售端的效率提升，还包括供应链的变革，从供应链源头开始，到客户服务，推动全链路和全部门进行数字化变革。数字资产的核心是更精准地了解客户，使企业可以在任何时间、任何地点，精准触达客户并完成交易。林清轩改变了原来由客户上门提出购买需求的门店销售模式，转而利用大数据分析发现客户的需求乃至创造新的需求。品牌定位清晰、产品品质过硬、直营门店运营良好才能让林清轩借助新零售的各种打法，以及中国文化自信不断提升的大势，抓住追赶国际品牌的良机。

2019 年时，孙来春有一个比较鲜明的观点：数字化就是生产力的进步和提升，以及整个社会效率的提高。但通过李佳琦等对林清轩产品的直播，他进一步思考发现，数字化发展到一定程度，大至商业模式，小到交付方式、出单方式等全部发生了改变，商业的本质在某种程度上被重新定义，如同由平面走向了曲面，管理者因此不得不重新审视接下来的商业模式重构，将从生产到流通，再到最后交付进行全路径的变革，否则就可能被这个时代淘汰。

孙来春认为商业本质的不变之处在于，客户体验、产品品质和品牌仍然是中心。林清轩走高端路线，以数字化的方式、利用线上线下场景的结合进一步提升品牌，从而放大了自身的品牌势能。孙来春表示，林清轩目前的积累处于起步阶段，对林清轩来说，数字化时代的品牌植入才刚刚开始。

参考文献

1.《林清轩：凭什么赶超国际大牌?》，https：//maimai. cn/article/detail? fid = 501173922&efid = 9MHai3ZnrA0h6eOZWI0ppw，访问时间：2024 年 8 月 19 日。

2.《中国化妆品电子商务行业报告：十大电商企业案例，深度剖析市场商机》，https：//baijiahao. baidu. com/s? id=1650183633098401408，访问时间：2024 年 8 月 19 日。

3.《艾媒：〈2019 年中国社交电商行业分析报告〉》，https：//www. 100ec. cn/detail-6530856. html，访问时间：2024 年 8 月 19 日。

4.《30 多家武汉门店关闭业绩反飙升 林清轩靠什么保卫增长?》，http：//www. redsh. com/corp/20200209/142030. shtml，访问时间：2024 年 8 月 19 日。

5.《背水一战，“林清轩” 成功突围》，https：//k. sina. com. cn/article_2810373291_a782e4ab020 01o1qa. html，访问时间：2024 年 8 月 19 日。

6.《至暗时刻的一封信丨林清轩孙来春致清轩战友书》，https：//www. sohu. com/a/370865349_629014，访问时间：2024 年 8 月 19 日。

7.《数智峰会丨林清轩、江小白等齐聚用友营销科技峰会，共享数字营销新未来》，https：//www. sohu. com/a/411287248_799972，访问时间：2024 年 8 月 19 日。

8.《“至暗时刻” 过后，企业“转危为机” 的 N 个建议》，https：//www. huxiu. com/ar ticle/339096. html，访问时间：2024 年 8 月 19 日。

密苑云顶：强体验经济数字化转型[①]

翟昕、王卓

创作者说

本案例介绍了密苑云顶在数字化转型方面的探索。本案例撰写完成的时间非常特殊，正值北京冬奥会即将举办之际。作为中国顶级滑雪场之一，密苑云顶面临运营成本高、收入来源单一等问题，为解决这些问题，抓住冬奥会的契机，密苑云项的CEO肖焕伟推出了“智慧乐园”项目，通过数字化技术提升游客体验。密苑云顶在安全、顺畅、丰富三个方面进行数字化建设，包括打造智能安防系统和App，举办线上赛事，以及提供虚拟现实体验等。案例全面展现了滑雪产业的现状，详细介绍了密苑云顶利用数字技术进行业务创新，从而提供更好的客户体验的全过程，也提出了企业数字化转型过程中可能会面临的资金、技术、组织变革等多方面的挑战。

从教学角度而言，本案例充分展现了数字技术对体验经济的重塑过程。从主人公肖焕伟的视角出发，有助于读者从企业战略的高度思考问题，学习如何制定数字化转型规划，以及如何克服数字化转型过程中遇到的阻碍。数字化不仅是技术问题，更涉及企业文化和组织流程的变革。本案例在帮助读者更好地理解和掌握数字化转型的内涵之余，也展示了企业管理层如何推动员工树立互联网思维，并进行组织流程再造，对读者理解企业文化、组织变革与数字化转型之间的关系具有重要的启示作用。

---

① 本案例纳入北京大学管理案例库的时间为2020年6月29日。

2020年开年，突发的新冠疫情让国内的各个滑雪场相继按下了暂停键，密苑云顶也不例外。春节期间，本该洋溢着欢乐祥和度假氛围的滑雪场一下变得空无人烟，只剩零星几个工作人员守护着满山的皑皑白雪。在这安静的表象背后，密苑云顶的建设还在紧锣密鼓地进行中。密苑云顶的CEO肖焕伟仍然奔波在一线，指挥着“智慧乐园”项目的建设以及迎接2022年北京冬奥会的相关建设。

肖焕伟意识到，新冠疫情使得滑雪场产业加快进入洗牌时刻，只有能够提供更为优质滑雪体验的雪场，才能熬过这段蛰伏期。“智慧乐园”项目将是密苑云顶赢在未来的关键。对此，他充满信心。

滑雪产业背景

滑雪产业横跨制造、地产及服务业（如图1、图2所示），上游包括冰雪运动装备研发制造、滑雪场建造运营，下游包括滑雪场及相关产业运营，涵盖旅游、赛事、培训、地产等，产业核心为滑雪场。

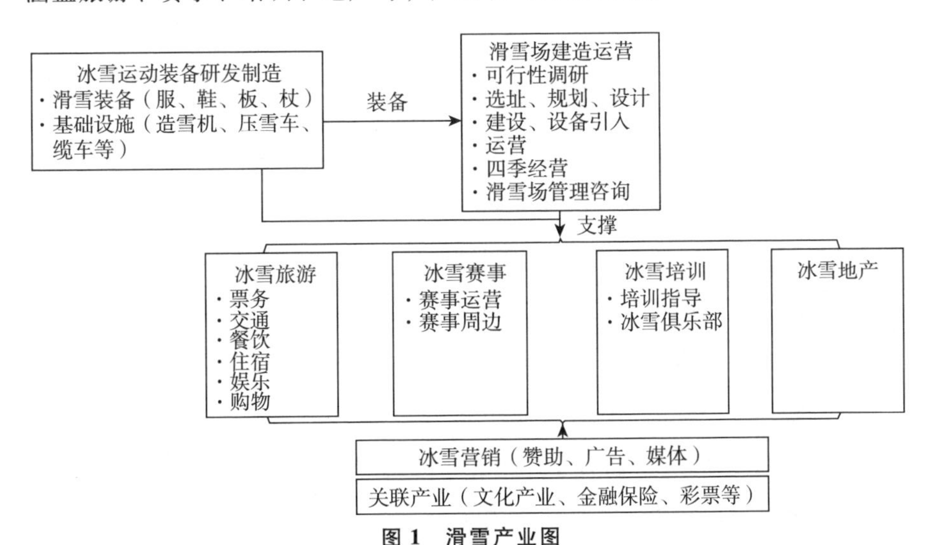

图1　滑雪产业图

资料来源：作者整理自《2018中国冰雪产业白皮书》，https：//www. analysys. cn/article/detail/1001158，访问时间：2024年8月19日；《研报 | 2022年滑雪市场将达数百亿，滑雪与“互联网+滑雪”应该在哪里找风口？》，http：//ytsports. cn/news-9227. html，访问时间：2024年8月20日。

图 2　滑雪产业图谱

资料来源：《2018 中国冰雪产业白皮书》，https：//www. analysys. cn/article/detail/1001158，访问时间：2024 年 8 月 19 日。

现代滑雪产业起步于 19 世纪 40 年代。当时英国人在阿尔卑斯山区建立了第一家现代滑雪场。自 20 世纪 50 年代起，滑雪产业进入快速发展期，并逐渐形成欧洲、北美、日韩三大滑雪产业聚集区[1]。至 2019 年，全球有 67 个国家和地区拥有配备齐全的室外滑雪场，共计 5 000～6 000家，其中有超过 1/3 位于阿尔卑斯地区。[2]滑雪运动兼具专业运动和休闲娱乐内核，并由贵族阶层向专业阶层和大众阶层蔓延，成为发达国家大众的一种常态生活休闲方式。[1]全球滑雪人次在 2000—2017 年保持在 3 亿到 3. 5 亿之间。[2]据估计，2018 年滑雪产业产值达到 7 000 亿美元。[3]

我国滑雪市场的发展是近年来世界滑雪产业增长的主要动力之一。我国现代滑雪产业以哈尔滨 1996 年举办第三届亚洲冬季运动会为契机起步。虽比欧洲晚了一个世纪，比日本晚了 40 年，比韩国晚了 20 年[1]，但发展非常迅速（如表 1 所示）。特别是北京和张家口成功联合申办 2022 年第 24 届冬奥会，推动我国冰雪产业进入黄金发展期。2019 年，我国滑雪人次已从 2006 年的 440 万增长至 2 090 万，滑雪场数量也由 210 家增长至 770 家（如图 3 所示）。[4]

表 1　中国滑雪产业发展情况概述

阶段	时间段	发展情况
萌芽期	1996—2000 年	主要以“亚布力”滑雪场为龙头，辐射到东北及其他有天然雪的区域，滑雪场数量增长缓慢，2000 年全国滑雪场不超过 50 家
初步发展期	2001—2010 年	“延庆石京龙”作为京郊首家雪场，开创了国内人工造雪系统应用的先河，带动京郊、崇礼乃至整个华北地区迅速形成雪场投资热潮
高速成长期	2011 年至今	以“长白山万达国际度假区”以及“崇礼密苑云顶乐园”建成开业为标志，国内大众滑雪朝着以家庭为单位出行的旅游度假生活方式的方向迈进

资料来源：《深度回顾滑雪产业的这 20 年》，https：//www. sohu. com/a/123445269_482792，访问时间：2024 年 8 月 19 日。

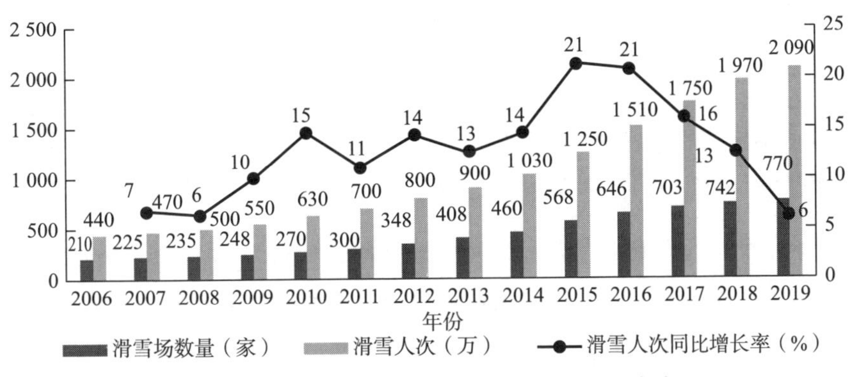

图 3　中国 2006—2019 年滑雪场数量及滑雪人次

注：图中 2015 年实际的滑雪人次同比增长率为 21. 3%，2016 年实际的滑雪人次同比增长率为 20. 8%，因四舍五入原因均显示为 21%。

资料来源：《2020 中国滑雪产业白皮书》，https：//www. vanat. ch/2020%20China%20Ski%20Industry%20White%20Book-Chinese. pdf，访问时间：2024 年 8 月 19 日。

从核心目标客群上看，我国滑雪场可分为旅游体验型、城郊学习型和目的地度假型三种（如表 2 所示），从地域分布上看，我国滑雪场分布最多的三个地区是黑龙江地区、北京周边的华北地区和新疆地区。[5]

表 2　滑雪场按核心目标客群分类

类型	占比	客群	主要体现滑雪属性	雪场特征	客群特征	典型案例
旅游体验型	77%	旅游观光客	旅游属性	设施简单，只有初级道，位置一般在旅游景区或城郊	90%以上为一次性体验客户，平均停留时间约 2 小时	西岭雪山、大明山、狼牙山
城郊学习型	20%	本地居民	运动属性、旅游属性	山体落差不大，位于城市郊区，开发有初、中、高级雪道	本地自驾客户占比较大，平均停留时间为 3～4 小时	南山、军都山、万科石京龙、探路者嵩顶
目的地度假型	3%	度假人群	度假属性、运动属性、旅游属性	山体有一定规模，除有齐全的雪道产品外，还有住宿等设施的配套	过夜消费客户占比较大，平均停留时间在 1 天以上	万科松花湖、万达长白山、北大湖、万龙滑雪场、密苑云顶

资料来源：《2020 中国滑雪产业白皮书》，https：//www.vanat.ch/2020%20China%20Ski%20Industry%20White%20Book-Chinese.pdf，访问时间：2024 年 8 月 19 日。

不过滑雪场产业仍有进一步升级的空间。数据显示，2019 年我国滑雪运动渗透率仅为 1.49%，而滑雪产业较为成熟的欧美国家的渗透率为 5%。[6] 在我国，滑雪被视作一种娱乐项目消费而非需要反复练习的运动[2]，一次性体验游客占比高达 75.38%。[4]虽然我国滑雪场数量快速增加，但还是以小型滑雪场为主，成熟高端的滑雪场数量较少（如表 3 所示）。

表 3　大型滑雪场核心指标及相应滑雪场数量

滑雪场核心指标	数量（家）	占比（%）
垂直落差超过 300 米	26	3.4
雪道面积超过 30 公顷	30	3.9
有 3 条及以上架空索道	23	3.0
2019 年滑雪人次超 10 万的滑雪场	31	4.0

资料来源：《2020 中国滑雪产业白皮书》，https：//www.vanat.ch/2020%20China%20Ski%20Industry%20White%20Book-Chinese.pdf，访问时间：2024 年 8 月 19 日。

冰雪装备业方面，市场多被欧美国家知名品牌占据，国内品牌市场占比很低。滑雪服装及部分滑雪配件开始实现国产化，但主要集中在低端市场（如图4所示）。冰雪赛事方面，2017年我国竞技类赛事共71场，大众娱乐赛事超过120场，赛事规模约430亿元（如图5所示），不过依然缺乏精品赛事作为支撑，已有赛事国际国内知名度低，对消费人口、赞助、转播等吸引力小。[7]冰雪旅游业、冰雪培训业以及冰雪服务业方面，也尚未有企业形成规模效应，而且经营单一，缺乏向全国推广的基础，等等。[7]

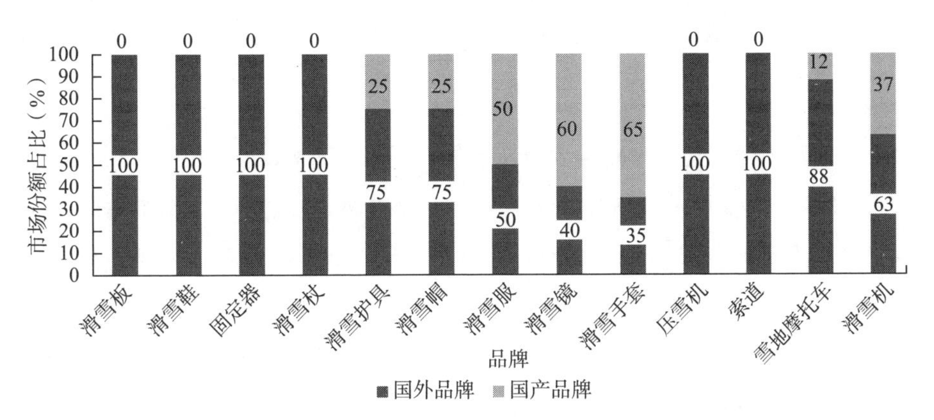

图4　滑雪装备市场份额占比

资料来源：《滑雪装备难觅"中国制造"国货缘何进不了滑雪场》，http：//www.long-huangwang.com/zixun/2.html，访问时间：2024年8月19日。

除上述提及的几个方面外，在我国，文旅地产也是冰雪产业中的重要一环。得益于近年来旅游业①和房地产业的快速发展，拥有"旅游+地产"双轮驱动的文旅地产②市场也快速增长。其商业模式多为开发前期以房地产收入回笼资金，中后期靠产业经营获得收益。[7]2017年，我国文旅特色小镇营收规模达到450亿元，至2018年7月，全国共提出特色小镇创建计划1 500个。[10]不过随着我国对房地产市场提出"房住不炒"的定位，各地

① 国内旅游收入在2008—2018年的10年间，同比涨幅都超过12%。2018年全年实现旅游总收入5.97万亿元，占GDP总量的11.40%。[9]

② 目前文旅地产模式可分为三种类型：旅游驱动（如古北水镇）、旅游+产业双驱动（如横店影视小镇）、旅游从属（如杭州斐颂巧克力小镇）。[10]

调控逐步升级，房地产市场放慢了增长脚步，文旅地产也因此受到影响。

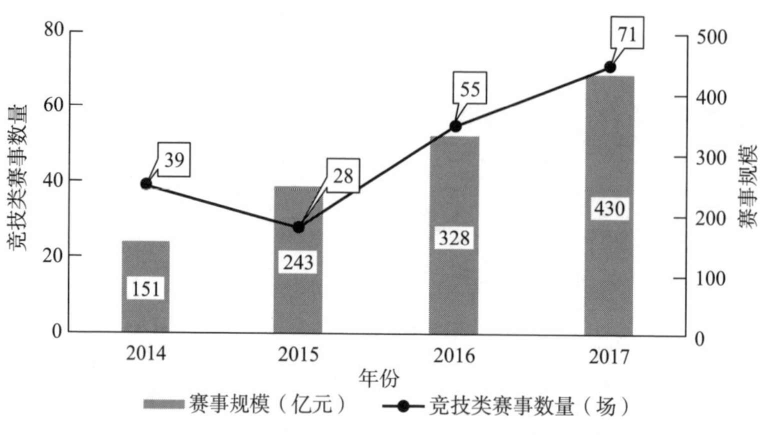

图 5　2014—2017 年中国冰雪赛事数量和规模

资料来源：《2019 年中国冰雪产业市场现状及发展前景分析 预计 2024 年市场规模将进一步超 9 500 亿》，https：//bg. qianzhan. com/report/detail/300/191219-c12a5c66. html，访问时间：2024 年 8 月 19 日。

崇礼区概况

河北省张家口崇礼区位于河北省西北部，距北京 220 多千米，自古就是汉、蒙、回、满等多元文化交汇之地，取儒家核心思想“崇尚礼仪”而得名。[11]崇礼生态良好，素有“八山半水分半田”之说，地处太行山和燕山山脉交会的大马群山，重山绵延、景色秀美，夏季平均气温 18.4℃，冬季平均气温-12℃，被称为北京的后花园。崇礼位于内蒙古高原向华北平原的过渡地带，由此形成了一个落差非常大的断裂带，带来了高于周边其他区域的降水量。崇礼平均降雪期为 5 个月，年降雪量 100～150 厘米，雪量大、雪质好，被国内外专家誉为“我国发展滑雪产业最理想的区域之一”[11]。崇礼海拔为 814 米至 2 174 米，全域平均海拔 1 200 米，山地坡度适中，不仅为滑雪造就了天然的地形优势，也是最适合人类居住的海拔高度。崇礼地处北纬 41°，而北纬 40°～49°这个平行于赤道的纬度有着一股神奇的魔力，它不仅滋养了许多壮美的自然风光，还孕育了世界著名的滑雪资源富集区，如阿尔卑斯山脉、瑞士达沃斯、加拿大惠斯勒、美国盐湖城、日本长野等。

2003 年，万龙滑雪场在崇礼开业，很快吸引了北京的众多滑雪发烧友前往。随后多家雪场逐步建成，崇礼成为华北地区的滑雪聚集地。特别是在北京宣布与张家口联合申办 2022 年冬奥会后，崇礼的滑雪产业开始快速发展。目前崇礼聚集有 7 座大型滑雪场，包括万龙滑雪场、密苑云顶乐园滑雪场、多乐美地滑雪场、长城岭滑雪场、太舞滑雪小镇、富龙滑雪场和银河滑雪场（如图 6 所示）。2015 年，崇礼成为 2022 年北京冬奥会雪上项目主赛场。

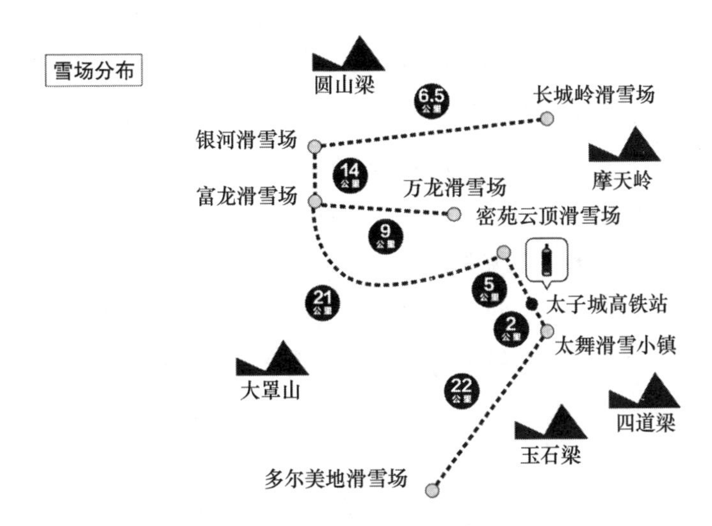

图 6　崇礼区滑雪场分布图

截至 2020 年，崇礼区建成 169 条雪道，总长 161.7 公里，其中 10 条雪道通过国际认证。[12] 2018—2019 年雪季，崇礼区接待滑雪游客数已破百万，同比增长近 30%，实现接待游客数近 300 万人次。[13]

2019 年 12 月 30 日，京张高铁开通运营，其通向冬奥会核心赛区太子城的崇礼铁路也同时通车，从位于西直门的北京北站到崇礼太子城站仅需 1 小时 4 分钟，从北京清河站至太子城站仅需 50 分钟。此外，延崇高速通车后，从北京到崇礼的车程缩短了一半。

依托丰富的滑雪资源，张家口积极推进崇礼特色小镇的建设。2016年，河北省发布政策推进特色小镇的建设[14]，2017—2019年连续三年公布“河北省特色小镇创建类和培育类名单”，张家口共入围14个①，崇礼区入围的有崇礼冰雪文化小镇、崇礼福龙冰雪小镇、崇礼太舞运动小镇。政府给予政策、资金、用地、融资、人才等方面的支持，促进特色小镇发展。②

密苑云顶概况

密苑云顶作为2022年冬奥会自由式滑雪、单板滑雪的举办场地，是中国顶级滑雪场之一。密苑云顶由马来西亚卓越集团（VXL Group）主席林致华和马来西亚云顶集团（Genting Group）主席林国泰共同创立，总投资220亿元，占地100平方公里，2012年正式开业。项目总规划48.66平方公里（其发展里程碑如表4所示）。密苑云顶以欧式度假小镇为构想蓝图，打造顶级四季山地旅游目的地和综合性度假胜地，包含有滑雪度假区、高尔夫球场、网球中心、中医保健医疗中心、水疗中心、主题公园、两星至五星级酒店、别墅、公寓和商业配套设施，设计每天容纳游客2万名。目前密苑云顶分别运作有四个业务板块，包括云顶滑雪场、云顶大酒店、云顶置业、云顶滑雪学校。

---

① 2017年张家口有2个小镇入围：崇礼县冰雪文化小镇、察北区乳业小镇。2018年张家口有5个小镇入围，其中，创建类2个，即崇礼区富龙冰雪小镇、桥东区飞行小镇；培育类3个，即察北区乳业小镇、下花园区蝶恋花小镇、涿鹿县黄帝城文旅小镇。2019年张家口有7个小镇入围，其中，创建类3个，即崇礼区富龙冰雪小镇、桥东区飞行小镇、崇礼区太舞运动小镇；培育类4个，即涿鹿县黄帝城文旅小镇、下花园区蝶恋花小镇、经开区东胜国际健康小镇、桥东区元子河康养小镇。

② 资金支持：对规划编制水平较高的小镇，从省重大项目前期经费中专列部分资金给予适当奖励。各级财政产业发展、科技创新、生态环保等专项资金，要对接支持特色小镇建设。用地支持：将特色小镇建设用地纳入城镇建设用地扩展边界内。融资支持：鼓励和引导政府投融资平台和财政出资的投资基金，加大对特色小镇基础设施和产业项目的支持。建立常态化融资对接机制，加强金融机构与小镇融资对接，多渠道为小镇建设提供融资支持。人才支撑：强化人才支撑，对海内外高层次人才团队带技术、带成果、带项目来小镇创新创业和转化成果的，按照省引进人才政策给予资金支持；对引进特殊人才和团队，可采取“一事一议”方式给予特殊支持。

表 4　密苑云顶发展里程碑

年份	事件
2008 年	立项
2011 年	试营业
2012 年	12 月正式开业，并为国际雪联（FIS）认证的多项赛事提供场地
2014 年	签约成为 2022 年北京冬奥会申办委员会的赞助企业
2015 年	被确认为 2022 年北京冬奥会张家口赛区主赛场，承担自由式滑雪、单板滑雪比赛
2016 年	U 型池开幕，作为国家单板和双板 U 型池训练基地

资料来源：作者根据相关资料整理。

云顶滑雪场

云顶滑雪场共规划 88 条雪道，总长共计 70 千米；22 条索道，垂直落差为 350 米。现已建成 41 条雪道，包括 13 条高级道、20 条中级道、2 条初级道①、6 条野雪道和雪地公园，还配备 5 条具备电加热座椅的高速缆车、3 条魔毯，滑雪面积达 80 余万平方米。丰富的赛道能够满足不同级别的滑雪爱好者的需求。游乐项目也多种多样，包括 TBL 初学者地形教学公园②、U 型池、雪上飞碟、山地车、观星、观光缆车、徒步道、山地飞盘高尔夫、攻防箭、全年滑冰场等。

云顶大酒店

云顶大酒店于 2012 年 12 月开业，是云顶品牌在国内运营的第一家五星级度假酒店，酒店本身设有 265 间配套完善、适合家庭度假的套房和客

① 雪道分级主要基于雪道坡度，雪道坡度常用两种表示方法：百分比法（斜率）和度数法。按阿尔卑斯高山雪道分级，初级道坡度百分比为 6%～25%，中级道坡度百分比为 25%～40%，高级道坡度百分比超过 40%。

② 初学者地形教学公园（Terrain Based Learning，TBL），就是针对初学者，修建了斜坡转弯、平地、波浪道、迷你 U 型槽等地型，利用科学系统的初学体系，来帮助初学者迅速掌握滑雪技巧。

房。此外，密苑云顶的北翼公寓设有同样配套完善的套房及客房 83 套；南翼公寓设有配套完善的套房及客房 1 000 套；青年旅舍设有 400 个床位。云顶大酒店及南北翼公寓与滑雪场紧密相连，真正实现了 Ski In & Ski Out（滑入/滑出）的国际流行风尚。住宿区配套 SPA[①]、足浴、健身、游泳等娱乐设施，此外还配备户外产品商店和儿童乐园。云顶大酒店也能提供 MICE[②] 服务。酒店开设有多种风味的餐厅，包括川菜、北京菜、各地特色小吃、西餐等，为游客提供了丰富的餐饮选择。

云顶置业

密苑太子滑雪小镇位于密苑云顶内部，距京张高铁太子城站约 1 千米。小镇由 11 栋建筑组成，包含 3 184 平方米的欧式多功能活动馆和 9 栋共 2 000间的酒店式公寓。公寓面积为 23～70 平方米，尊享入户花园及露台设计，能滑入/滑出雪场。配置星级酒店专业管理，让业主省心托管，舒心生活。此外，小镇还配备了一个拥有 500 间客房的四星级度假酒店。

云顶滑雪学校

云顶滑雪学校拥有专业的教练团队，共计 200 位国内外专业教练和 10 位国际教练。指导教练均已取得国家体育总局职业技能鉴定指导中心颁发的认证。大部分教练取得 NZSIA 和 CASI 技术认证[③]、儿童滑雪教学资质技术认证和大众滑雪等级考评员证书。学校设置有单板、双板进阶课程。同时，还运营冬令营和夏令营，专为 5～14 岁儿童和青少年设计，开展滑雪教学和山地营地培训等。

---

① SPA，是由专业美疗师、水、光线、芳香精油、音乐等多个元素组合而成的舒缓减压方式，能帮助人达到身、心、灵的放松。

② MICE，即会展服务，包括 Meetings（会议）、Incentives（奖励旅游）、Conferencing/Conventions（大型企业会议）、Exhibitions/Exposition（活动展览）和 Event（节事活动）。

③ 目前，国际上滑雪教练认证体系都以国家标准为主，认可度较高的标准包括美国滑雪指导员协会的 PSIA 和 AASI 认证、新西兰的 NZSIA 和 SBINZ 认证、英国的 BASI 认证、加拿大的 CASI 认证、瑞士的 SSA 认证、法国的 ENSA 认证、日本的 SAJ 和 SIA 认证、澳大利亚的 APSI 认证等。

密苑云顶滑雪板块近年来的营业收入增长率都保持在20%左右的高位。2019年滑雪人次达到28万，营业收入为1.57亿元，净利润为1 000多万元。密苑云顶也如百米冲刺般为2022年北京冬奥会做了更多准备，例如加快建设二期工程中的太子滑雪小镇项目、奥运媒体中心项目、北村和四道沟公寓项目等。

平台期的坚持

然而在热潮之下，整个滑雪场行业的经营实际上一直处于微利甚至亏损的状态。[15]成因是多方面的，除固定资产投入大、回报周期长等行业特点所致外，还有其他因素。

市场供需结构的不均衡是最重要的原因。近年来，滑雪人次虽然在快速增长，但增速在放缓。万龙滑雪场总经理罗力在一次访谈中坦言："做滑雪十余年，我发现中国滑雪产业最根本的问题，是顾客增长速度跟不上雪场增长速度，严重供过于求。每个雪场要生存，都很困难。"[16]

运营模式单一也是重要原因之一。我国的滑雪场主要还是依靠冬季滑雪项目创收，高达93%的滑雪场在夏季选择停业，只有7%会继续运营，可谓是"一季养三季"，且收入主要依靠滑雪和住宿项目，配套的休闲项目较少，很多滑雪场经营状况并不理想。[17]无法四季运营的户外滑雪，给成本的分摊带来了很大挑战；实现密苑云顶的多元化发展一直是肖焕伟的努力方向。

我国滑雪场运营成本偏高。首先，地处山区的滑雪场，人力成本普遍高于其他地区。密苑云顶的人力成本占总成本的30%以上。另外，滑雪场位于寒冷地带，为保证客户体验，能耗成本相当高，往往占到总成本的15%～20%。此外，滑雪场属于重资产项目，各种维护及设备投入也大幅增加了运营成本。而且，其游客中第一次体验者较多，且普遍存在动作不规范、滑雪规则不熟等问题，带来极大的安全隐患，滑雪场因此也需要在安保方面投入更多的资金和人力。

还有一个重要原因是，滑雪场主要营业收入来源之一的地产项目，因受国家调控政策影响，销售状况不佳。如崇礼地区在北京冬奥会申办成功后，成为文旅地产的热门地区，吸引了大量购房者，房价也从2015年的5 000元/平方米一路攀升至2017年的20 000元/平方米至40 000元/平方米。[18]随着崇礼区分别在2016年年末和2017年年初实施楼市限购令，当地文旅地产市场发展放缓。云顶置业相关业务也受到影响。

打造数字化时代的滑雪体验

> 所谓核心竞争力，是企业协调不同产品的能力，以及把多种技术整合在一起的能力。
>
> ——C. K. 普拉哈拉德、加里·哈默尔，管理学者

滑雪场是典型的强体验型经济。提供“超乎预期的客户体验”是体验型经济获得进一步发展的关键；而体验型经济中的个性化服务，是游客获得良好体验的关键。随着数字技术的发展，社交网络、移动设备、移动应用、智能传感器、大数据、人工智能、云计算等技术逐步融合到企业活动和人们的生活中，已经或者正在改变消费者的决策方式和路径：数字化时代的消费者更加期待在现实世界中获得移动化、泛在化、智能化的体验。而数字技术为密苑云顶更加了解游客、更加精准提升游客体验带来了可能，也坚定了密苑云顶利用数字技术为游客提供全流程数字化服务的决心。

面对快速变化的市场，各行各业都需要依靠新技术来提供体验更好的产品和服务以满足消费者新的期待。在体育领域，逐渐产生了“互联网+体育”的创新商业模式（如表5所示）。滑雪产业也在新技术的推动下，朝着更多游乐项目、更加客制化、更加智能化、场景更多元、更加可持续的方向发展，如雪地摩托车、智能雪地头盔、数字滑雪教练、智能防护设备等产品纷纷被推出。[19]

表 5 “互联网+体育”创新商业模式

	传统体育模式	新模式（互联网+）
观看	现场观看：排队购票、黄牛购票、线下交易 非现场观看：电视、广播、报纸	现场观看：电子购票平台、线上票务交易平台 非现场观看：直播、录播、资源整合平台
玩乐	参与：电话订购 教学培训：观看教学视频、书籍、寻找教练	参与：在线场地预约 教学培训：App 培训软件、在线教学平台、教练预约新方式、数字教练
购买	渠道：商场、线下交易 营销媒体：杂志	渠道：电商平台、交易平台 营销媒体：门户、论坛、自媒体
比赛	线下赛事组织及报名	线上赛事发起及报名
社交	社团、亲朋好友	App、在线社区运动伙伴寻找、全新互动平台
支持	装备：传统运动装备 数据记录：无	装备：智能护具、创新雪橇 数据记录：数据反馈、大数据分析

资料来源：作者根据相关资料整理。

有 IT 行业背景的肖焕伟对数字技术将深入改变滑雪体验这一趋势有清晰的判断，他认为：“数字技术将为游客提供非常新奇的体验，数字化转型是密苑云顶进一步发展的重要方向，也是必须要做的事情。”

肖焕伟带领团队经过多方调研，制定了“智慧乐园”项目规划。他希望密苑云顶能够充分利用数字技术，打造智慧乐园和智慧社区，为游客提供更安全、更顺畅、更丰富的数字化时代滑雪体验，以此建立业内领先的数字优势，并抓住承办冬奥会赛事项目的契机，向世界展现最好的智慧乐园，提升云顶品牌价值。

更安全

滑雪是一项有趣但具有一定危险性的运动，游客安全是滑雪场运营的重中之重。数据显示，云顶滑雪场 2016—2019 年三个雪季共有 6 171 名受伤者，除游客自身安全意识淡薄外，滑雪场安全设施不完善、安全预警机制不健全等也是重要原因。[20]要改善滑雪场安全运营，除加强基础设施建设和人工巡逻外，新技术也将发挥重大作用。

在可视化安防监控方面，密苑云顶正在搭建“视频安防系统”。该系统利用云计算、物联网、大数据等技术，为滑雪场提供可视化平台，让管理人员实时了解安全状况，全方位感知园区运行动态，并在防灾、安全管理方面发挥重要作用。系统将人工智能监控作为监测终端，采用先进的Anchor Free算法，能够检测出图片或者视频大于45像素的行人或物品类别，每帧图片最多可检测超过3 000人。当游客在雪道遇到异常情况时，系统能够自动识别游客特征及触发事件类别（如受伤、越界、碰撞），并及时通知雪场救生员，待救生员处理后再将事件反馈上报。这将改变传统救援流程①，大大提升救援效率。目前，密苑云顶已经在景区内建设了智慧安防预警系统的一期工程，该系统的400个监控点位覆盖了全部雪道，还有7个预警塔昼夜巡视预防灾情隐患。在该系统的支持下，游客也会获得更加直接的自我安全管理体验：游客可体验基于肢体动作识别技术的滑雪技能评级服务；还能使用智能数字头盔，根据实时雪道数据来辅助自己更安全、更科学地滑雪。

在景区硬件设备安全运行管理方面，密苑云顶积极响应国家“科技冬奥”号召，与中国科学院、中国特种设备检测研究院等机构密切合作，联合研发冬奥关键区特种设备安全运行保障系统。系统主要监测索道运行状态、环境、维护、保养等情况，并建立监测与健康诊断云服务平台，可以对索道做出风险预警，支持索道高效巡检。该项目已于2019年获科技部立项，相关研发和测试工作正在进行。系统建成后，将使密苑云顶达到世界一流和国内行业标杆的监测水平。中国特种设备检测研究院将以密苑云顶为行业标杆，制定未来相关设备的监测标准。

密苑云顶作为长期承办各类冰雪赛事的比赛场地，始终把赛事现场的医疗救护保障作为重要工作环节认真对待，并在数字化医疗尤其是5G医疗

---

① 传统救援流程分为两种：巡逻队员发现受伤游客，根据受伤情况进行急救，并根据需要呼叫救援；受伤者通过救援电话描述自己的特征和位置，调度中心通知巡逻队员实施搜救。

应用方面率先做出了实践。2019 年，密苑云顶与北京大学口腔医院合作，联合参与科技部发起的冬奥会赛事医疗保障项目“冻伤及颌面创伤综合防治及关键技术研究”。为了给长期在大型冰雪体育赛事中从事户外工作的人员（如志愿者）提供医疗保障，该项目将研发智能化 5G 移动式诊疗车，车内集成冻伤和颌面创伤关键诊断设备、便携式治疗仪器、心肺支持设备等。同时，研发针对冻伤和颌面创伤的人工智能诊断系统，基于 5G 网络支持远程专家诊疗。这一系统借助人工智能经验，并辅助疾病诊断，有效提高了疾病诊治的稳定性、缩短了反应时间，建立起响应时间短、诊疗决策准确的专家远程诊断网络平台。该项目的 5G 诊疗车和诊断流程属国内首创，在 2022 年北京冬奥会中得到有效应用。

更顺畅

数字技术能让密苑云顶为游客提供贴心的全程陪伴式服务，以及更为顺畅的滑雪游乐“前、中、后”一体化体验。密苑云顶 App 已于 2020 年年初上线，并持续迭代。在完整的规划中，服务系统将集合形象窗口、信息中心、服务平台、反馈终端几大功能。游客可以通过 App 进行信息查询、票务、导览、雪具租赁、智能预约（酒店、餐厅、教练、雪道等）、支付、评价反馈等。并且，云顶滑雪场将通过智能手环，面部、静脉、体态识别等技术，实现滑雪场全服务无感化，同时通过线上线下联动，实现服务零距离。上述功能都在一步步实现中。密苑云顶将会依托这些功能，逐步解决现实中滑雪体验的一个个痛点，如“各类设施排队严重、雪场常见局部拥堵”等，让游客获得更为顺畅的滑雪体验。

滑雪场客流有明显的时段性，集中在周末，大多数游客早上来滑雪场，下午离开。集中的人流给密苑云顶的运营带来压力，在停车场、酒店前台、滑雪大厅等位置易形成人流集中点。排队等待成为游客要忍受的第一关。2020 年雪季，密苑云顶 App 推出多种服务预定功能：游客开车进入雪场，可以通过手机查到可用的停车位，一键预定，不需要再为找车位堵在停车场；酒店入住时，通过手机扫码，仅需 15 秒就能办理好入住手续，不需要带着雪具和行李拥堵在酒店前台，且通过手机就可以打开房门；雪票可以在 App 中一键激活，不需要在滑雪大厅排队等候验票；下午滑雪结束后，若是要开车返回县城，也可以快速缴费，而不会被堵在停车场，等等。

根据“智慧乐园”项目的总体规划，从 2020 年起，密苑云顶将在数字化服务方面持续投入，以 App 为核心终端，在一站式解决用户各项度假需求的同时，建立密苑云顶的数字化会员体系和客户消费行为分析系统。通过线上消费积分，积累会员等级，给予会员用户不同的优质服务和产品折扣，激励用户在各类场景中优先采用线上服务的便捷方式，逐步积累和享受在密苑云顶的“虚拟人生”体验。在这一过程中，密苑云顶将获得全面的客户行为及消费数据，通过完善的客户资源分析系统，制定更有针对性的产品策略，通过技术手段实现对用户的精准服务。

更丰富

传统的滑雪场提供的服务受限于物理空间本身，而有了数字技术的支持，为消费者提供种类更为丰富的体验便成为可能。

线上滑雪/轮滑比赛

利用手机 App，密苑云顶可以运营线上赛事，为滑雪爱好者提供展示交流的平台。比如，夏季轮滑线上比赛正在筹备中：轮滑爱好者将自己的轮滑视频上传至密苑云顶手机 App 供赛事主办方评分，优胜者将得到奖励，并有可能被密苑云顶邀请至现场，进行线下决赛的比拼，实现线上线下联动。这样的线上比赛也吸引了一些赞助商的关注。

5G+8K 虚拟现实视频用户体验

2019 年 12 月，密苑云顶与华为达成战略合作，充分利用华为的技术优势，实现 5G+虚拟现实深度融合，在景区内构建全新的虚拟现实体验场景。游客在体验滑雪或山地骑行等户外运动的同时，路线上的系统摄像头可以被多点触发，为游客拍摄整套运动影片。影片可通过虚拟现实头显沉浸式观看，给人以身临其境的感觉，这对于游客来说是难得的珍贵礼物。预计到2021年的雪季，密苑云顶将成为国内首个使用5G+8K虚拟现实视频系统为游客提供服务的滑雪场。

手机游戏

2019年10月16日，密苑云顶宣布发布首个实景滑雪手游——“云顶滑雪公园”①，该应用根据云顶滑雪场实景开发，所有赛道都是真实的可比赛赛道。用户可以躺在沙发上体验滑雪的乐趣。游戏中有可爱、炫酷造型的卡通人物，用户要躲避跳台、旗门、警示牌等雪道障碍，尽可能多地拾取金币。[21]游戏结束后，用户可以获得奖品兑换券，换取季卡、客房、教学、雪票、餐饮等抵用券。[22]之后，该应用也将不断迭代、更新，届时新玩法、新奖品、新的推广平台等全新元素，将助力密苑云顶在线上跨界营销方面迈出重要一步。

O2O 培训

滑雪运动是有门槛的，需要游客学习和大量练习，这自然产生了对培训的需求。目前滑雪教练数量较少且培训费用较高，很多雪友只能通过自学或请教其他雪友来获取相关专业知识。密苑云顶将会建设O2O培训体系，解决这一痛点：搭建线上培训体系，制作一些门槛低、有乐趣的教学视频，积极参与“冰雪进校园”等活动等。这一新的培训模式，也将被运用到大型赛事志愿者培训工作中，大大提升效率的同时也会降低成本。

更多雪场的差异化体验

“山地联盟”是密苑云顶搭建的一个国际顶级滑雪度假区共享平台。2016年，密苑云顶实现了与全球五大顶级雪场的结盟和互通。这五大雪场包括瑞士莱克斯滑雪度假区、澳大利亚布勒山滑雪度假区、日本志贺高原度假区、日本白马八方尾根度假区、美国斯阔谷度假区。[23]中国消费者在成

---

① 安卓版和苹果版均已上线。

为密苑云顶季卡用户和会员后即可享受全球五大雪场的通滑体验和一站式高品质服务。[23]2018 年 7 月，分据同一座山南北两面的云顶滑雪场和万龙滑雪场共同宣布达成战略合作，开启通滑，游客可以一票滑遍国内两大顶级雪场。[24]

愿景照进现实

数字化建设并非一蹴而就，而是面临着众多挑战。

挑战一：资金

资金一直是肖焕伟最为忧心的事情。信息系统从硬件到软件都需要大量资金投入，而现阶段密苑云顶需要同时进行大量的基础设施投资。更为严峻的是，受新冠疫情影响，2020 年上半年，密苑云顶已经损失了 32 亿元的营业收入。资金的不宽裕是数字化转型面临的硬约束。肖焕伟一方面适度调整项目规模，如在 2020 年上半年，暂停了一个 2 000 万元规模的数字化项目建设；另一方面，他提出了背负营业收入指标的数字化转型：将数字化项目投资后收益至少达到年化收益 5%作为投资决策指标之一。

挑战二：技术

整个滑雪场行业的数字化建设刚刚起步，没有可借鉴的样板，肖焕伟领导的数字化转型的每一步，几乎都是全新的探索。

此外，信息软件孤岛的普遍存在给企业运营带来了很大的困扰。有一件事让肖焕伟一直记忆犹新。密苑云顶运营之初就开始使用信息化管理系统，其中就包括门禁系统和财务系统。门禁系统采用的是国外软件，其与财务系统并不相通。两座孤岛的现状，给运营中的结算、统计等工作带来了很大困难。为了解决这一运营上的痛点，他们尝试了多种方法。比如考虑过更换系统，但发现若要更换其中一个，则需配套更换其他系统，才能解决系统孤岛的问题，这一方案无疑意味着相当大的投入。又如找供应商将两个系统打通，但国外软件始终无法被解码。直到后来，密苑云顶招募到一位软件高手，才终于将两个系统打通。

挑战三：组织和人员

数字化转型并非仅仅建设一些信息系统等，还包含了流程再造等企业组织内部的变革。

第一是观念变革。肖焕伟在密苑云顶内部常常强调员工都要有“互联网思维”，但共识的形成并不容易。密苑云顶业务涵盖从卫生清洁到运营管理等多方面，员工的学历水平跨度也很大。这样的差异，让肖焕伟推动观念变革更加困难。在一次全员大会上，一位基层员工说道：“我就是高中文化水平，不懂什么叫互联网思维。”肖焕伟耐心地解释道：“互联网思维，通俗来讲就是让别人、让自己觉得有无限的扩展力，可以想象到很多东西。咱们都需要慢慢体会。”

第二是制度变革。肖焕伟建立了首席信息官制度，并且规定员工提拔加薪的标准中要加入互联网思维等维度，首席信息官拥有一票否决权。肖焕伟希望通过这样的制度来推动组织变革和人员观念变化。

期待

面对数字化转型，肖焕伟已经带领密苑云顶启程。但他明白，密苑云顶目前的实践还处于初级阶段，有很多措施正在落地过程中。作为滑雪场产业中数字化转型的先锋者，数字化时代密苑云顶的发展道路正在一点点清晰起来。肖焕伟相信，所有的努力，都将会在未来绽放光彩。

参考文献

1. 张贵海：《中国滑雪产业发展问题研究》，博士学位论文，东北林业大学，2008。

2. “2019 International Report On Snow and Mountain Tourism”，https：//www. vanat. ch/RM-

world-report-2019-chinese. pdf，访问时间：2024 年 8 月 19 日。

3.《全球滑雪市场增长缓慢 新兴市场发展潜力巨大》，https：//h5. newaircloud. com/detailArticle? sid=jrsb&newsId=4866400_28234_jrsb，访问时间：2024 年 8 月 19 日。

4.《2020 中国滑雪产业白皮书》，https：//www. vanat. ch/2020%20China%20Ski%20Industry%20White%20Book-Chinese. pdf，访问时间：2024 年 8 月 19 日。

5.《深度回顾滑雪产业的这 20 年》，https：//www. sohu. com/a/123445269_482792，访问时间：2024 年 8 月 19 日。

6.《滑雪篇：增长热潮下的两极分化——跨市场体育行业专题报告之二》，http：//qccdata. qichacha. com/ReportData/PDF/f1ebe5488c3af848bb63ff0124ff1975. pdf，访问时间：2024 年 8 月 19 日。

7. 张高华：《我国冰雪体育产业非均衡协调发展研究》，《北京体育大学学报》2017 年第 12 期。

8.《2019 年中国冰雪产业市场现状及发展前景分析 预计 2024 年市场规模将进一步超 9500 亿》，https：//bg. qianzhan. com/report/detail/300/191219-c12a5c66. html，访问时间：2024 年 8 月 19 日。

9.《预见 2019：〈2019 年中国旅游地产产业全景图〉（附产业布局、竞争格局、趋势等》，https：//www. qianzhan. com/analyst/detail/220/190306-778656cf. html，访问时间：2024 年 8 月 19 日。

10.《艾瑞咨询：2018 年中国文旅特色小镇发展研究报告》，http：//www. shujuju. cn/lecture/detail/50208，访问时间：2024 年 8 月 19 日。

11.《张家口市崇礼区情况简介》，http：//www. zjkcl. gov. cn/channel/75/index. html，访问时间：2024 年 8 月 19 日。

12.《“雪都”崇礼：滑雪场建起“白色”奇迹》，http：//travel. people. com. cn/n1/2018/1227/c41570-30490021. html，访问时间：2024 年 8 月 19 日。

13.《从“996”到“007”，冰雪产业如何跑赢时间?》，https：//zhuanlan. zhihu. com/p/108235068，访问时间：2024 年 8 月 19 日。

14.《河北省特色小镇创建导则》，https：//hbdrc. hebei. gov. cn/nsjg/fzzlhghc/tsxz/zcwj/2023 09/t20230906_72202. html，访问时间：2024 年 8 月 19 日。

15.《行业观：滑雪场，一个微利行业如何盈利》，https：//ski. huanqiu. com/article/9CaKrn JSY3n，访问时间：2024 年 8 月 19 日。

16.《专访万龙、万科，疫情损失近两亿，滑雪行业真相调查》，https：//www. xgame. org.

cn/xtop/10932. html，访问时间：2024 年 8 月 19 日。

17.《两大案例和四点指南，破解雪场“一季养三季”困局》，https：//new. qq. com/rain/a/20200329A0KT7W00，访问时间：2024 年 8 月 19 日。

18.《崇礼：滑雪小镇房产销售面积不能过半》，https：//hb. ifeng. com/a/20180827/6835222_0. shtml，访问时间：2024 年 8 月 19 日。

19. Johanna Zauner and Stefan Peintner，“8 Trends Driving Innovation In The Ski And Winter Sport Industry”，https：//www. whataventure. com/blog/8-trends-driving-ski-innovation，访问时间：2024 年 8 月 19 日。

20. 段少楼等：《冬奥比赛场地密苑云顶滑雪场安全状况调查与对策研究》，《河北体育学院学报》，2020 年第 1 期。

21.《云顶山地联盟开启新雪季 密苑云顶发布滑雪手游》，https：//www. sohu. com/a/3478290 86_672227，访问时间：2024 年 8 月 19 日。

22.《沙发上也能滑雪！玩云顶滑雪公园手游赢全天雪票》，http：//sports. sina. com. cn/others/magicski/2020- 02 - 19/doc-iimxyqvz4113218. shtml，访问时间：2024 年 8 月 19 日。

23.《密苑云顶乐园与斯阔谷度假村战略合作签约》，https：//www. sohu. com/a/78455147_114830，访问时间：2024 年 8 月 19 日。

24.《万龙与云顶开启通滑，建设崇礼滑雪大区的重要一步》，https：//baijiahao. baidu. com/s? id=1607009898276785250，访问时间：2024 年 8 月 19 日。

25. 杜雨玮：《密苑云顶乐园滑雪度假区品牌竞争力的研究》，硕士学位论文，北京体育大学，2019。

贝壳找房的数字化之旅：一次“难而正确”的探索[①]

张宇、王念念

创作者说

近年来，数字化浪潮席卷了各行各业，居住服务业因为具有非标准化、流程节点复杂、供应链长等特点，数字化进程启动较晚。居住服务业的企业如何实现数字化转型，贝壳找房以自身实践树立了典范。

本案例介绍了贝壳找房数字化转型的背景和历程，描述了其如何通过构建“楼盘字典”和用虚拟现实等数字化技术赋能居住服务业、提升用户体验，并实现自身业务增长。贝壳找房的案例可以让读者了解到居住服务业企业数字化转型的重要性和必要性，以及如何通过数字化技术解决行业痛点。本案例通过复盘贝壳找房在数字化建设上所付出的努力，让读者了解居住服务业实现数字化的可能路径之一，理解贝壳找房的数字化之旅难点在哪里。“难”首先体现在，在做出决策的当下看不清方向，不知道自己所选择的路径是否正确；还体现在无法预期回报，无论是“楼盘字典”还是如视虚拟现实系列产品，项目之所以能够做成，是因为贝壳找房在项目初期没有考虑任何财务回报，并能够接受一个漫长的无产出期，而这正是其“做难而正确的事”的价值观的体现。事后来看，贝壳找房以一己之力所完成的“壮举”，如果换作其他企业/政府主体来做，成本会更高。从长期来看，贝壳找房数字化探索的投资回报率又仿佛很高，实现了对整个居住服务业的技术赋能，意义重大。

---

① 本案例纳入北京大学管理案例库的时间为 2021 年 11 月 17 日。

居住服务业的数字化转型在我国起步较晚，距今不过20余年时间，这是由诸多原因导致的：首先，居住服务业本身具有本地化、劳动密集型、非标准化、流程节点复杂、供应链条长等属性，数字化转型对技术的要求高；其次，数字化转型往往在短期内效益不明显，从业者缺乏持续投入的动力；再次，居住服务业具有高度分散的格局，从业者以小规模企业为主，缺乏数字化转型所需的资金和人才；最后，房屋，尤其是二手房作为非标准化、非同质化的商品，不仅涵盖的信息量巨大，个体差异也非常大，难以用图片、文字甚至几段视频就加以描述，商品数字化难度大。

即便如此，依旧有企业迎难而上，上下求索。比如，在2020年疫情防控期间，贝壳找房如视的“VR看房”功能让用户足不出户就可以用手机使用贝壳找房App，在线上身临其境般地行走在房源中，查看房屋的每一个细节，还可以在线连线经纪人获得实时讲解，满足线上买房、卖房、租房的需求。

贝壳找房是如何实现这一切的？最初为何要开发“VR看房”功能？在这个过程中它遇到了哪些困难？又是如何克服的？为什么贝壳找房能在中国实现居住服务业的数字化？

一、关于链家[①]和楼盘字典®

1. 链家的创立

时间回到2001年，这一年，左晖在北京创立了链家·宝业（北京链家房地产经纪有限公司的前身，以下简称“链家”），此时，房产经纪行业尚处于起步阶段，行业秩序较为混乱，缺乏相关的制度和法规，经纪人服务水平有限，职业道德水平有待提高，行业存在着中介隐瞒房屋真实信息、欺骗客户、强行推销、签订“阴阳合同”、操纵房价、偷漏税款、盘剥买卖

① 链家是贝壳找房的前身，2018年4月，链家的升级版——“贝壳找房”行业开放平台正式上线。

双方、违规赚差价等行为，全国 20 万房地产经纪从业人员中，取得房地产经纪人执业资格的仅有 6 067 人。

随着商品房价格的快速增长，行业也随之进入快速增长期，房源信息不对称的现象愈发凸显，因经纪人非法赚取差价、宣传欺诈，甚至挪用消费者购房款而引发的纠纷大量产生。链家反其道而行之，2004 年在业内率先提出“透明交易、签三方约、不吃差价”的阳光作业模式，并在企业内部全面推进。2006 年，链家开始搭建经纪人职业化培养体系，开启经纪人的专业化培训道路。伴随着房产经纪行业的快速发展，2007 年年末，全国共有 31 360 人取得了房地产经纪人执业资格，从业人员逾百万。

2.“楼盘字典”的前世今生

随着业务的开展，链家内部积累了大量的房源数据，但因为没有系统化的数据存储机制，房源信息并没有在链家内部形成共享，信息在经纪人之间是不对称的。此时，左晖开始思考到底要把组织带往何方，他内心比较清楚的是，链家只有创造出核心价值才有意义，于是提出了“做难而正确的事”的理念。[1]为了实现房源信息的内部共享，提升运营效率，2008 年，链家开始投入大量的人力和财力，搭建不动产标准化基础数据库，即今天的“楼盘字典”。

左晖曾向团队抛出了一个问题：全国有多少套房，链家能不能数得清？我们做房产的要数得清全国的房子，要进行一个全国房屋普查。

全国房屋普查能够调节住房公平，让使用灰色收入购买大量住房的行为无所遁形，此举意义重大，但住房改革启动后的数十年间，住房普查却无法有效推进，在每一轮的人口普查和经济普查中也均未有实质性的住房普查环节。尽管各地政府都有自己的住房信息系统，但由于老旧房产未实现电子化，大量小产权房、央产房、自建房、违建房游离于系统外等，大量房产并不在各地的住房信息系统中，很多城市甚至拒绝实现个人住房信息系统的联网。2011 年，北京市公安机关在人口普查过程中曾经公布过一个数据：初步显示北京市有 381 万套房屋空置。该数据一经公布，立刻引起各方质疑。相关部门随即回应，由于统计方式和统计范畴的不同，该数据并非最终数据。住房普查的难度和敏感性由此可见一斑。

住房普查推进难，还在于房主出于保护隐私和个人财产因素的考虑，不愿意配合相关普查，所以，尽管业内人士建议借全国经济普查之机进行住房普查，国家统计局有关人士和专家却均表示困难重重。[2]

国家统计局都无法解决的难题，链家却从“数房子”开始，逐步构建起全国最大的房源数据库。为了将“数房子”过程中获得的数据收录和存储起来，链家内部建立了 REDS 系统①，而在此之前，房源数据是以 Excel 表格的形式进行收录的。REDS 系统的建立让房源数据不再因为经纪人的离职而流失。2010 年，“楼盘字典”实现了对数据的结构化管理。

从 2008 年到 2011 年，链家自有的“楼盘字典”团队只有 20 人左右，80%的数据收集工作交给众包团队完成，链家通过强管控的方式，严格规定众包团队的采集标准和采集效率，众包团队负责“数楼”，然后再将收集到的数据交给“楼盘字典”团队专门负责后台的同事进行审核和比对。

当时，链家在全国 20 多个城市设有门店，做的主要是“全国房屋普查”的工作，所有的数据都存储在 REDS 系统里，用户通过链家的门户网站能看到设有门店的 20 多个城市的房屋数据。

3.“真房源”的承诺

2011 年，随着“国十一条”(《国务院办公厅关于促进房地产市场平稳健康发展的通知》)、新“国八条”(《国务院办公厅关于进一步做好房地产市场调控工作有关问题的通知》) 等限购、限贷政策的推出，二手房成交量锐减超过 50%，房产经纪机构出现“关店潮”，行业利润空间萎缩，“吃差价”“靠假房源吸引客户”成为经纪人获得收入的重要来源。在李翔撰写的《左晖：做难而正确的事》一书中，左晖对这个阶段的链家有过一段描述：“链家最开始做生意，吃差价，很多消费者就找过来。我们吃到差价的那种欣喜是很真实的，消费者找过来，那种愤怒也是很真实的。我们和竞

① REDS 的全称为 Real Estate Data System，即“房地产数据系统”。

争者比，在吃差价上根本没有优势。竞争者把人打出去了，我们把钱打出去了①，这事根本就没法干。”[3]“我们不太喜欢那种状态——能赚到钱，但是周围人都不太满意。这就是团队的一个特质，就是我们不愿意在那种状态下干活。”

基于对这一行业乱象的“反感”，链家于2011年启动“真房源”行动：对外宣布100%真房源，即“真实存在、真实图片、真实在售、真实价格”，并做出“假一赔百”的承诺——凡是举报不符合“四真”标准的客户，核实后均可获得100元的现金奖励。

“楼盘字典”正是“真房源”的根基，为了实现“真房源”，链家为每一套房屋建立“身份证”，着力于数据覆盖的广度和数据描述的深度，具体方式就是对房屋进行“7+1级门址管理”，即用“城市、城区、楼盘、楼幢、单元、楼层、房屋”+“精准坐标”确保每一套房屋数据的独一无二。

在做“真房源”的过程中，链家经历了“寒冬”：三个月的无产出期、经纪人的离职潮、客户不相信所谓的“真房源”……但左晖坚持这样做，他相信消费者终归是理性的，是有判断能力的，链家选择等着消费者回来。另外，在房产经纪市场上，没有人会和链家做一样的事，“真房源”正是链家的比较优势。[3]

“假一赔百”也激发了消费者积极举报假房源的行为，来自外界的压力让“真房源”的数据建设工作更加完善，“楼盘字典”逐渐形成了数据标准。

2013年，链家发布了包括“签前查封损失垫付”和“物业欠费先行垫付”在内的四大安心承诺，保障交易风险，链家也成为行业内第一家为客户风险买单的企业。截至2021年6月，安心服务承诺已累计为消费者赔垫付安心保障金158 654笔，累计突破28.07亿元。[4]

4.“楼盘字典”的迭代升级

2014年6月，链家全力布局互联网，正式上线链家网。随着链家在全国

---

① 指的是有些中介机构会用强硬的手段来应对消费者的不满，而链家选择为消费者退费。

的布局，“楼盘字典”的数据规模进一步扩大，数据维度也不断丰富，逐步从最初的每套房屋 100 多个字段描述扩充到了 433 个字段描述的数据标准。

2015 年，链家将“链家地产”正式更名为“链家”，打造基于移动互联网的房产综合服务商，并初步完成全国业务布局，“楼盘字典”所提供的“真房源”品质也随着链家的脚步覆盖到了更多的城市。

2016 年，“楼盘字典”获得了国家版权局颁发的“楼盘字典”注册商标，成为独一无二的“楼盘字典”。

2017 年，“楼盘字典”进一步升级，实现数据智能化：记录每一条入库数据的来源和生命周期，并运用反应堆技术，发挥“楼盘字典”数据大而全的优势，通过规则算法补充大量高质量房屋数据，并通过多个业务场景的应用和反哺，实现数据的流动和高置信度数据验证。至此，“楼盘字典”已经积累了一整套标准化数据建设方法论，形成了数据正循环流程（如图 1 所示）。

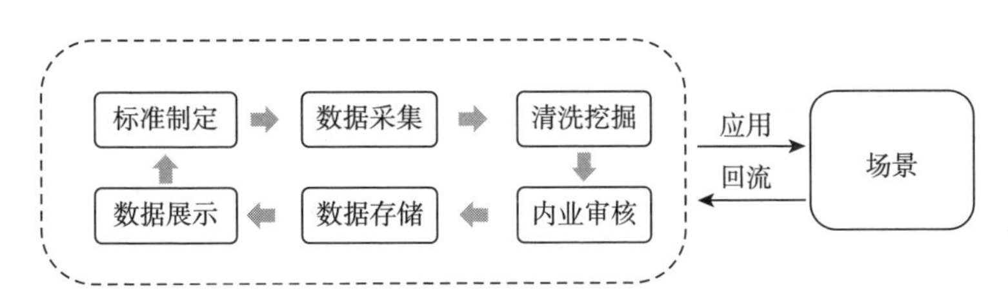

图 1　“楼盘字典”数据正循环流程

2018 年 4 月，被视为链家升级版的行业开放平台——贝壳找房上线，将链家过去十余年积累的数据和经营管理能力沉淀下来，为行业赋能。随着不同房产经纪品牌的加入，贝壳找房覆盖的城市一下从原来的 20 多个迅速增加到上百个，“楼盘字典”迎来了一次数据的大扩容。为了保证业务的顺利开展，团队将所有城市的数据先纳入数据库，再进行清洗、筛选、去重、校验，团队规模一度达到 300 多人，其中仅后台审核人员就超过 200 人。

为了保证房源的真实性，贝壳找房依托“楼盘字典”的底层基础数据，结合业主、客户、经纪人、平台之间深度连接产生的海量交互数据，打造了一套 7×24 小时循环策略验真系统，可对房源的上架、展示、下架进行全生命周期管理。该系统支持新增房源及库存房源策略验真，通过楼盘字典、真实成交、实勘图片及行业语料库、备件样本库等基础数据，以及图片检测与对比、语义挖掘和大数据建模等各种技术、机制，实现房源智能验真。

截至 2021 年 3 月，“楼盘字典”已覆盖全国 30 个省份、328 个城市、59.9 万个楼盘的 2.43 亿套房屋。

如今，“楼盘字典”仍在持续建设中：每日新增房屋量超过 7 万，每日接口调用量超过 13 亿，每日新增房屋维度描述超过 289 万。其对房产交易全流程的赋能如图 2 所示。

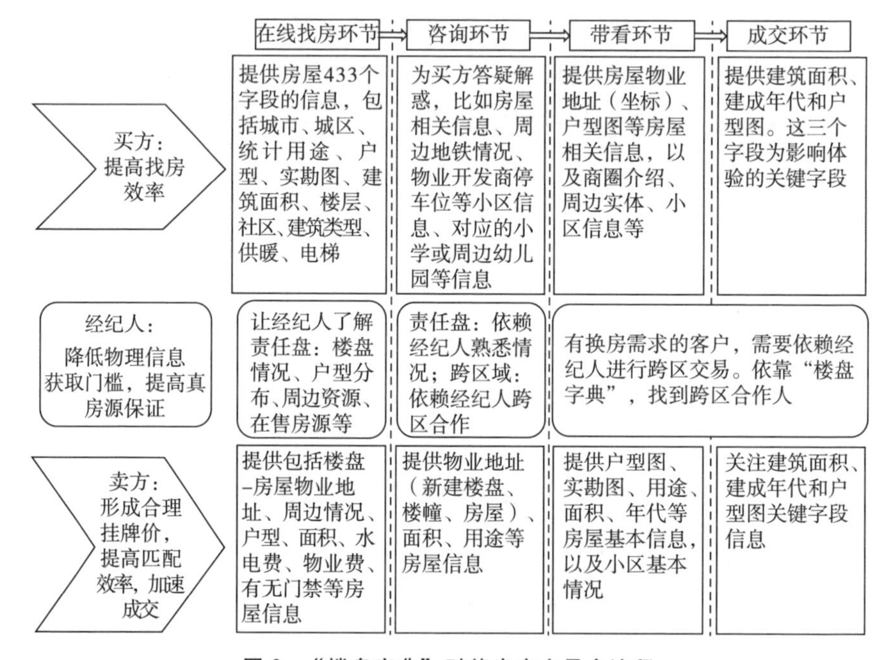

图 2　“楼盘字典”赋能房产交易全流程

二、居住数字化 2.0——“数字空间”愿景下贝壳找房的虚拟现实求索

1. 虚拟现实初探与如视事业部的成立

“楼盘字典”为每一套房屋建立了专属 ID（身份识别），但在实现房源

信息保真的基础上，如何让房屋这种线下商品被更好地数字化，如何让用户更直观地获取房源真实、深度信息，是链家实现房屋标准化之后着力思考的问题。

2015 年，国内最具影响力的 PHP（超文本预处理器）技术专家惠新宸（业内人称“鸟哥”）加入链家，负责链家的数字化业务。2016 年年初，惠新宸与团队探讨链家数字化过程中的思考：用什么样的方式能将房屋数字化，让用户看到更真实的房屋场景，获得更好的体验？

一开始，团队想以全景图的方式来解决这个问题，但在惠新宸看来，全景图与之前的平面图并没有本质的区别，无非就是一张视野更广的图片，不能带给消费者身临其境的体验。惠新宸认为，新的方案除要给消费者带来身临其境的看房体验外，最重要的是能够在未来产生足够的数字价值，这样链家才能在居住服务行业有更大的发展空间。

实际上，早在 2015 年的时候，惠新宸在台北 101 大厦就曾看到两个年轻人戴着虚拟现实眼镜在玩过山车，晃来晃去沉浸式的场景虽然十分搞笑，却让他开始思考如何将虚拟现实和看房结合到一起。这一年，惠新宸也留意到国内的 TOF（深度摄像头）技术，这项技术可以探测到标的物深度的数据。

全景图方案被团队放弃后，大家又留意到三维重建技术，了解到可以通过虚拟现实技术将房屋在线上“复刻”。

当时，链家的标准户型图还是以位图的形式存在的，抱着矢量图信息肯定比位图信息丰富度更高的想法，团队开发出了一个叫作“户型图编辑器”的工具，将链家的标准户型图从位图升级为矢量图，这为链家日后的虚拟现实数据采集和数据分析提供了标准目标值。至此，三维建模已没有概念上的障碍。

链家当时还没有虚拟现实三维重建的技术能力，在与国内外很多技术团队洽谈后，发现成本都太高，于是，链家决定走自主研发的道路。

一直以来，链家人做事的风格就是，在做重大决策之前，先认真思考战略，并进行相应的准备，一旦想明白了，就会迅速投入试点，试点成功后，总结出可以快速落地的成功方法论，发动整个企业的力量，迅速进行规模化。

2016年，链家在北京的西二旗设立了一个不足十人的虚拟现实实验室。这是一个虚拟组织，团队成员出于对虚拟现实的兴趣，共同尝试探索三维重建的可行性，类似于谷歌的80/20创新策略。① 2017年，链家收编了一个虚拟现实硬件技术团队。2018年1月，链家将虚拟现实实验室升级为如视事业部[5]，团队成员从原来的兴趣投入转为全职。一开始，如视自主研发出了虚拟现实采集设备——高斯，但因为技术尚不够成熟，无法大规模落地应用。

2.“VR看房”的落地与70万套房源任务的完成

2018年4月，尚在测试阶段的如视“VR看房”功能随着贝壳找房的上线而开始试点，当时，因为时任贝壳找房大中华北区COO徐万刚（现任贝壳找房执行董事、副董事长，业内人称“阿甘”）的鼎力支持，“VR看房”功能首先在成都试运行。

一开始，“VR看房”的推进并不顺利，对于业主来说，用虚拟现实技术采集空间数据比拍照需要花费更多的时间，并且因为“VR看房”没有视觉死角，所以需要业主将房屋收纳得更“干净”，有些业主还会认为，反正购房者肯定会实地看房，因此做线上的三维重建没有意义。

面对业主的不理解，经纪人和摄影师只能更耐心地进行解释，比如，“VR看房”能让购房者对房屋有更好的了解，这样真正来实地看房的人会少一些盲目性，购买意愿更强；比如，三维重建可以实现房屋在线上被带看，这样也更有利于房屋的销售，匹配效率更高……

相比数据采集的困难，项目团队面临的更大难题是流程、技术的有待完善以及虚拟现实采集设备的开发。三维重建技术虽然已经相对成熟，但如何将这项技术较好地应用于房屋展示所需的场景，是一个很有挑战的过程。“你不去实际拍，永远不知道它会遇到这样或那样的问题。”贝壳找房

---

① 谷歌为了鼓励员工创新，推出了80/20策略，即员工可以用20%的时间去创新。

如视技术负责人，也是链家时代就加入惠新宸团队的杨永林在介绍这个项目时说道。

一开始，团队一天拍摄100套房源就会有二三十套不合格，成功率只有70%多，这意味着无法规模化运用这项技术。失败的原因是多种多样的：可能是拍摄者没有按照既定的计划进行拍摄，可能是对场景的多样性和差异化考虑不足，可能是流程问题，也可能是算法问题……无论是技术、流程还是运营都需要磨合，团队一天仅能够完成几百套房源数据的拍摄和上线。

因为没有可参考的技术标准，团队成员选择站在用户的视角，用自身的体验作为判断标准，不断地迭代技术和流程，用了半年时间终于将失败率降到了1%以下并使其稳定下来。

在虚拟现实采集设备的研发上，如视团队选择了最艰难的一条路——投入大量资金和人才，从零开始，独立研发。这条路虽然艰辛，但有利于贝壳找房掌握核心技术和数据，有利于后续规模化应用的成本控制以及技术的迭代。2018年4月，经过硬件团队一年的攻坚克难，被团队笑称为“磨人的小妖精”的自研第三代虚拟现实采集设备——“黎曼”终于在专业组装厂组装完成，可以实现量产，这为贝壳找房推广“VR看房”奠定了硬件基础。产品开发之路十分艰辛，10台重达7公斤的原型机都是硬件团队用螺丝拧出来的。

2018年8月，贝壳找房“VR看房”落地成都短短3个多月时间，新房覆盖率就达100%，二手房覆盖率达53%以上，总房源数近3万套，已有超过80%的贝壳找房用户使用“VR看房”。从数据来看，运用了虚拟现实技术的房源的人均浏览停留时间较普通房源提升381%，人均浏览房源数量提升到180%，使用过“VR看房”功能的用户7日内人均看房效率提升到140%。[6]数据的正面反馈给了如视团队更大的信心，2018年下半年，成都的经验被迅速复制推广到其他贝壳找房已经进入的城市，最终在2019年1月18日，如视团队实现了全国30多个城市、70万套二手和租房房源的虚拟现实呈现。

7个月之前，已是贝壳找房技术副总裁、如视事业部总经理的惠新宸对外宣布这一目标时，其还被视为一个不可能完成的任务。此时，如视已经可以单日上线超过 5 000 套虚拟现实房源。

2019 年，“VR 看房”开始在全国大规模落地。

3.“生逢其时”的“VR 看房”系列产品

2019 年 4 月，在 2019 贝壳新居住大会上，如视推出了人工智能讲房，它将人工智能与“VR 看房”技术进行融合，如果说“VR 看房”是对房源的三维重建复刻，那么“AI 讲房”则是从周边配套、小区内部情况、房屋户型结构和交易信息四个方面对房屋信息进行讲解。如视的虚拟现实设备在采集大量数据的基础上，建立了一个“数据—人工智能—应用”的循环体系。“AI 讲房”上线以来，用户单次收听完成率达到 73.8%。[7]

2019 年 6 月，“贝壳未来家”正式上线，其具有人工智能装修功能，它将房屋三维户型图与智能设计相结合，通过家具、风格的实时渲染和拼接，在短时间内将购房者脑中的装修方案具象化，让用户可以在数秒内“预见”房子的装修情况，同时提供自主设计功能，让用户依据个人喜好参与装修设计，实时渲染出最终效果。

2019 年，贝壳找房累计实现“VR 看房”4.2 亿次，用户在此服务上总共花费 2 300 万个小时。[8]

2020 年 1 月，如视“VR 带看”虚拟现实功能在全国上线，在交互场景中，用户可以和经纪人在线上场景中进行实时的连线互动，还可以随时添加家人、朋友同时完成带看，节约了线下奔波的时间，也能提高带看的效率。2 月，疫情防控期间，贝壳找房针对新房业务，推出了涵盖“VR 看房”“VR 带看”“在线认购”等多个功能的“VR 售楼部”，提供看房、选房、认购的一站式线上购房服务。融创御河宸院是贝壳找房“VR 售楼部”首个在线开盘的项目，在三天认筹期内，贝壳找房“VR 售楼部”有超过 10 000 个经纪人在线讲房，累计 5 766 余组线上“VR 带看”，线上认筹达 2 136套。

因为新冠疫情，线下看房受到限制，如视加速了虚拟现实房源的上线，此后用户在线上交互的意愿增强，单个用户的停留时长也大大增加了，

“VR 带看”功能使用量从最初刚上线时的一天几千次增长到一天几十万次。“VR 看房”也让房屋交易前的线下带看次数减少，更让远在异国他乡的业主省心。用户逐渐习惯了先用虚拟现实功能看线上房源，再从中筛选出中意的房屋去线下实地看房。试想在“VR 看房”出现之前，购房者了解一套房平均要花 3 个小时，其中仅在路途上就要耗费大量的时间和精力。此外，用户还可能被网上房屋漂亮的照片吸引，花时间去线下看房时才发现与照片相差甚远。而“VR 看房”能够让用户在线上对房屋有更深入的了解，避免奔波于不合适的房源，提高了效率，节省了成本。

贝壳研究院的数据显示，2020 年第一季度贝壳找房平台上的经纪人和消费者，共同发起了超过 1 800 万次“VR 带看”，相较于 2019 年第四季度增长了 13.5 倍；“VR 带看”的通话时长达到 50.7 万小时，相较于 2019 年第四季度增长了 80 倍。[9]2020 年第二季度，贝壳找房平均每天约发起 15.9 万次“VR 带看”，而 2019 年同期的数字仅为 1.1 万次。[10]截至 2020 年 12 月 31 日，用户线上停留时长增加 270%，委托后带看转化效率提升 27%，“VR 带看”日均使用次数超过 35 万次。

2020 年 4 月，如视虚拟现实团队基于虚拟现实技术推出了“AI 设计”，此前的“贝壳未来家”需要更多设计师人工参与，而“AI 设计”则更多依赖人工智能技术本身为房屋提供设计方案，降低了成本。“AI 设计”一定程度上反映了贝壳找房的“数字空间”新愿景：如果能够利用虚拟现实技术对房屋空间进行数字化复刻，建立一个数字空间，将房产交易、家装、家居等上下游环节连接起来，实现流程、场景的数字化、智能化，那么采集到的数据潜在价值在未来是无限的。

无论是“VR 看房”“AI 讲房”“VR 带看”还是“AI 设计”，都依赖于“楼盘字典”这个底层数据库，而使用户型图编辑器升级后的三维户型图也会存入“楼盘字典”数据库，实现数据的共享。三维重建所得信息成为贝壳找房房源信息的核心部分。至此，如视团队的虚拟现实生态体系已然成为贝壳找房房源信息数字化的 2.0 迭代，形成了贝壳找房在居住数字化上新的“护城河”。

三、贝壳找房的付出

贝壳找房今天所做到的，可能在整个行业无出其右。在房地产行业更早腾飞的香港，居住产业至今没有完成数字化，房源信息为点对点传递，经纪人把持着房源信息，经纪人与客户之间、与经纪机构之间都存在着信任壁垒，不存在房源信息的共享机制。比如，香港首家最大的地产代理上市公司——美联集团就不掌握房源信息，无法为消费者验真，也无法为经纪人提供销售资源，这就会产生“默认虚假房源—消费者减少对经纪人的信任—影响引流”的恶性循环。美联集团虽然也想做“真房源”，但因为房源被单个经纪人把持，出于激励不相容等原因无法共享，所以没能实现。

而在房源三维重建的探索之路上，如视团队从最初的不足十人，一路发展壮大，如今仅总部就有超过 200 人，遍布全国各地分公司的摄影师团队超过 3 000 人，每年人力成本和研发成本投入相当大。但其产出已在新冠疫情后的当下充分显现，其对贝壳找房现有和未来业务的协同作用难以限定。

四、贝壳找房的虚拟现实之旅通向何方？

从“VR 看房”到“AI 设计”，越来越广泛的虚拟现实应用让惠新宸对虚拟现实空间重建有了更高的期望，他一直在思考如何让虚拟现实空间重建技术进一步升级，发掘出虚拟现实更大的商用价值。

2020 年 3 月，苹果新款的 iPad Pro 平板电脑植入了“光学雷达”（LiDAR）技术，一个月后，如视团队推出了新一代虚拟现实采集设备原型机——伽罗华，相较于 iPad Pro 的“光学雷达”仅能实现空间的测量，伽罗华在此基础上实现了快速空间建模，通过自动全景扫描，20 分钟就能生成一间虚拟现实房源，数据误差从 1%降到了 0.4%。可以说，贝壳找房敲开了激光采集在商用虚拟现实领域大规模应用的大门。

“商用虚拟现实有很多应用场景，共享办公这两年很火，氪空间利用我们的技术做了虚拟现实办公室；很多餐厅开放线上订餐，你可以利用虚拟现实技术看环境；怀柔政府也借助我们的虚拟现实空间重建技术，实现虚拟现实看怀柔。”惠新宸介绍了如视虚拟现实在贝壳找房之外的应用场景。得益于技术团队的不断探索，利用虚拟现实技术进行空间重构的时间成本也在逐渐降低，“现在一套房源带上我们的设备，20 分钟就可以‘VR 化’”。未来，如视团队还将持续探索虚拟现实的商业化应用，将虚拟现实技术能力赋能更多行业。

参考文献

1.《左晖：做难而正确的事》，https：//www.huxiu.com/article/422416.html，访问时间：2024 年 8 月 19 日。

2.《统计局人士：第三次经济普查难涉及住房》，http：//finance.people.com.cn/n/2013/0702/c1004-22040805.html，访问时间：2024 年 8 月 19 日。

3. 李翔：《详谈：左晖》，新星出版社，2020。

4.《敢承诺 真赔付 链家为消费者支付安心保障金超 28 亿》，http：//house.hexun.com/2021-07-19/203982960.html，访问时间：2024 年 8 月 19 日。

5.《贝壳找房：VR 看房功能是核心竞争优势之一》，http：//www.elecfans.com/vr/664977.html，访问时间：2024 年 8 月 19 日。

6.《贝壳找房欲将 70 万套房源 VR 化 真房源“身份证”添“VR 芯片”》，http：//www.ce.cn/cysc/fdc/fc/201807/25/t20180725_29846033.shtml，访问时间：2024 年 8 月 19 日。

7.《贝壳如视 VR 推出 AI 讲房，重新定义看房标准》，https：//tech.huanqiu.com/article/9CaKrnKk7Cd，访问时间：2024 年 8 月 19 日。

8.《2020 新经纪峰会丨贝壳找房发布未来家 on AR，以科技赋能线下服务体验》，https：//news.pedaily.cn/20201112/7391.shtml，访问时间：2024 年 8 月 19 日。

9.《20 分钟三维重建一套房，商用 VR 搅动 30 万亿实体商业》，https：//36kr.com/p/719153312958344，访问时间：2024 年 8 月 19 日。

10.《21 世纪产业研究院中国居住服务业数字化发展报告》，https：//research.ke.com/123/ArticleDetail?id=305，访问时间：2024 年 8 月 19 日。

03

数字化产业

腾讯企业微信——产业互联网的新“助手”

任菲、翟耀

智慧时代的教育变革——中国联通在教育信息化改革中的探索与实践

孟涓涓、高彧、张明山、冯伟斌、翟耀、邓瑞

打造网络强国，服务数字中国——安恒信息的创业故事

张建君、翟耀

腾讯企业微信——产业互联网的新“助手”[①]

任菲、翟耀

创作者说

本案例的独特之处在于：微信家喻户晓，是成功的产品设计。而企业微信起步不久，其基于微信，面向企业客户，发力产业互联网。微信的成功能否迁移到企业微信？与服务个人用户相比，服务企业客户又有哪些不同，面临哪些挑战？通过企业微信做更多、更广的连接，这样的转型有何经验可以总结，其中又应当注意些什么？

带着这些问题，本案例作者与企业微信团队以及企业微信的客户进行了深度接触。在不断的交流中，本案例作者不仅梳理了企业微信发展的脉络，而且从双方的视角中发现了企业微信取得后发增长的逻辑。企业微信以客户需求为牵引，充分结合并发挥自身优势，一步步建立了更广的连接。而这个发展过程又与当前商业变革的趋势不谋而合。与此同时，在企业微信参与企业客户市场的竞争中，来自腾讯的基因和理念再次展现了出来。

产业互联网市场巨大，与未来的潜力相比，目前仅实现了一小部分。企业微信取得了阶段性的经验成果，但面临未来各行业的发展与不确定性，企业微信还须不断摸索，进一步助力产业互联网的发展。

---

① 本案例纳入北京大学管理案例库的时间为2022年3月4日。

2018年10月，腾讯对外宣布重大组织调整，原七大事业群重组为六大事业群，整合成立两个新的事业群：平台与内容事业群，云与智慧产业事业群（Cloud and Smart Industries Group，CSIG）。[1]对于此次战略调整，腾讯创始人马化腾在公开信中做出进一步说明："我们两个新成立的BG①，分别承担着消费互联网与产业互联网生态融合、社交与内容生态创新的重要探索任务。我们认为，移动互联网的上半场已经接近尾声，下半场的序幕正在拉开。伴随数字化进程，移动互联网的主战场，正在从上半场的消费互联网，向下半场的产业互联网方向转移。"[2]

这次大调整中，CSIG的成立，尤其引起了业内外的特别关注。CSIG整合了腾讯云、互联网+、智慧零售、教育、医疗、网络安全等众多行业的解决方案，是腾讯执行产业互联网战略的主导事业群。

为了迎接产业互联网的机遇和挑战，腾讯在企业管理上做出了改变，马化腾继2019年全国两会期间在产业互联网领域提交建议并获国家部委答复后，2020年全国两会期间，他进一步提出《关于加快制定产业互联网国家战略 壮大数字经济的建议》，并指出："产业互联网对经济社会的影响是全面深刻的。后疫情时期，我们要把产业互联网放在新一轮科技革命和产业变革的历史大潮中来谋划，从国家战略的高度重点推进，不断壮大数字经济。"[3]

虽然顶层战略相当明确，然而，腾讯却被怀疑没有服务企业客户的基因。给人的印象一直是在个人用户市场保持领先的腾讯，如何做好针对企业客户的产品及服务？也许企业微信的发展，是我们了解腾讯在产业互联网中摸索和进步的切入点之一。

一、企业微信的起源和演进

1. 从微信到企业微信

在外界看来，企业微信的诞生似乎有些"姗姗来迟"，因为在它问世之

① BG即英文Business Group的缩写，通常用于企业内部，在本文中的意思对应上文所述的"事业群"。

前，腾讯一直以来的竞争对手阿里巴巴推出的钉钉已经上线运营了1年多。钉钉在2014年年末推出1.0测试版，2015年5月正式发布2.0版，在将考勤打卡、内部邮件、企业OA（Office Automation，办公自动化）等功能聚合于一体的同时，钉钉也把阿里巴巴内部的管理风格“浸润”到各大企业的日常办公场景中。

虽然钉钉引起的争议颇多，但是凭借阿里巴巴生态的扶持以及显著的先发优势，其获得的市场效果甚佳，一时间几乎成为我国移动办公平台的代表。而更关键的是，阿里巴巴打造钉钉这一爆款产品很重要的一个原因，便是希望以职场社交为切入口，挑战腾讯微信在社交软件服务上的传统优势地位。

2011年1月，微信诞生。作为移动互联网时代腾讯主打个人用户市场的明星产品，微信很快被智能手机用户接受。随着一对一的好友连接起来，2012年微信推出了“朋友圈”功能，同年又推出了“公众号”。从2013年到2014年，微信的月活跃用户数从3.5亿逐步突破5亿，巨大的流量带来了商业变现的机会，由此，微信支付及一系列服务功能上线。

到2014年时，微信的产品团队已经不难发现，在微信的生态里有一大类是与组织、机构等企业用户强关联的商机。马化腾曾说过：“微信是我们通往移动互联网的身份证。”微信从一开始便采用实名制，背后是活生生的人，以及人与人之间形成的社交网络。微信的每一个个人用户都有自己的社会身份，基于这个身份，会产生很多的连接，而这些连接中又隐含着关于商业的衍生机会。

如何利用好这个“身份”？显然，微信需要探索一种全新的产品，这个想法就是企业微信的缘起，它最早的雏形便是微信的“企业号”，而“企业号”的前身又可以追溯到“订阅号”与“服务号”（见图1）。订阅号出现的时间最早，功能也最简单，仅用于企业向用户传达资讯，类似于线上电子化的报纸、杂志、宣传手册等；服务号则在订阅号的基础上加入了服务交互模块，比如手机银行、在线客服等功能。

图 1　订阅号与服务号界面对比

资料来源：作者根据相关资料整理。

从 2013 年到 2015 年，随着移动互联网的加速普及和微信的快速升级迭代，服务号的功能也不断完善，进而逐步取代了企业的移动官网，由此服务号“成长”为企业号——无论是银行、证券、保险等金融企业，还是旅游、航空等行业，但凡需要快捷交互的场景，微信企业号基本上都可以予以满足。

企业号是一个在微信 App 里以“号”的形式存在并运行的产品，这固然有一些好处，最明显的优势就是不需要单独下载 App，这种轻量化的便捷服务深得个人用户的青睐，不需要十分复杂的设置，直接在手机上就能完成一切操作，保持了微信简单高效的体验，但是，企业微信的初始团队还是决定要改变企业号的形态，将其做成独立的 App，主要目的是把微信用户的“身份”拆开，也就是把一个人的生活和工作状态分开。在这款新的 App 中，企业通过内部通讯录，把员工的微信号和其他信息统一导入，这样既便于企业对人力资源的管理，也让员工从一开始就拥有企业给定的身份——企业员工对外开展业务时，不再是微信上实名的张三、李四，而是企业微信上“A 企业的张三先生”“B 单位的李四女士”。

于是，2015 年 6 月，企业微信的第一行代码出现了。

2. 企业微信 1.0 版

2016 年 4 月，企业微信 1.0 版上线，当时的产品定位是：连接企业内部每个人，同时，让工作与生活分开。企业微信 1.0 版主要有三大功能：支持打通腾讯企业邮箱与微信企业号用户，并一键同步通讯录；集成电话、邮件、语音等多种通信方式；具备回执、提醒、收藏、发布公告、考勤、请假、报销等简单的企业日常管理功能。

初代企业微信的功能十分简单，主要围绕着做 IM（Instant Messaging，即时通信）软件的思路，通过之前在微信这一产品上积累的能力和经验，先把企业内部都连接起来。企业微信团队经过调研发现，当今人们工作中沟通交流的方式已发生剧烈变化，员工对于 IM 工具的依赖越发显著，而微信已经成为最主要的沟通方式之一。

企业微信要先解决的问题就是，在企业沟通的过程当中，怎样能够尽快联系到他人并且及时把信息传递给他？这一沟通过程的顺畅程度，已经成为衡量一家企业生产力和管理水平的重要指标。从 QQ 到微信，腾讯在 IM 软件服务上积累了大量经验，尤其注重个人用户的产品体验，而当企业微信面对企业客户时，能否快速连接企业里的员工并传递信息，原来积累的优势能否运用到企业微信的发展上，都是初代企业微信面临的问题。

3. 企业微信 2.0 版

在个人用户的产品设计方面，用户不希望自己的手机因众多 App 而变得“臃肿”，因此很多功能都会被几个重要的 App“聚合”在一起。而在企业用户这里，需求也是一样的。企业微信推出之前，企业在信息化方面已经有 ERP、CRM 等软件，甚至连手机打卡都可能是个单独的模块。企业微信团队在接触市场时发现，一家企业拥有超过 10 个移动办公类 App 的情况十分常见。不仅如此，企业内部使用 App 的成本也非常高，包括各类 App 之间数据的打通和共享，这些都影响到企业运营和管理的效率。

2017 年 6 月，企业微信 2.0 版上线，升级后的版本成为连接企业内部办公系统的重要平台。在企业日常办公中，高频次的沟通工作需要利用企业微信的 IM 功能，围绕这一功能，将其他办公模块，如 CRM 也整合到企业微信中，从而提升企业整体的工作效率。这一升级，让企业微信过渡到移动办公平台的阶段，其作用相当于与日常办公场景全面结合的移动办公入口。截至当年年末，企业微信活跃用户超过 3 000 万，实际使用的企业超过 150 万家，企业微信首次召开合作伙伴大会，开始宣布向全世界张开怀抱连接生态伙伴。

4. 企业微信 3.0 版

“之前，企业微信从微信中分离出来，作为独立的 App 打开了企业用户市场，当初可以分开，而根据需要，二者也可以在适当的时候相互借力，将微信的个人用户连接到企业微信中来。”企业微信团队认为，将企业微信和微信之间的藩篱去除，让二者尽可能全面深度融合，是一个顺理成章的产品思路。

2018 年 3 月，企业微信与微信的消息互通功能开放内测，企业员工可以通过企业微信与客户个人微信添加好友，并直接发送一对一的消息；2018 年 5 月，企业微信与微信小程序消息打通，在技术层面，企业微信与微信基本上已经实现全面连通。

2019 年，“微信之父”张小龙提出“人即服务，让每一个企业的员工都成为企业对外服务的一个窗口”。这一关键表述，也为企业微信进一步明确了方向。2019 年 12 月，企业微信 3.0 版（见图 2）上线，正式连接微信，这次升级将客户线上线下的联系全面打通，并推出全新的“效率工具”套装组合，整合了包括会议、微文档、微盘等办公工具。企业微信的成员还可以发布业务内容到客户朋友圈，即时推送最新的产品信息，并与客户紧密互动，从而为企业提供了更多、更有效的触达客户的渠道。

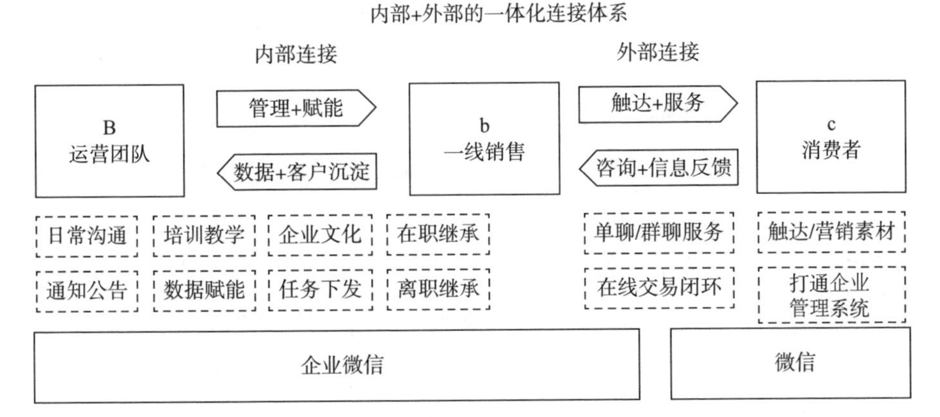

图 2　企业微信 3.0 版连接体系示意图

资料来源：作者根据相关资料整理。

3.0 版很快起到了立竿见影的效果，将企业微信带入一个高速发展的新阶段，截至 2020 年 5 月，企业微信与微信互通服务人数突破 2.5 亿。企业微信作为企业专属的连接器，可以帮助企业连接内部各组织、产业上下游和消费者，利用数字化手段打造出多方共赢的局面。

二、“从 0 到 1”的典型案例：壹号食品+企业微信

广东壹号食品股份有限公司（以下简称“壹号食品”）成立于 2004 年，是一家集育种研发、养殖生产、品牌零售于一体的大型食品企业。企业主营“壹号土”系列的鸡肉、鸭肉、猪肉、牛肉等产品，采取“企业+基地+农户+连锁店”全产业链管理模式，保证从产地到餐桌全程有效地控制供应链。2007 年以来，壹号食品先后进驻广州、深圳、北京、上海等全国 30 多个城市，并在广州当地创立乐家生鲜社区便利店；2019 年起，在乐家生鲜的基础上，壹号食品升级版的生鲜连锁品牌店——肉联帮成立，截至 2020 年，肉联帮已经在线下开设超过 500 家门店。

1. 内部外部全连接

壹号食品的创始人、董事长陈生毕业于北京大学。由于他本人对信息

化建设的重视，壹号食品早在2011年就引入包括生产系统、财务系统等在内的一整套ERP，对全产业链进行管理。但是随着数字经济时代的到来，再加上企业业务的不断扩张，这套系统的瓶颈问题也随之日益凸显出来。

在壹号食品全线业务快速扩张时，企业自己的信息部门自建系统的效率是远远跟不上业务发展的。其中最显著的一个痛点，就是企业内部的沟通系统运行不畅，急需外部力量的帮助。例如，壹号食品一直对内部的审批感到痛苦。据壹号食品信息部门负责人回忆："当时我们企业有一个线上办公的制度，但是整个制度要落地很难，因为没有一种工具能解决连接问题。每个领导都很繁忙，尤其在出差的时候，他不可能抱着一台笔记本电脑，做到随时审批。反过来讲，领导有些时候也很难快速找到他想找的员工，没法迅速地了解情况。好在有了移动办公系统，我们很快发现企业微信是解决移动办公问题的好办法。"

为什么当初选择了企业微信？陈生给出的答案总结起来有四点：两家企业同城；大家早都用惯了微信；完全免费；API接口多。

2016年，企业微信1.0版初始的功能建构相对简单基础，作为基于组织架构的实名沟通工具，它本身就是为了解决像壹号食品这种大型的、有很多分支机构的企业的连接问题。因此，壹号食品果断决定，用企业微信来完成内部的协同办公。然而这个过程在很多企业中并不会进展得十分顺利，员工尤其是一些年长的老员工对新事物有抵触心理，甚至害怕影响自己未来的岗位，而销售端更是不希望被新的管理工具"束缚"。

为了将当时5 000多名员工尽快纳入企业微信的管理中来，陈生部署"一把手计划"，专设内部工作领导小组，由总裁黎小兵亲自监督推行，同时授权信息部制定相关的制度文档并纳入绩效考核。结果是，无论前端的营销部门还是供应链上游的养殖单位，壹号食品内部人员全部靠企业微信重新组织了起来，纵向和横向的交流沟通效率问题得到明显改善。

此后，企业微信与壹号食品内部各个系统进行连接，既包括OA系统和ERP系统，也包括各大经销商的系统。人事、行政等相应模块都接入企业微信之后，就为移动办公打下了基础，不但审批等难题迎刃而解，而且企业微信还为企业带来一些预料之外的管理提升，比如新员工办理入职，会自动通过企业微信添加到相应的企业通讯录中，从而进入协同办公的整体环境之中，这为人力资源管理提供了有力的抓手。

企业微信前两步的落地，对于壹号食品内部连接顺畅起到了重要作用。对传统的“生产—营销”型企业来说，除做好系统之外，还要加强内部系统的连接，这样才可能真正实现降本增效。

2. 人即服务：企业与个人之间“专属的连接器”

企业微信从2019年开启连接个人微信的功能，这也让腾讯与壹号食品的合作进入了一个新的阶段。归根结底，像壹号食品这样的企业所服务的客户还是以个人用户为主。企业微信赋予了一个人在企业中的身份，亦即壹号食品的员工某甲，当一个客户来壹号食品旗下的肉联帮店里买猪肉时，毫无疑问，最方便触达客户的方式就是现场通过企业微信加好友，也就是与客户的个人微信产生一对一的直接连接。这种连接与微信之前做的企业号有所不同，企业号是客户单向的关注，而企业微信是基于客户和企业之间关系的更加稳定的连接。无论是通过单聊还是通过企业微信的群聊，或者通过企业微信朋友圈的展示，都可以进行引流并搭建属于企业自己的私域流量，也为客户提供更好的服务。

这种新的产品逻辑贯彻了企业微信“人即服务”的理念，这不仅仅是小程序对外提供商品和流通的闭环，更多的是能够把企业里的每一个员工都变成企业认证的对外服务的窗口，通过企业微信App成功构建一个连接的通道，在这个通道上运营的是公众号、小程序、微信支付等一系列服务项目。

以肉联帮为例，其是专注于做生鲜连锁的实体店，承接壹号食品上游的一号土猪、土鸡等产品，另外，在一些商超甚至菜市场的档口也都有肉联帮的加盟商。在壹号食品业务扩张的过程中，从陈生到基层员工都意识到，必须有一套工具去管理他们的加盟商和客户。

壹号食品使用企业微信之前的情况是，一个加盟商建一个微信群，他就能自己辐射到一片区域，如果他退出加盟，那自然就会把微信群中的客户带走。另外，这种微信群非常分散，壹号食品的总部基本没有管理这些群的能力，很多活动，在微信群内不一定能够及时传达，而且更重要的是，没有总部的监督和控制，加盟商出于逐利的目的，不一定会始终和壹号食品一条心。比如，某档口卖一号土猪，半天下来销售情况不佳，那该加盟商很有可能转而专注于售卖其他东西，且不会向总部反馈相关信息。

为了解决这一问题，在接入企业微信之前，壹号食品管理肉联帮的“土办法”是通过在每一家门店设置一个专属的手机号码，通过该手机号码添加微信好友并建群。虽然是所谓的专属手机号码，但是并没有相应的数据反馈，集团总部无法一次性触达下面所有的门店。而企业微信直接通过后台设置就可以实现这一功能，从而帮助壹号食品管理所有的门店。在这一基础上，企业微信团队对肉联帮进行了深入的实地调研，从中还发现并解决了一些新问题。在肉联帮的门店或档口，微信群已经被充分利用起来，但是像微信聊天一样，群内的信息都是由员工和客户进行直接交互。比如，某档口的微信群中经常有客户询问，今天有什么优惠活动或新到货品，或是吐槽买到的肉拿回家之后发现不太新鲜。以前，这些反馈都需要群主手动回复，而通过企业微信，档口就有了自动回复的功能，比如，当客户问到有没有优惠时，系统就自动弹出优惠券；当客户想投诉时，系统就自动弹出投诉专用的链接；再如，客户需要配送上门，系统会自动给出物流的实时状况。这些在实际场景中开发出来的解决方案，让壹号食品的服务内容更完整了，也让企业微信对行业的理解更加全面和深入。

企业微信在数字化营销方面为壹号食品提供了更加独到的帮助。企业通过营销获客后，把流量牢牢地控制在自己手中始终为我所用，并不是一件简单的事情。但日常工作场景中一些看似平常的失误，却很容易就造成企业资源的流失。众多企业拥有自己的公众号、小程序等，很多品牌动辄声称自己有几百万甚至上千万的粉丝，但是根据微信后台的数据，2021 年，企业公众号发送的单条信息被消费者主动打开的比率仅在 3%左右，更重要的是，如果企业公众号的内容不够优质，客户轻则屏蔽消息，重则直接对企业公众号取消关注。这样的情况，促使今天的商家必须转变思想，将流量思维升级到“留量思维”，而在这一过程中，企业微信可以作为一种工具帮助商家达成目标。

“留量思维”，即企业微信把客户存留在企业的私域流量中并持续经营，企业随时可以找到客户，并和客户互动，由此来进行更为有效的客户维护工作。这样才可以沉淀客户资源使其成为企业的资产，进而协助企业促进市场增长。

通过企业微信添加客户，企业在与客户的互动中就掌握了主动权，企业可以通过公众号、小程序给客户一对一地发送信息。客户也会对企业发出的信息做出反应，企业微信会将这些数据在后台生成列表，为企业提供实时的反馈。如果有客户抱怨最近的猪肉不新鲜或价格太高，集团就会收到相应的信息并且快速做出反应。此外，通过微信支付完成闭环的交易，客户交易的金额也会被记录在对应的账户信息中，这些都是企业可以随时经营的流量，整个过程不需要投入额外的费用。凡此种种进步，可以说，企业微信基本上已成为企业与客户之间的专属连接器。

3. 不止于此，企业微信还能做到更多

原来，壹号食品上游的养殖户和农场主，以及下游的店铺或网点之间的沟通存在严重的断层。没有移动办公平台时，养猪场的实验员要看数据，必须去电脑甚至纸质的笔记本上查找。后来，ERP 系统的启用，使得很多报表得到了优化，但是想真正掌握生产情况，还是只能通过周例会甚至月例会进行了解，因为很难做到实时收集生产数据。怎么能够让一线人员第一时间知道猪的生产养殖情况，而不是一周甚至一个月以后才知道呢?

2016 年，壹号食品通过企业微信与 ERP 系统打通，把周报和配种、产崽的数据全部连接到企业微信。这样，一线的饲养员、技术员只要打开企业微信，就可以马上看到猪的实时情况，这样就为壹号食品在供给端进行精细化养殖提供了可能。

传统养猪行业，要提高一头母猪的产崽数，可能非常缓慢，十年八年才能多生一头猪崽。但是通过数字化管理，企业能掌握每头猪各种各样的情况及变化，从而做到预测猪的发情期、母猪的预产期等关键生产要素，以此提升母猪的产崽率。因为养殖周期长，每天要采集的数据很多，企业微信能做到实时采集数据，这些数据对于指导生产的作用十分显著。截至2021年，壹号食品已经为每头母猪建立了种猪档案卡，并且将母猪每天的信息录入系统中，系统也能够由此预测出母猪怀孕、产仔等情况。

此外，企业微信在大数据方面提供的服务对猪肉成本的细化核算、猪场饲料和药品的采购储备，甚至壹号食品决策层对于猪肉价格波动的及时规避，都起到了积极的作用。

4. 壹号食品与企业微信合作的未来

壹号食品是最早一批选择企业微信的企业之一，回首双方5年多“从0到1”的合作，陈生表示：“企业微信已经是我们数字化升级中重要的组成部分，而企业微信的功能也在实践中不断地增强和扩展，我们整个数字化系统也在不断地完善，它逐步渗透到企业的方方面面。”

不过，陈生也强调不要夸大技术的作用。企业微信为企业提供了一种工具，在企业微信的助力下，壹号食品现阶段实现了企业与个人的连接和效率的提升，为企业创造了价值。在未来，陈生期待一个更加远大的目标——智慧农业。在通往这个目标的道路上，壹号食品和企业微信将共同合作，摸索出更多创新的产品和服务。

三、服务产业互联网

1. 敬畏市场，潜心学习

在企业微信团队看来，企业微信开始真正进入产业互联网的赛道，是在2018年。与之前在个人用户市场做产品的经验相比，做企业用户产品首先要有敬畏心。企业用户的市场很大，要秉持空杯心态，甚至做好从头学习的准备。

产业互联网是个宽泛的概念，内部细分为很多行业。就像一个人再厉害，也不可能成为全行业的专家，企业微信团队各条线的负责人都要求员工深入行业，“行业的头部客户是你的老师，行业里重要的合作伙伴也是你的老师”。每个行业对于产业互联网服务的要求和期待都不一样，在实践中发现这些差异，然后去满足市场与客户的需求，并根据变化和反馈来进行调整，这就是企业微信的战略。

比如，很多外企习惯于使用思科、思爱普的协同办公工具，但是当它们进入中国以后，却出现水土不服的症状，于是越来越多的外企开始使用企业微信来进行沟通，这是企业微信重要的市场机会。如果企业微信不只是更好地解决了企业内部的沟通问题，而是还可以将企业和终端用户也高效连接起来，那么即使是大型跨国企业，尤其是快消类且注重 B2C 电商的企业，比如著名的玛氏（Mars）集团也会选择企业微信。

针对很多外企对数据安全的担忧，企业微信成立了专门的安全防护团队，以最快的速度取得国际认可的最高等级的安全证书，因此即使是一些对信息保密的敏感度极强的企业，例如医药企业赛诺菲，也都在使用企业微信，而宝洁、联合利华每天都有几十万名员工在通过企业微信的 SaaS 服务进行协同办公。

与众多外企客户相比，中国本土的国有企业对企业微信的要求则有所不同，其中具有代表性的案例，便是企业微信同中国交通建设集团有限公司（以下简称“中国交建”）的合作。中国交建是全球领先的特大型基础设施综合服务商，主要从事交通基础设施的投资建设运营、装备制造、房地产及城市综合开发，业务遍布全世界 140 多个国家和地区。

企业微信与中国交建从 2017 年开始谈合作，到 2018 年才开始部署实施。中国交建有 16 万名员工，分布在全球各地，是我国共建“一带一路”的重要央企。除让这些数量庞大的员工能够进行高效沟通的需求之外，中国交建更关注的是信息安全问题。中国交建内部日常的沟通中，除对话之外，还涉及大量文档及图纸的传递，尤其是一些港口、桥梁等特殊建筑的图纸在各个国家都是高级别的机密。最开始，企业微信只有一个公有化的版本，但是为了满足中国交建的要求，企业微信决定为这个央企客户做私有化部署。正式的解决方案诞生于两个团队互相磨合的过程中，据企业微信团队参与该项目的当事人回忆：“中国交建十分坚持原则，而他们当时的数字化水平也已经很高，因此也给我们提出了很多合理化建议。”为了推进与中国交建的合作，企业微信的产品团队、研发团队直接到北京就地办公，同时邀请腾讯云参与提供底层的技术支持，然后慢慢地从几个部门开始试点运营。出现问题之后，开发团队就加班加点改代码，总之，付出了大量的时间和精力来做好实施交付工作。同时，中国交建也基于企业微信的工作，完成了很多的延展和调试，从而丰富并完善了中国交建的工作平台。

中国交建业务的落地，让企业微信在国有企业客户开发上积累了重要的经验。而针对政府部门业务，出于政府客户更为严格的安全需求，企业微信直接开发了一款更加私有化、安全性更高的产品——政务微信。截至2021年，全国人大、最高人民检察院，以及公安部门，都开始逐步采纳这个产品。

2. 共生共融，建立和谐生态

腾讯顶层设计的战略是开放生态，在服务个人用户时就依此战略赋能合作伙伴，现在服务企业客户更是如此。所有企业微信的员工，无论是产品经理还是渠道经理，都要在工作中问自己：你是要把别人已经成熟的产品再做一遍吗？你都能做出来吗？你都能做得好吗？时间会等你吗？其实在产业互联网时代，答案是显而易见的，为了避免得不偿失的付出，最明智的做法就是和合作伙伴共生共融。具体而言，就是企业微信做好基础的平台，然后在平台上叠加合作伙伴的能力，将综合的解决方案提供给客户。总之，原则上不去抢别人的蛋糕，不去割别人流量的韭菜。

企业微信和微信有一个共同的优势，就是合作伙伴会自发地被平台的生态吸引过来，腾讯的工作就是要不断地对整个生态进行“培育和养护”。企业微信不排斥在自己的平台上做“原生”的产品，但是当这个平台上已经有超过500万家企业入驻的时候，便不能只局限在产品的层面，而务必要有做生态的规划和做平台的担当。另外，这个生态并非只针对腾讯之外的合作伙伴，更是向腾讯内部敞开怀抱。2015年诞生的腾讯云就和企业微信一直在互相借力、互相启发，尤其是一些大型企业项目的实施交付，腾讯云已经不可或缺。

3. 科技向善：新冠疫情中的使命与担当

2020年的新冠疫情对全社会的影响是全面而深刻的。对于企业微信来说，突如其来的新冠疫情使2020年成了预料之外的“重点加速之年”。本着腾讯“科技向善”的企业宗旨，利用数字化手段为国家抗疫提供帮助是责无旁贷的。这既是对企业微信产品能力的一次考验，也是腾讯践行企业社会责任的契机。

在疫情防控期间，企业微信密集地进行更新，记录了特殊时期企业微信审时度势针对疫情防控做出的反应：

2020年2月1日，企业微信3.0.4版本上线。同时参会人数增加至300人，支持跨企业员工参与音视频会议；群聊中可发起群直播，微文档新增收集表；为医疗行业推出在线问诊、紧急通知服务，并在第三方应用市场上线“疫情专区”，全方位助力抗疫。

2020年2月8日，企业微信3.0.7版本上线。新增健康上报功能，便捷收集员工健康情况；为教育行业推出班级群服务，可快速组建班级。

2020年3月6日，企业微信3.0.12版本上线。新增直播二维码，可更便捷地邀请同事和客户观看直播；为教育行业新增班级作业服务，老师可快捷地布置作业，学生家长可在微信上提交作业。

2020年9月1日，企业微信3.0.30版本上线。升级了包括收集表、微文档、微盘、日程、会议室在内的办公协同工具能力，同时，支持对外收款添加多个收款账户，增强客户联系能力。

2020年11月1日，企业微信3.0.36版本上线。聊天体验优化，支持发送最大10GB（千兆字节）的大文件、支持语音转文字；社群服务升级，支持聊天敏感词设置和群防骚扰功能；针对教育行业，此次更新提升了“局校互联”能力；此外，新增巡查上报和居民上报两大功能，进一步增强对政务部门的能力开放。

四、企业微信的未来

截至2020年年末，企业微信已拥有客户联系、客户群、客户朋友圈、小程序、企业支付等功能，与微信生态“无缝衔接”。企业用户可以根据实际需要，调用日程、会议、审批、汇报、打卡、微盘、微文档等功能模块，企业微信还开放支持企业用户利用 API 接入自有应用，进一步帮助企业提升运作效率。

经过新冠疫情的考验，企业微信上的真实企业与组织数已超过 550 万，活跃用户数超过 1.3 亿，通过企业微信连接及服务的微信用户数已经超过 4 亿。超过 80%的中国 500 强企业都开通并使用了企业微信，接入企业微信的系统总数超过 1 191 万个。企业微信已覆盖零售、教育、金融、制造业、互联网、医疗等 50 多个行业，并拥有超过 69 000 家第三方合作伙伴，腾讯在产业互联网服务领域的投入初见成效，企业微信成为众多企业数字化转型升级的重要帮手，一个理想中的生态（如图 3 所示）已经显露雏形。

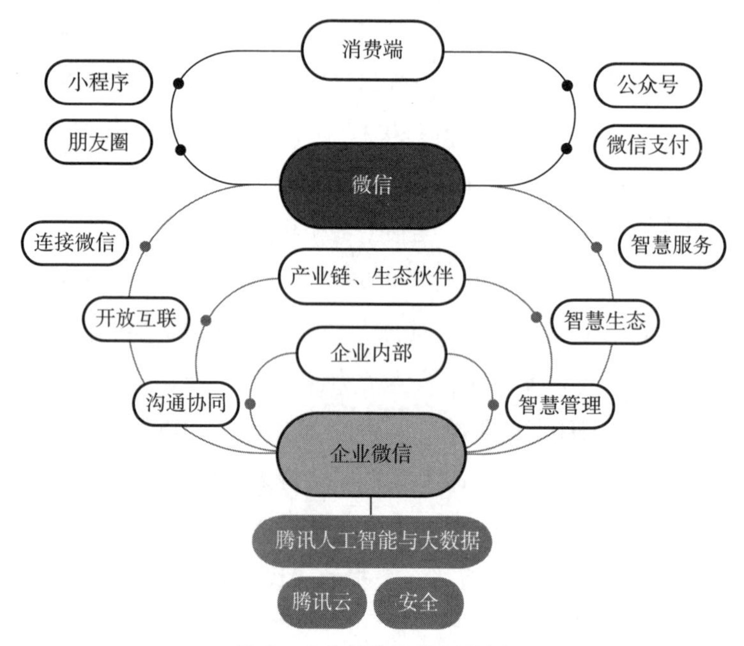

图 3　企业微信生态示意图

资料来源：作者根据相关资料整理。

当谈到对企业微信未来的展望时，相关负责人坦言，互联网时代最大的特点之一，就是计划赶不上变化："我们喜欢小步快跑、试错迭代。"制定一个中长期的目标并非很现实，企业微信的道路才刚刚开始，巩固现有的优势，做好服务企业客户的高效协同工作平台，同时继续拓展细分行业，争取在未来成为产业互联网时代的行业专家。

企业微信，让企业的运营和管理更高效，让企业能够更好地连接十几亿消费者，作为产业互联网中的新助力者，企业微信的4.0、5.0……版本，也许会给这个数字经济时代带来更多的惊喜。

参考文献

1.《马化腾首谈腾讯架构调整：产业互联网是未来》，https：//www.huxiu.com/article/269439.html，访问时间：2024年8月19日。

2.《马化腾公开信：腾讯将扎根消费互联网，拥抱产业互联网》，https：//www.jiemian.com/article/2583088.html1，访问时间：2024年8月19日。

3.《全国人大代表马化腾：加快制定产业互联网国家战略》，http：//www.cbimc.cn/zt/2020-05/20/content_344326.htm，访问时间：2024年8月19日。

智慧时代的教育变革——中国联通在教育信息化改革中的探索与实践①

孟涓涓、高彧、张明山、冯伟斌、翟耀、邓瑞

创作者说

作为一家大型央企，中国联通从最初的基础设施建设者，转变为教育信息化整体解决方案的提供者，其在教育信息化改革中的探索与实践具有典型性和代表性。本案例通过具体描述中国联通探索教育信息化的过程，突出了信息技术与教育行业的深度融合，尤其详细介绍了中国联通如何运用5G、云计算、人工智能等新技术推动教育信息化发展，不仅展现了信息技术在传统行业转型升级中的关键作用，也令读者直观地了解了企业在转型发展中可能面临的挑战与机遇，以此为其他企业提供借鉴和参考。

本案例首先梳理了我国教育信息化的发展历程，包括教育信息化1.0阶段的“三通两平台”建设，以及2.0阶段达成信息技术与教育深度融合的“三全两高一大”目标。随后，分析了数字经济和新基建为教育信息化带来的机遇，并介绍了中国联通的5G、人工智能和慕课等新技术在教育信息化中的应用。最后，阐述了中国联通教育信息化在促进教育公平、提升教学质量等方面的价值，并展望了未来教育信息化的持续发展。

学习本案例，有助于读者理解信息技术在传统行业转型中的作用；培养读者的数字素养，思考如何将数字技术应用于教育领域，并优化教育过程；还能进一步引发读者对未来教育发展的思考，提高读者对新兴技术和趋势的关注。

① 本案例纳入北京大学管理案例库的时间为2020年7月10日。

2013 年 12 月 25 日，教育部与中国联通签署战略合作框架协议，双方全面开展战略合作，共同加快推动教育信息化科学发展进程。按照协议的内容，中国联通将发挥在宽带、移动互联网、云计算等方面的综合优势，全面支持教育信息化“三通两平台”① 的建设与应用，切实落实《中共中央关于全面深化改革若干重大问题的决定》提出的“构建利用信息化手段扩大优质教育资源覆盖面的有效机制，逐步缩小区域、城乡、校际差距”的要求。[1] 依据中国联通教育信息化业务负责人张明山的看法，中国联通正式走上教育信息化 1.0 阶段建设的道路，应该从 2013 年这个历史性时刻算起。走上教育信息化这条道路的动机，更多来自政府高层的推动，因此中国联通的教育信息化业务从一开始就带有公益性和商业性相结合的特点。对此，中国联通方面也坦言，作为老牌央企，遵循国家关于教育信息化改革的要求，可以视作企业落实国家网络强国战略的一部分；同时，中国联通作为大型通信运营商，主要工作肯定是完成最基础的底层设计，也就是网络建设和运营。

2018 年 2 月 11 日，教育部与中国联通举行战略合作框架协议续签仪式。根据协议，教育部和中国联通将继续本着“政企联动、优势互补、支持教育、战略共赢”的原则，进一步深化合作内容、扩大合作领域，在教育信息化方面继续开展战略合作。在签约仪式上，教育部副部长杜占元充分肯定了中国联通近年来的工作成绩。[2]

2013—2018 年，正是中国各项新技术、新产业迅猛发展的时期，国家对于教育信息化的布局也在加速进行。中国联通在教育信息化改革的大潮中，紧密结合教育行业的特点，持续不断地进行探索。截至 2020 年，中国联通已经与全国 31 个省级教育主管部门开展合作，与 26 个省级、163 个地市级、543 个县级教育主管部门签署了合作协议。

谈及企业在教育信息化中的核心价值，中国联通的总结颇为精辟：“整个工作都围绕两大核心——推动教育公平，助力教学变革。”公平和变革是

---

① “三通两平台”即“宽带网络校校通、优质资源班班通、网络学习空间人人通”，建设教育资源公共服务平台和教育管理公共服务平台。

中国教育事业一直在探讨的课题，众说纷纭中，时间就来到了 21 世纪的今天。此时，产业互联网时代给众多传统行业带来了全新的改革思路。在中国数字经济加速发展和新基建的大背景下，中国联通通过在教育信息化领域中的实践与探索，给教育行业交出具有“中国联通特色”的解决方案，最终达成了推进教育公平与变革的目标。

一、中国联通视角下，中国教育信息化简史

1. 教育信息化 1.0 阶段：“三通两平台”

如前文所述，中国的教育信息化产业是由官方强力推动的，初期 1.0 版的核心是“三通”，即宽带网络校校通、优质资源班班通、网络学习空间人人通，以及“两平台”，即教育资源和教育管理两大公共服务平台（如图 1 所示）。

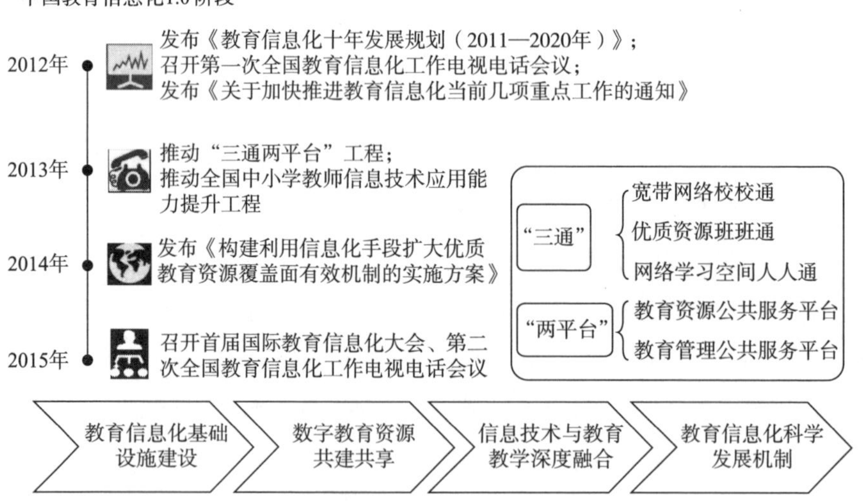

图 1 中国教育信息化 1.0 示意图

资料来源：作者根据相关资料整理。

“‘三通’，其实就是把国内的各个学校全部用宽带连接起来，然后实现优质的教学资源在每个班级间的共享，从而给学生建立一个网络学习空

间。”回顾曾经的教育信息化 1.0 阶段，中国联通相关负责人这样总结道，“两个平台，一个由教育部主导建立，负责归集优质教育资源，其运营单位是中央电化教育馆；另一个公共服务平台，主要的作用就是把教育相关数据全部汇总到国家层面，让全国各级教育主管部门能够实时地掌握学校、教师、学生的情况。”

从中国联通的实践来看（如图 2 所示），在刚进入教育信息化 1.0 阶段时，全国有些地区的学校还存在没有接通网络的情况，已通网的某些地区有的信号不稳定、软硬件设备落后，甚至一些发达地区的重点学校也存在网络环境不尽如人意的问题。不积跬步无以至千里，教育信息化 1.0 阶段的关键任务就是打基础，且主要是物质基础，将网络没有覆盖到的教育机构尽快纳入教育信息化的改革队伍中来。2013—2018 年，中国联通充分发挥了自己作为央企通信运营商的优势，同时伴随着对教育行业的理解逐步深入，其也为进入教育信息化 2.0 阶段做好了准备。

教育信息化1.0阶段的总体成效：“三通两平台”取得实质性进展

- 宽带网络校校通
  - △为各级各类学校提供基本的信息化教学条件
- 优质资源班班通
  - △使教师在教学过程中可便捷获取数字教育资源
- 网络学习空间人人通
  - △教师、学生、学校普遍开通网络空间，应用于教学活动

指标	2012年	2018年
中小学联网率	＜25%	93.7%
中小学无线网络全覆盖		20.74%
多媒体教室	＜20%	92.3%
生机比	＞18∶1	11.96∶1
师机比		1.25∶1
能用信息技术上课的教师		＞78%
教师网络空间开通率	＜10%	＞63%
学生网络空间开通率	＜10%	＞47%
……		

图 2 中国教育信息化 1.0 阶段的成果

资料来源：作者根据相关资料整理。

2. 教育信息化 2.0 阶段：“三全两高一大”

教育信息化 2.0 阶段的概念，由教育部于 2018 年 4 月 13 日在其印发的

文件《教育信息化2.0行动计划》中正式提出。在教育信息化1.0阶段的基础上，教育信息化2.0阶段的核心是努力达成“三全两高一大”的目标，即教学应用覆盖全体教师、学习应用覆盖全体适龄学生、数字校园建设覆盖全体学校，着力提高信息化应用水平、提高师生信息素养，建成“互联网+教育”大平台，同时力争实现从教育专用资源向教育大资源转变，从提升师生信息技术应用能力向提升其信息素养转变，从融合应用发展向创新发展转变。[2]

教育信息化2.0阶段是中国“互联网+教育”的重要组成部分（如图3所示），按照中国联通的总结，从“三个模式”到“三个转变”再到“三个覆盖”，都是在教育信息化1.0阶段的基建基础上，让互联网完全覆盖所有教育单位后，将各项新技术融入到教育行业当中去，最终实现“两个提高”。经过教育信息化1.0阶段，基础设施已逐步完善，国内的教师，尤其是中小学的教师在使用信息化手段教学方面，养成新的工作习惯还需要一个过程，但开弓没有回头箭，信息化、数字化的大趋势已经不可阻挡，教育行业的变革也将加速进行。

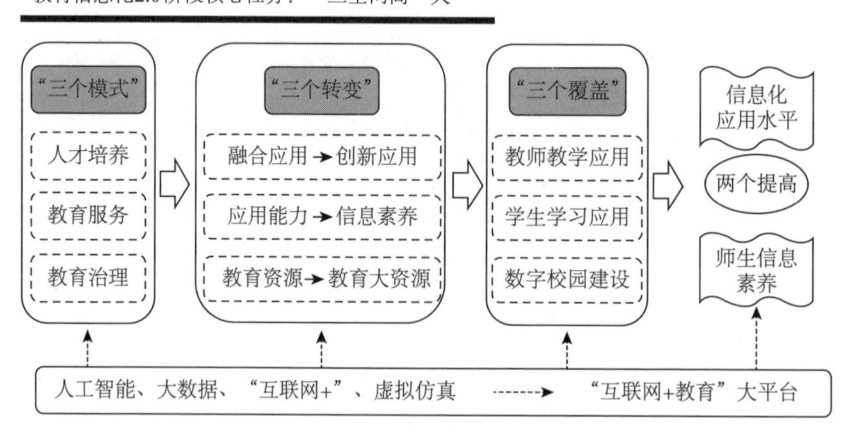

图3 教育信息化2.0阶段示意图

资料来源：作者根据相关资料整理。

3. 教育信息化1.0阶段到2.0阶段的重大演进

总体而言，教育信息化1.0阶段是以基础设施建设为主，到了2.0阶段，目标是实现信息技术与教育深度融合；教学信息化 1.0 阶段是以“教师”为中心，重视内容/课件的传播，而教育信息化 2.0 阶段则是以“学生”为中心，强调个性化学习、因材施教；教育信息化 1.0 阶段以“买”为导向，仍然是教师驱动教学，教和学的模式并未改变，而教育信息化 2.0 阶段是以“用”为出发点，用科技、数据驱动教学。

从新技术的层面来看，大数据和人工智能成为教育信息化 2.0 阶段的标志性技术，二者正与传统教育行业深度融合（如图 4 所示）。海量教育数据的生成、汇聚和交融，一方面为教育提供了精准、有效和可靠的数据支持，助力教育管理向智能化、精细化、可视化方向转变，从而提高教学质量；另一方面，构建多维度的科学评价体系，有助于提升教育工作的精准性、科学性和客观性，促进教育更有内涵、更有质量地发展。

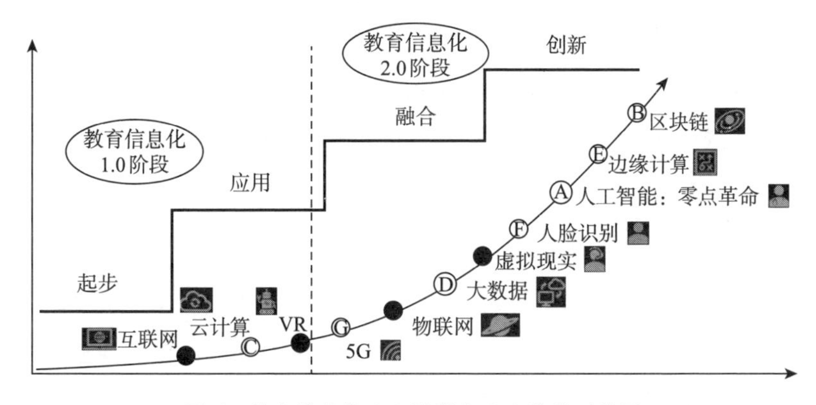

图 4　教育信息化 1.0 阶段与 2.0 阶段对比图

资料来源：作者根据相关资料整理。

从中国联通的角度来看，5G 是数字时代的动力引擎，是实现万物互联的物理基础，也是教育信息化 2.0 阶段的重要抓手。移动设备作为工具，其便携性加速了用户对于教学方式的适应性；网速是衡量网络质量的重要标准之一，网速快且稳定则教学设备可以更好地传递信息，无论终端是计算机还是手机，其本质都是传输信息的工具，而 5G 网络将为教育带来更多的可能性，甚至会带来教育方式的根本改变。

随着全球计算机网络的普及和社会全方位的信息化建设，中国的教育信息化 2.0 阶段将促使教育行业逐步向全面的数字化方向转变。这既表现在课程建设、教学方式和校园管理等方面，也开始引发教学工作的价值观、培训机制和目标等方面的深度思考，从而可能改变教育的内在结构，引发更深刻和广泛的教育变革。

二、智慧时代带来教育信息化的新机遇

1. 数字经济成为经济增长的新动能

进入 21 世纪以来，数字经济的兴起已经越发引起全球瞩目，中国在数字技术上的快速进步与努力实践，使其已经比较全面地进入了数字经济新时代，数字技术已经成为拉动经济增长的关键因素，且发展势头持续向好。2018 年，中国数字经济总量已达 31.3 万亿元，根据相关估算，2025 年中国数字经济规模将突破 60 万亿元，数字经济投入产出效率将提升至约 3.5。

数字经济的重要性已经不言而喻，在政府的政策推动下，各地掀起了新基建的热潮，特别提到要以技术创新为驱动，以信息网络为基础，这也带动全国各地“数字政府”“智慧城市”项目纷纷投入建设。截至 2020 年 5 月底，全国已经有 28 个省（自治区、直辖市）公布了 2020 年的财政投资计划，共涉及 2.6 万个新基建项目，总投资金额达到 54 万亿元。

新基建在国民经济中列出了七大细分领域（如图 5 所示），包括 5G、特高压、高铁轨交、新能源汽车、大数据、人工智能和工业互联网。对于中国联通来说，新基建中的 5G、人工智能、大数据、工业互联网等板块都是长期的业务强项，在整个新基建的顶层设计当中，5G 和大数据占据了非常重要的位置，也是决定基础网络搭建的重要内容。

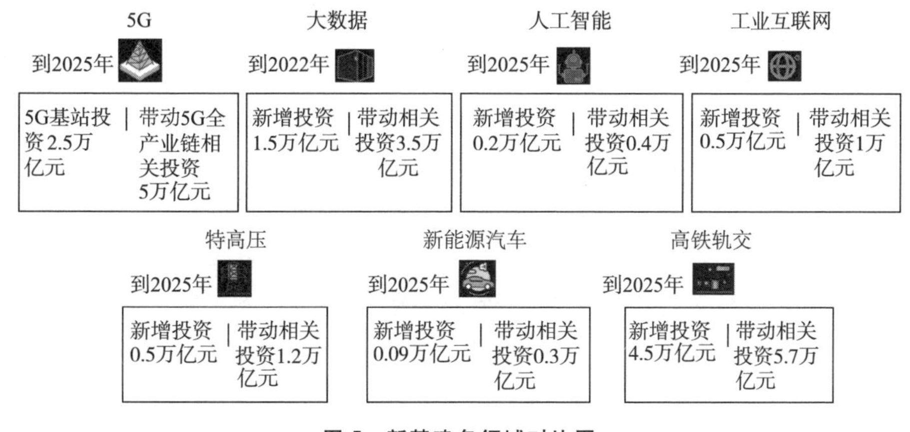

图 5　新基建各领域对比图

资料来源：《“新基建”发展白皮书》，https：//netmarket. oss-cn-hangzhou. aliyuncs. com/4a3a17faaf59400db140b3e5ed87f53b. pdf，访问时间：2024 年 8 月 19 日。

2. 新基建给教育信息化带来新机遇

随着新基建的开展，中国的教育信息化行业也随之迎来全新的机遇期。首先，中国教育信息化的市场规模巨大，预计 2020 年，中国教育信息化市场规模将突破 4 690 亿元，由于中国长久以来尊师重教的文化传统，以及社会竞争态势的不断加剧，根据相关预测，2021 年我国教育信息化市场规模将突破 5 000 亿元，充足的市场体量和有潜力的发展前景，必将吸引更多优质的企业和资本进入教育信息化领域寻求属于自己的赛道。

另外，中国教育信息化市场的政府主导性强，可以说 K12 教育信息化的主要发展动力来自政府，具体项目需求以公立学校为实施主体。资金来源主要集中在政府的教育专项经费上，国家财政每年保持稳定投入，2019 年中国财政投入教育信息化的预算达到 3 300 亿元，而与此同时，成人职教、幼儿教育等细分市场还基本处于新蓝海状态，未来发展潜力巨大。一般而言，政府和事业单位对央企的好感度和信任度较高，因此央企的市场机会更大，尤其在通信的基础建设领域，中国联通占有明显优势。

此外，5G、大数据、人工智能等新技术带来的新机会，也是推动进入教育信息化2.0阶段的重要因素。新技术带来新机遇，云计算、大数据、人工智能是现阶段促进教育信息化发展的核心技术组合：云计算技术多维度支持教育行业发展，大数据分析帮助教师更好地了解学生的情况，而人工智能技术将为教育信息化带来颠覆性革新。

3. 中国联通在教育信息化板块的新举措

首先，针对技术层面，中国联通归纳总结的经验是："5G、云和人工智能成为推动进入教育信息化2.0阶段的重要引擎。云，负责提供海量计算存储所需的资源；5G，负责对这些海量数据进行高效的传输；而人工智能，则负责对这些数据进行分析和挖掘。"

按照这样的思路，中国联通教育信息化的战略从专注于网络基建，升级为"云+网+X"，其中，云和网都由中国联通负责底层运营，X就是各种信息化、数字化的教育应用产品（如图6所示）。在这样的框架下，云和网基于中国联通的基建优势，依旧是重要的基础支持，而做出对应的产品和应用来服务于学校的教学，即X的输出，成为教育信息化2.0阶段中国联通侧重的工作内容。

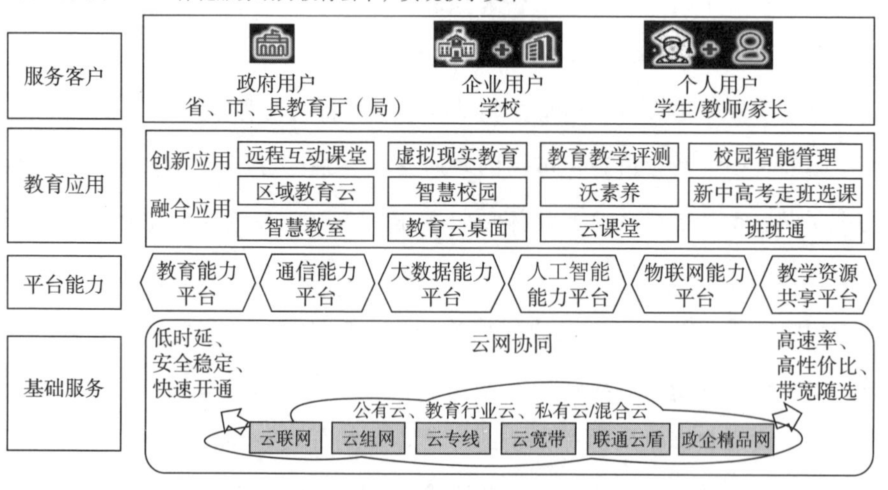

图6 中国联通的"云+网+X"

资料来源：作者根据相关资料整理。

为了能够在教育行业中加快信息化建设的步伐，根据既往的经验，中国联通立足于央企大型运营商的角色，选择了“UGBS 合作模式”（如图 7 所示）来推动教育信息化，以求深入“教、学、管、测、评”五大关键环节。

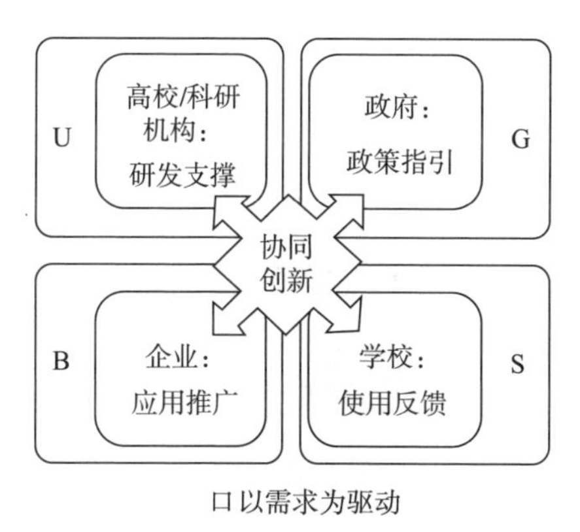

图 7　中国联通的“UGBS 合作模式”

资料来源：作者根据相关资料整理。

UGBS 分别是指 University（高校和科研机构）、Government（政府）、Business（企业）和 School（学校）。对此，中国联通方面更具体的解释是：“高校和科研机构能提供研发技术的支撑，政府能进行政策指引和资金支持，各家企业能进行应用的推广，而学校能实际使用产品并进行反馈。”显然，在“UGBS 合作模式”中，中国联通处于居中的位置，以需求为驱动力，做好连接四方的角色，起到至关重要的中介枢纽作用。

三、中国联通教育信息化的成果

1. 5G：为智慧教育提供保障

如果说 4G 是人人连接，那么 5G 则是万物连接，进而实现万物智联；如果说 4G 改变的是我们的生活，那么 5G 则是要改变我们的社会。中国联通 5G 业务的口号是“让未来生长”，旨在强调未来的 5G 为数字经济带来了无限的可能，可以在各个垂直的行业催生新商业模式。5G 的三大特性是：超大带宽、超低时延、超强连接能力，这三点决定了教育行业与 5G 的结合空间非常广阔，可以说5G是实现智慧教育的底层技术保障。

根据中国联通的探索，一些学校教学活动中的痛点已经在5G网络的环境下得到了化解，总结起来大致是针对四大场景，落实四大类重点应用（如图8至图11所示）。

◆ **5G+4K远程互动教学**

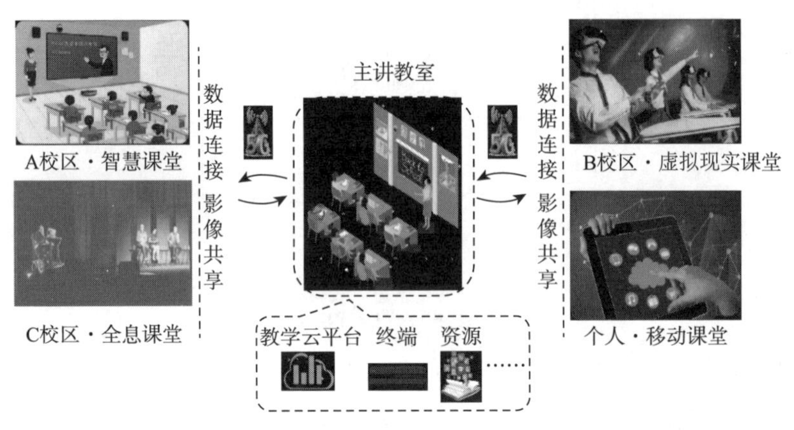

图8　5G+4K远程互动教学

资料来源：作者根据相关资料整理。

◆ **5G+虚拟现实沉浸式教学**

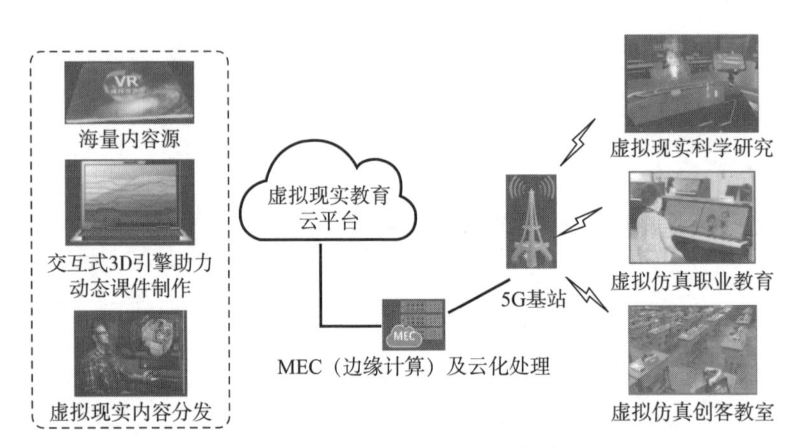

图9　5G+虚拟现实沉浸式教学

资料来源：作者根据相关资料整理。

◆ **5G+人工智能大数据教育教学评测：无感知点名和考勤、通过技术手段收集课堂行为，以反映教学效果**

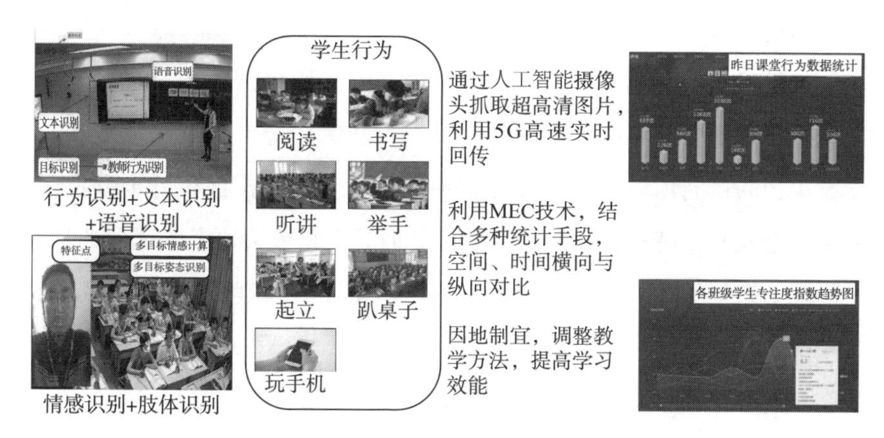

图 10　5G+人工智能大数据教育教学评测

资料来源：作者根据相关资料整理。

◆ **5G+校园智能化管理：智能校园平台，电子围栏、高清监控、各类仪表和传感器等安防设施的管理**

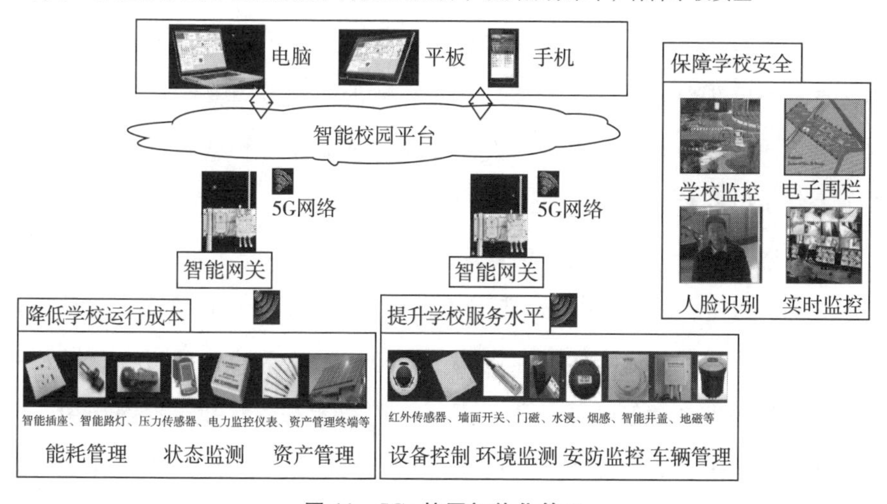

图 11　5G+校园智能化管理

资料来源：作者根据相关资料整理。

以上5G技术和教育场景的深度结合，已经给课堂教学带来了全新的改变。由中国联通与中央音乐学院联手打造的5G+4K远程互动教学模式，让音乐教师进行远程乐器演奏直播，学生可以不受地点限制，通过网络如临现场一般进行学习，全程皆可实现“无时延、无距离感”的远程互动。在此基础上，中国联通和中央音乐学院进一步联手打造出5G+虚拟现实音乐教学，中国联通利用增强现实和虚拟现实技术，在虚拟世界里全方位展示乐器的构造及其拆解过程，从而让学生更加深入和形象地了解乐器的构造，5G+虚拟现实大大增添了学生的学习乐趣，让音乐教育手段告别传统的枯燥与单一。5G技术已经打破空间与时间的限制，智慧时代的音乐教学，让学生在全国各地都可以享受到中央音乐学院顶级的教育资源。

2. 人工智能：为智慧教育提供新手段

2017年，国务院印发的《新一代人工智能发展规划》中提出，要在中小学阶段设置人工智能相关课程、逐步推广编程教育、建设人工智能学科，培养复合型人才，形成我国人工智能人才高地。在政策的支持下，人工智能技术对教育行业的渗透快速展开，逐步开始引发智能机器与学习方式的变革，在实践中比较显著地实现了教学过程个性化，也提高了教师和学生的信息素养以及学习效率。教育部副部长杜占元在展望人工智能将对教育行业产生何种重大影响时表示，人工智能有可能成为智慧教育新的核心推动力，甚至引发教育界的“零点革命”。

中国联通对于人工智能在教育信息化中的重要作用（如图12所示）也表示充分的肯定：“人工智能对我们的教师、学生、课堂和学校，正在起到整体赋能的作用，比如给教师提供基于图像识别技术的在线阅卷及答疑系统，给学生提供‘智能学伴’等。至于人工智能对课堂和学校的作用，则可以通过摄像头以及其他智能化的感知设备获取数据，提升课堂和学校的智能化、数字化水平。”

人工智能赋能教师

· 备课授课
· 作业批改
· 在线答疑

人工智能赋能学生

· 资源检索
· 智能学伴
· 学业诊断

人工智能赋能课堂

· 课堂管理
· 过程测评
· 资源共享

人工智能赋能学校

· 精细化管理
· 智能化服务
……

图 12　人工智能赋能教育的四大应用方向

资料来源：作者根据相关资料整理。

中国联通与西安电子科技大学合作打造的人工智能“双师型”教学模式（如图 13 所示），是人工智能在教育信息化实践中综合应用比较成功的典型代表。所谓的“双师”，是指线下教师和线上虚拟的人工智能助教两位互相配合的“老师”，将线上和线下双空间、全流程的教与学活动有机融合在一起。中国联通根据实际教学场景的需求，打造集交互式教学、自动录播、课程资源共享、物联管控等各种功能于一体的智慧教室，实现教学资源的采集与共享。然后通过人工智能技术，提供一系列教学辅助服务：“西电小C”机器人随时在线智能答疑，指导学习进程；借助视觉分析和大数据分析，学生学习的全过程都处于动态跟踪评价中，平台因此能够提前预警和干预学习过程，为教师提供个性化辅导的依据，这样既可以激发学生的学习兴趣，也能够促进教师教学水平的提高。

截至 2020 年 3 月，西安电子科技大学已建成 5 100 门次课程录播资源，共有数字教学资源 14.59 万个，教学题库量 2.4 万个，国家精品课程 14 门，陕西精品课程 66 门。[4] 在 2020 年年初的疫情防控期间，中国联通利用人工智能技术推出远程在线实验系统，让师生远程进行实验操作，模拟在实验室利用真实器具做实验。不同于以往学生多、教师少，实验指导难同步的情况，在无人值守的实验室里，虚拟教师和身处异地的真人教师进行交互，人工智能自行预警异常操作。实验结束后，系统平台还会根据实验情况自动生成实验报告和考核结果。

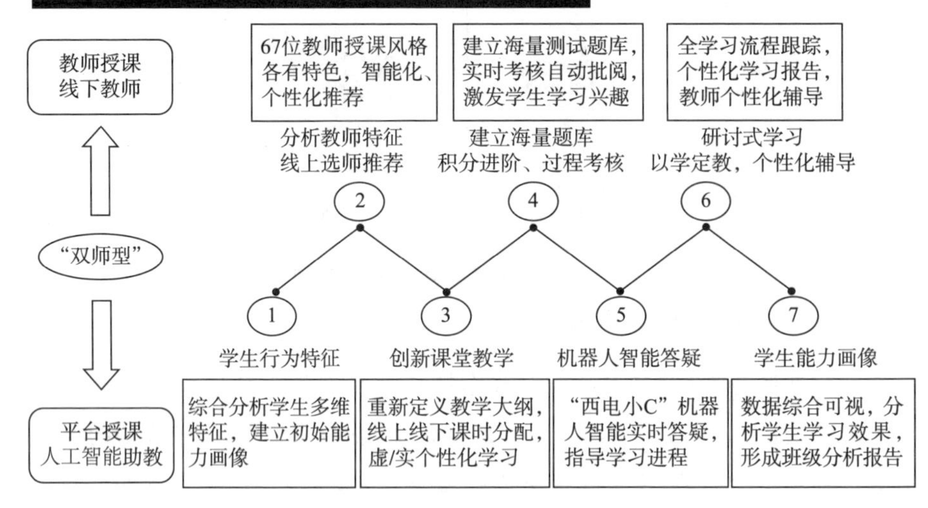

图 13　人工智能“双师型”教学模式

资料来源：作者根据相关资料整理。

3. 慕课：打造没有围墙的大学

慕课的概念来自国外，但是在中国的发展速度十分惊人，与 2017 年相比，2019 年，中国慕课无论在上线数量、参与学习人数或国家精品在线开放课程数量上，均有较大涨幅（如表 1 所示）。在慕课类的产品中，中国联通的定位非常明确，主要负责提供“舞台”，即 IaaS（Infrastructure as a Service，基础设施即服务）及 PaaS（Platform as a Service，平台即服务）能力的构建，同时兼顾整合上层 SaaS 应用及优质教育资源，提供整体解决方案，让优质的教育资源通过网络传播到更广泛的区域，惠及更多受众。

表 1　2017 年与 2019 年中国慕课市场数据对比

中国慕课数量与应用规模			
类别	2017 年	2019 年	涨幅
上线慕课数量	0. 32 万门	1. 25 万门	3 倍
参与学习人数	5 500 万人	超过 2 亿人	2. 7 倍
国家精品在线开放课程数量	490 门	1291 门	2. 6 倍

资料来源：作者根据相关资料整理。

中国联通非常重视与国内众多高校进行慕课方面的合作，比如其曾与南京航空航天大学、华中师范大学、西北工业大学等展开合作，基本合作模式都是“中国联通搭平台、学校出内容”，其中，由中国联通和北京大学合作的慕课教育项目（如图 14 所示），通过多个商业在线平台进行推广，提供多种在线教学模式，社会传播效果显著提升，取得了突出的成绩。

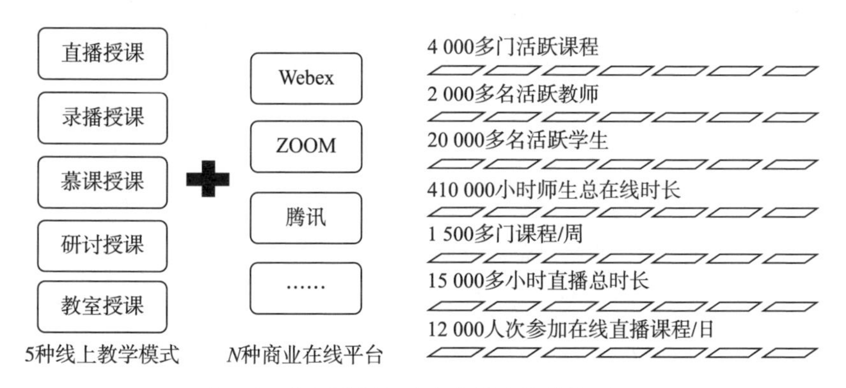

图 14　中国联通与北京大学合作慕课项目

资料来源：数据来自北京大学，为北京大学首月线上教学统计数据。

2019 年 4 月 9 日，首届中国慕课大会召开期间，中国联通成功完成了北京、贵州、西安三地的 5G 网络建设和保障工作，实现了往返 4 000 多千米的超远距离通信，成功地将时延控制在 38 毫秒以内，同时为大会提供了“5G+超远程虚拟仿真实验”技术方案，打破了空间和时间限制，通过 5G 技术把不同城市、不同学校的学生带到同一个实验室共同完成虚拟仿真实验操作。

2020 年疫情防控期间，为了解决各大院校无法按期复学开课的问题，中国联通连续推出了三款产品：第一款是基于教育部官方授权基础教育资源的线上点播课、直播课、教育教研组织管理服务通用平台——知行云课堂；第二款是基于视频会议功能的教师线上互动直播课专属工具——智享云课堂；第三款是基于阿里巴巴旗下的企业级智能移动办公平台钉钉进行轻量化快速部署，服务校园管理、家校互动、线上直播课的互联网平台——联通-钉钉空中课堂。通过这些产品的紧急投放，中国联通再一次通过实际行动证明了自己，也再次尽到了央企的社会责任。

四、中国联通教育信息化的意义

1. 对国家公立教育的促进效果

2016—2019 年，中国联通在教育行业累计实现收入超过 300 亿元，年增长率超过 20%，全国签约实施教育信息化重大项目百余个。中国联通实现企业管辖范围内的所有高校、职校宽带/4G 网络全覆盖，宽带接入中小学校超过 8 万所，服务区县教育云项目超过 510 个，班班通签约实施超过 50 万个班级（其中各省班班通使用率约为 55%，用户活跃率约为 54%，各省互动答题卡使用率约为 53%；安卓端新增安装 600 余万次，苹果端新增安装 120 余万次）。网络学习空间注册账户 2 750 万个，K12 学生及教师手机用户 750 万，高校大学生移动用户超过 2 100 万。

从数据上来看，中国联通教育信息化对于传统公立教育的影响逐步加深，一方面是 5G 等新技术覆盖率的提高，另一方面，也是更为重要的，信息化对于传统教学模式的改造同样初显成效。截至 2020 年，中国联通在全国部署了多个省级教育云平台，服务于全国 6 万余所学校、45 万个班级、1 800余万中小学师生家长。智慧互动课堂学习卡发卡量达 100 余万张，其中江苏南通教育云平台、黑龙江教育云平台、襄阳名校名师平台、郑州教育资源平台等均通过智慧教育云及互动课堂应用的普及取得了教育改革的优良成果。

以河南省郑州市创新实验小学利用中国联通优教同步学习卡，实现课堂创新教学为例。郑州市高新区创新实验小学作为当地知名的公办实验学校，有 60 个教学班，2 700 名学生。该校从 2015 年开始全面推广使用优教同步学习卡进行互动课堂教学，并将互动结果以课堂报告的形式通过“优教信使”App 推送给家长，将课堂教学、家校互动很好地结合到一起，实现家校共育，深受家长的欢迎。学校老师还基于优教互动学习卡，开展互动式教学、课题研究等，获得多个创新模式教学奖项。该校于 2018 年被评为“高新区智慧校园示范校”，2019 年被评为“郑州市数字校园示范校”。其数学教师团队开创的分享式教学培训活动模式，已在郑州市全市中小学推广。

在南方，福州市国货路小学有 40 个教学班，学生近 2 000 人，以“数字校园、人文校园、和谐校园”为导向，自 2018 年开始尝试优教智慧互动课堂教学，取得了显著的成效，2019 年实验班数学、英语、语文成绩均高于普通班 8 分以上。该校先后被评为“台江区 2019 届小学毕业考优胜单位”“台江区数字校园建设先进单位”。该校共有 15 人先后被评为台江区教学信息化先进个人，小学英语学科教师黄丹蓉基于中国联通优教云平台和智慧教学平板教学的课例作品，在全省各中小学校推荐和报送的1 023件有效参赛作品中脱颖而出，获得福建省电化教育馆举办的“福建省第十五届‘新理念、新资源、新探索’信息技术与课程整合三优联评活动”三等奖。

教育信息化对提升教学质量的显著程度，在实践中存在一些地区性差异，中国联通根据多年的经验发现，很多欠发达区域的学生成绩是有明显提升的，比如以宁夏、甘肃为代表的一些中西部地区的学校，以及大西南地区，如四川甘孜州等地区的学校，其学生在使用了教育信息化产品之后，尤其是采用知识图谱和自适应学习系统之后，成绩平均都能够提升 5 分以上。而在北上广等教育资源特别发达的地区，一些信息化手段究竟对提升学生的学习能力或教师的教学水平产生了多大影响，反而存在争议。之所以会出现这种地区性差异，从中国联通的分析来看，是因为发达地区对于线上教学等方式的排斥态度比欠发达地区更强烈，这可能和大城市名校名师以及社会办学机构众多有关，学生可以按照传统的线下方式进行学习，而不必非要借助网络等渠道。不过随着时间的推移，教育信息化逐步推广的趋势已经势不可挡，其促进教育改革的重大意义也已经越来越被全社会所认可。

2. 对实现教育公平的正面影响

为响应国家号召，履行央企责任，支持教育公平，中国联通在推行教育信息化业务时，主动承担了很多带有社会公益性质的工作，有些情况下确实把盈利作为非主要考量因素。中国联通相关负责人坦言："西南、西北地区的基础网络初期投入几乎全部是亏损的，这个投资收益我们算过，亏损最多的一些业务，投一条宽带进去，可能之后许多年都收不回成本。"

然而，中国联通依旧坚持深入基层落实教育信息化工作，根据各地教育信息化的不同程度，中国联通把目标客户分为四大类，以便针对不同的情况有的放矢。第一类，传统教育薄弱区域，中国联通主要通过结合扶贫政策，改善基础建设，重点推进教育联网；第二类，教育资源尚可但信息化不是特别发达的区域，如内蒙古、河南等地，中国联通主推智慧校园、智慧考务等智慧教育升级服务；第三类，教育行业发达区域，比如长三角、珠三角、京津地区等，这些地区已经跨过了建设基础网络的阶段，很多学校信息化水平较高，校长和教师一般事务繁忙、教学任务重，所以中国联通会提供能立即帮助教师切实提升教学质量的产品，例如"翻转课堂"①、全息互动课堂和4K高清视频教学等；第四类，国家有意推动的智慧教育示范区，例如宁夏，其是由时任国务院总理李克强亲自视察后特意选定的，还有其他10个智慧教育示范区，是由教育部选定的，在这些区域，中国联通往往需要从底层建设的策划案着手。

2019—2020年，中国联通为贯彻落实教育部关于聚焦"三区三州"为重点的深度贫困地区教育信息化发展，进一步开展了网络"扶智工程"攻坚行动。2018年7月，中国联通在四川省凉山州西昌市圆满承办教育部教育信息化专题培训班，同期启动了中国联通"爱心筑梦"公益计划，联合合作伙伴捐赠价值6 600万元的教育信息化产品。

以上这些业务，中国联通在很多时候，尤其是初期阶段，基本上都面临亏损，直到2020年其基建部分才达到初步收支平衡。对此，中国联通只用了两句话作为总结：第一，中国联通作为央企运营商，是基础设施的承

---

① 翻转课堂译自"Flipped Classroom"或"Inverted Classroom"，也可译为"颠倒课堂"，是指重新调整课堂内外的时间，把听讲的过程通过技术手段移植到线上，再将传统在教室的听讲时间改为答疑以及教师指导下的讨论和练习，将学习的决定权由教师转移给学生，便于学习进度不同的学生掌控自己的学习进度。

建者，因此通过提升信息化水平来推动整个国家的教育公平，通过信息技术实现这些教育改革的落地，让落后地区的学校和师生也能享受到发达地区的待遇，本身就是我们的责任。第二，通过信息技术和教育的深度融合来助力教育现代化，站在运营商的角度可以看到，经过几年的布局，中国联通已经占据了市场上的有利位置，通过熟悉的网络服务整合了众多的信息服务能力，成功开发了数据中台，人工智能等技术也都嵌入了教育行业的场景中，因此未来可期。

未来可期？当然！也许一切还只是刚刚开始，在教育信息化改革的道路上，2.0 阶段肯定不是终点，未来的 3.0、4.0 阶段还会让教育界有什么改变？新的技术、新的趋势又会给教育信息化带来哪些新的机遇？未来的学校和教室、教学模式将是什么样的？中国联通在教育信息化的征途中，会给行业带来哪些新产品、新服务？

此刻，我们带着这些问题，期待着中国联通的答案，也憧憬着中国教育信息化的未来。

参考文献

1.《教育部与中国联通签署战略合作协议 三大运营商共同支持教育信息化加速发展》，http：//www.moe.gov.cn/jyb_xwfb/gzdt_gzdt/moe_1485/201312/t20131226_161269.html，访问时间：2024 年 8 月 19 日。

2.《教育部与中国联通续签战略合作框架协议》，http：//www.moe.gov.cn/jyb_xwfb/gzdt_gzdt/moe_1485/201802/t20180212_327303.html，访问时间：2024 年 8 月 19 日。

3.《教育信息化市场规模变化及预测》，https：//www.sohu.com/a/744953620_255580，访问时间：2024 年 8 月 19 日。

4.《智能教育：西电打造“双空间”育人格局》，https：//news.xidian.edu.cn/info/2106/208427.htm，访问时间：2024 年 8 月 19 日。

打造网络强国，服务数字中国——安恒信息的创业故事①

张建君、翟耀

创作者说

在 2008 年的北京奥运会上，有一家企业经过一轮又一轮的紧急检测与修复，成功避免了一起奥运会官网系统高危漏洞的突发事件。这家被授予“奥运信息安全保障杰出贡献奖”的企业，叫作安恒信息。2007 年，南京邮电大学毕业的范渊放弃了美国一家知名安全企业的高管职位，回到了杭州与同学、朋友一起，组建了一支 10 人左右的创业团队，安恒信息就此创立。创业的道路异常艰险，安恒信息经历了严重资金短缺等重重困难，却又柳暗花明，屡次渡过难关。

在打造网络强国战略方针的指导下，网络安全历来是一个重要议题，也是一个拥有巨大潜力的市场。本案例全面回顾了安恒信息的创业历程以及发展情况：从创始人范渊在美国学习网络安全技术，回国创立安恒信息开始，描述了企业从参与北京奥运会网络安保工作崭露头角，到后续艰难时期获得贷款支持，再到如今发展成为网络安全行业领先企业的始末。经过十几年的发展，安恒信息目前已经拥有十分丰富的产品矩阵，并成功在科创板上市。未来，安恒信息能否继续保持行业领先地位？是否需要在市场营销和渠道拓展方面加大投入力度？能否搭上新赛道的快车，找到新的业务方向，推出新的产品与服务？这是本案例留给读者思考的问题，也是提供给创业企业以及网络安全领域企业的有益参考。

---

① 本案例纳入北京大学管理案例库的时间为 2021 年 4 月 27 日。

一、安恒信息的创业历程

1. 不忘初心，产业报国

1997 年的中国，互联网的发展还处在萌芽阶段。当年，南京邮电大学计算机系学生范渊本科毕业后，被分配到浙江省电信数据局工作。作为 Java 认证工程师的范渊，在得到赴美国学习、工作的机会后，辞掉了当时在国内很多人看来是“金饭碗”的工作。回想起曾经的抉择，范渊坦言：“当时的想法很简单，想出去看看传说中的美国硅谷，了解一下它究竟有什么独特魅力，最重要的是希望能够学习当地先进的互联网技术，把它们带回国内。”

怀揣着这种简单的想法，范渊一头扎进了大洋彼岸的硅谷，选择从事自己最感兴趣的网络安全领域的工作和研究：如何设计网络攻防程序，怎样精准发现网络漏洞以及怎样推行更智能的防护措施。2002 年，范渊获得美国加州州立大学计算机科学硕士学位之后，先后在硅谷多家国际知名安全企业任技术研发和项目主管，在网络在线应用安全、数据库安全和审计等方面积累了丰富的行业经验。

2005 年，范渊在美国拉斯维加斯参加了全球顶级的信息安全会议——Black Hat（黑帽子）大会①，而这次参会很大程度上改变了他的人生。Black Hat 大会每年举行一次，讲台上的意见领袖，不仅会引领一段时间内全球信息安全研究的潮流，也会激发挑战未知、突破束缚的创新精神。因此，登上 Black Hat 的讲台，向世界分享自己的研究成果，对于大多数技术专家而言，就如同职业运动员站上奥运会领奖台一般，具有非同寻常的意义。在范渊登上 Black Hat 讲台之前，正式参会的中国人凤毛麟角，而范渊则连续参加了 2005 年和 2006 年两届 Black Hat 大会，并成为第一位登上

① Black Hat 大会创办于 1997 年，从美国拉斯维加斯起步。该会议最大的特点是强调参会人员和机构在信息安全领域的高度专业性，业内普遍认为 Black Hat 大会引领了全球信息安全的思潮和技术走向。

Black Hat 大会讲台的中国工程师，他发表的“关于互联网异常入侵检测”的主题演讲，在业界引起很大轰动。

会议结束后，商机也随之而来，许多企业表示希望购买范渊的技术成果。而范渊熟知，在当时的美国，互联网领域本身已经有一套成熟的机制，本应很少会有企业去购买别国技术人员的 Demo 版成果，但热烈的市场反响让范渊意识到，他的技术成果，包括防范技术、发现技术、检测技术等，有着巨大的市场需求，尤其是在大洋彼岸互联网经济蓬勃发展的中国。

2005—2006 年的中国，互联网经济的发展进入了快车道。中国互联网络信息中心（CNNIC）发布的《第 17 次中国互联网络发展状况统计报告》显示，截至 2005 年 12 月 31 日，中国共有上网计算机约 4 590 万台，上网用户数约 11 100 万人，CN 下注册域名 1 096 924 个，网站数约 694 200 个。[1]然而，在互联网快速兴起的过程之中，技术的更新迭代也使得网络安全的风险越来越高，就在 2006 年年末，臭名昭著的“熊猫烧香”病毒暴发，一个多月的时间内，数百万台电脑受到攻击。彼时，相对于美国而言，中国的网络安全防护技术明显更为薄弱，相关的法律法规也尚处于“摸着石头过河”的探索阶段。

但也正因如此，国内的网络安全领域存在巨大的市场需求，尤其是有待挖掘的潜在市场也许比美国的规模更为庞大。抛开商业方面的考虑，范渊更强烈的想法是，“如果能把所学的技术带回中国，一方面能够填补国内网络安全市场的空缺，另一方面也可以实现自己产业报国的理想”。

终于，2007 年，范渊放弃了美国一家知名安全企业的高管职位，回到了杭州，并且与在 IT 领域从事软件开发的同学、朋友一起，组建了一支 10 人左右的创业团队，成立了杭州安恒信息技术有限公司（以下简称“安恒信息”），开启了创业之路。

2. 服务奥运，一战成名

事实证明，范渊的眼光是精准的，在美国多年的工作经验所造就的技术优势，让安恒信息刚一成立就在国内的网络安全领域显现出了排头兵的水准。2008 年，即创立的第二年，安恒信息就获得了大显身手的机会——参与北京奥运会的网络安保工作。2008 年，可以说是奥运会史上真正开始实施网络安保的元年，互联网首次被赋予网络售票等多项外延服务功能，在此之前互联网的作用基本仅局限于信息发布，所以这届奥运会在网络安保方面的复杂性远超往届奥运会。而且我国政府与民众对于 2008 年北京奥运会的期待与重视程度，也远远超出主办一届一般意义上的国际性运动会。

安恒信息当然感受到了巨大的压力，如何与相关单位及组织协同联动，如何应对洪水般的网络攻击等很多问题，他们都是第一次遇到，而且这在国内也没有可借鉴的成熟经验。做预案、分析、研判，北京奥运会开幕前 7 个月，范渊就带领团队进驻了北京奥运大厦，在对奥运官网、购票网站等关键节点的排查、安保过程中，安恒信息团队发现了许多被黑客攻击后留下的漏洞及其他高危隐患。这一过程中，安恒信息的第一款产品“Web 应用弱点扫描器”显示出了不同凡响的高性能，这款产品后来经过不断地迭代改进，在众多全国性的活动中得到了广泛应用。

在临近北京奥运会开幕式前的一天深夜，“Web 应用弱点扫描器”突然扫描出奥运会官网系统的高危漏洞，从漏洞的危害性上分析，黑客一旦得逞，服务器就可能被控制，奥运会的售票系统、开幕式的进程、比赛的各项安排等都会落入黑客组织的掌控之中，后果不堪设想。范渊立刻带领安恒信息团队经过一轮又一轮的检测与修复，最终总算有惊无险地渡过了难关。

在众人的努力下，安恒信息完成了北京奥运会的网络安保工作，范渊的团队被奥组委授予“奥运信息安全保障杰出贡献奖”。这对范渊和安恒信息而言，既是开门红，也是里程碑。从原创性的科技发明到应用于实战中的成熟产品，这段经历也让范渊和安恒信息对于使命感、责任感有了更深的体会，并且更加坚定地在网络安全这一领域继续前行。

然而，在刚刚开始的成功过后不久，风暴即将来临。

3. 穿越风暴，浴火重生

为了能够在短时间内证明自己，安恒信息投入奥运会的网络安保工作几乎带着公益性质，2008年北京奥运会之后其又受金融危机的影响，再加上其他一些内外部的原因，安恒信息的资金状况陷入了异常紧张的漩涡之中。

2009年，是安恒信息最艰难的一年，其筹集的资金所剩无几，最严重的时候，账面上的资金已不到100万元，仅够维持1个月左右的运营。自创业起至2009年，范渊和合作伙伴先后投入了几百万元的资金，但营业收入始终偏低造成企业入不敷出。算上在美国硅谷工作的时光，2009年是范渊在职业生涯中第一次真正感觉到压力巨大，而且由于当时网络安全市场尚不够完善，安恒信息需要考虑的不仅仅是产品的研发，还需要花很多精力先让客户体会到网络安全的价值，这就必须重新考虑市场开发推进速度的问题，而这又可能直接关系到企业的生死存亡。

为了维持企业的正常生存，范渊向几家国有银行申请贷款，但都因为安恒信息属于小微企业且没有任何抵押物而被拒之门外。可范渊还不想那么快放弃，于是他只能打起了自家房子的主意——他曾想过卖掉自己在杭州唯一的一套房产。

创业之路就是这样艰险，然而，“山重水复疑无路，柳暗花明又一村”，后经朋友介绍，范渊辗转联系到了浙江省内的一家商业银行，对方同意尽快先到安恒信息考察，在该行行长确定范渊愿意拿自己的房子做抵押后，终于同意贷款。这位行长后来告诉范渊，他接触过很多所谓的技术型创业者，一旦涉及用个人房产抵押换取创业资金时，99%的人都会打退堂鼓，所以当他深入了解了安恒信息的业务，并且听到范渊即使要拿个人房产做抵押也要继续做好网络安保时，他开始相信安恒信息工作的价值和这家小企业必胜的信念。

此外，安恒信息在资金上的纾困也要感谢政府的雪中送炭。像范渊一样，许多远赴重洋的学子学成之后都选择回国创业，为了对这些精英给予帮扶和鼓励，各地政府也给予优惠的政策。杭州高新区（滨江）组织部人才办得知了安恒信息的窘境，主动帮企业和投资方牵线搭桥，使安恒信息获得了宝贵的创投基金。此外，区政府还给安恒信息提供了杭州市区某大厦一整层长达3年的免费使用权，以此帮助范渊渡过难关。

2009年是充满危机的一年，但也是安恒信息凤凰涅槃、浴火重生的起步之年。毕竟奥运会让安恒信息“小有名气”，解除了资金危机的安恒信息，产品不断完善，销售平稳增长，浙江省内几家知名的创投企业纷纷向其抛出橄榄枝。范渊在综合考虑资金需求、企业发展、人才培养等多方面因素后，于2009年夏天正式启动引入风险投资，并在7月与华瓯创投签署协议，正式完成了企业的A轮融资。同月，安恒信息荣获2009年杭州市“杭州银行杯”最具投资价值企业十强称号，时任杭州市市长蔡奇亲自给安恒信息颁发奖牌，以资鼓励。

2010年，安恒信息当选上海世博会安全产品和服务提供商、广州亚运会安全产品和服务提供商，并有4款产品中标入围政府采购名录。同年，安恒信息的“网站恶意代码防治系统”项目获得2010年度国家火炬计划立项。2011年，安恒信息获准建立“博士后科研工作分站”，并担任深圳大运会安全产品和服务提供商。

2012年对于安恒信息又是不同寻常的一年。年初，安恒信息成为中国共产党第十八次全国代表大会网络安全技术保障单位。而同年5月，安恒信息迎来了自己五周岁的生日，并于5月18日举办了2012（首届）中国Web应用防护与数据安全高峰论坛（即“西湖论剑”的前身）。此次高峰论坛吸引到两百多位领导和客户代表参加，论坛覆盖了几乎所有当前信息安全方面的迫切问题，也体现了安恒信息在行业内的整体实力。迄今为止，“西湖论剑”已举办多届，并成为中国网络安全领域的一张名片。

同样是在2012年，安恒信息参与了中国移动集团漏洞扫描产品的采购竞标，而当时其最大的竞争对手是大名鼎鼎的IBM。进入21世纪后，中国网络安保领域外企的优势十分明显，相当长的一段时间内电信运营商和金融企业基本上都在使用国外的安全产品，IBM 当时也是势在必得。其实，面对 IBM 这样强劲的对手，范渊坦言自己当时也没有必胜的信心，“当时就想拼一拼、试一试，哪怕失败了，也没有遗憾”。结果，经过半年多误报率和漏报率等主要指标的测试，安恒信息获得了最终的胜利。据范渊所知，这次成功，让中国移动内部决定全面替换国外的安全产品线，这对安恒信息乃至国内网络安防行业来说，都可以算是一个里程碑事件，标志着安恒信息在技术上进一步的成熟，使其有能力承接综合性更强、挑战性更高的业务。

4. 乘胜追击，再迎挑战

2012 年伊始，安恒信息逐步走上了高速发展的快车道。2013 年，安恒信息荣获 ISCCC（中国网络安全审查技术与认证中心）颁发的“一级应急处理服务资质”证书，入选全国网站安全大检查技术支持单位；2014 年，安恒信息担任 APEC（亚太经合组织）会议技术支持单位，其产品明御 Web 应用防火墙（DAS-WAF）入围美国工厂调研机构 Gartner 发布的企业防火墙魔力象限（Magic Quadrant）报告；2015 年，安恒信息成为世界互联网大会安全保障主要技术支持单位、世界反法西斯战争胜利 70 周年安保活动技术支持单位、北京世界田径锦标赛安保活动技术支持单位，同年，安恒信息与阿里云签署战略合作协议。

如果说 2008 年参与北京奥运会网络安保的时候是初出茅庐，那么 8 年后的 2016 年，投入 G20 杭州峰会（二十国集团领导人第十一次峰会）的网络安保，就是真正对安恒信息的全面考验。首先，G20 杭州峰会网络安保涉及的范围，一开始就远远超出安恒信息的预估，除了互联网信息系统，还有 G20 官网、会议注册中心、城市的水电煤等相关重要基础设施，所有的工业控制系统以及会场、酒店甚至灯光秀，也都在网络安保的范围之内。对此，安恒信息累计投入 309 位技术骨干参与峰会的网络安保任务，这基本上相当于一家中小型安全企业全员上阵。

很多时候，在专业人士的眼中，网络安保像是一场看不见对手在何处的“暗战”。G20杭州峰会前夕，杭州的灯光秀曾经给这座江南历史名城增光添彩，但大众很少注意到的是，钱江新城的灯光秀是由三十几栋大楼及七十余万盏LED灯组成的，保障这一庞大系统的运营安全成为重中之重。为了确保该系统在峰会期间安全、稳定地运行，安恒信息团队进行了多次深入的安全检测，凭借专业的技能以及过往的工作经验，安恒信息发现主控平台和关键操作节点之间存在安全漏洞，该漏洞可能被黑客利用进行远程控制，于是他们及时对相关环节进行修复，确保了城市灯光秀在峰会期间的顺利进行。实际上，类似这样的案例不胜枚举，仅在峰会的核心信息系统里，安恒信息就共计发现上百个高危漏洞，拦截了3 300万次来自41个国家和地区的网络攻击。

二、安恒信息的今天

1. 我国网络安全概况

在网络安全领域，我国是全球遭受损失最大的国家，根据民生证券研究院的估算，2017年我国遭受网络攻击所造成的安全损失达到663亿美元。[2] 数字经济的发展将带动智慧城市、物联网等新兴行业不断演进，网络安全市场的需求端还有大量的市场潜力没有释放。

根据中国电子信息产业发展研究院（CCID）的统计测算，2018年我国网络安全产业规模已达495.2亿元，随着关键基础设施保护条例的出台和等级保护2.0系列标准的颁布，以及信息技术应用创新市场需求的逐步释放，网络安全产业有望进入下一个上升周期。预计我国网络安全产业整体市场依然会保持高速增长，到2021年我国网络安全产业规模将突破900亿元，2019—2021年三年间复合增长率将达到23%。

虽然我国网络安全产业发展态势整体良好，增速也明显加快，但是产业规模依然较小，与欧美发达国家相比仍然存在差距。我国作为世界第二大经济体，在网络安全方面的支出远低于世界平均水平。2018年，我国

GDP 占全球的 15.56%，IT 支出占全球的 10.38%，而其中网络安全支出仅占全球的 5.87%；我国网络安全支出仅占 GDP 的 0.04%，而美国网络安全支出占 GDP 的 0.19%，世界平均水平为 0.11%。[3] 综合考虑到我国的经济体量和未来的发展态势，网络安全市场料将还有很大的发展空间。

2. 立足于网络安全新时期的安恒信息

（1）丰富的产品矩阵

经过在网络安全领域十多年的摸爬滚打，安恒信息的专业服务能力与时俱进，其产品已经基本可以覆盖网络安防的全生态需求，目前主要有三类产品。

第一，根据场景分类，即“新场景”产品。主要包含云安全平台、大数据智能安全平台、物联网安全平台和工业互联网安全管理平台（如图 1 所示）。

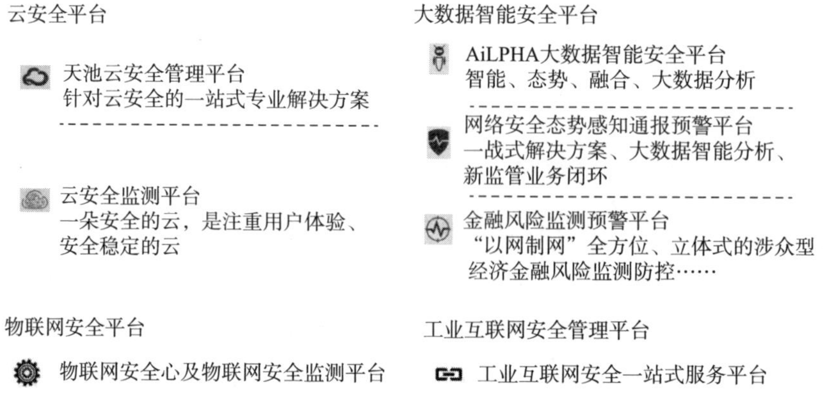

云安全平台

天池云安全管理平台
针对云安全的一站式专业解决方案

云安全监测平台
一朵安全的云，是注重用户体验、安全稳定的云

大数据智能安全平台

AiLPHA大数据智能安全平台
智能、态势、融合、大数据分析

网络安全态势感知通报预警平台
一战式解决方案、大数据智能分析、新监管业务闭环

金融风险监测预警平台
“以网制网”全方位、立体式的涉众型经济金融风险监测防控……

物联网安全平台

物联网安全心及物联网安全监测平台

工业互联网安全管理平台

工业互联网安全一站式服务平台

图 1　安恒信息“新场景”产品

资料来源：作者根据相关资料整理。

第二，根据服务类别分类，即“新服务”产品。主要包含 SaaS 云安全服务、专家级服务、网络安全人才培养和智慧城市安全运营中心（如图 2 所示）。

第三，“基础类”产品。主要包含网络信息安全防护平台产品、网络信息安全检测平台、工控安全类等（如图 3 所示）。

专家级服务

专业安全服务
助力安全管理的需要

可信众测服务
量身定制安全众测

平台运营服务
深度安全运营服务

网络安保服务
综合安全服务

安全资讯服务
等级保护2.0网络信息安全保障规划与建设

应急响应服务
7×24小时安全事件应急服务

SaaS云安全服务

先知云监测服务
事件先知先觉 监管得心应手

威胁情报服务
黑产已经联手，我们还要孤军奋战?

玄武盾云防护服务
零部署零运维、2.5T DDoS（分布式拒绝服务攻击）高防服务IPv4、IPv4/双栈云防护

网络安全人才培养

智慧城市安全运营中心

图 2 安恒信息“新服务”产品

资料来源：作者根据相关资料整理。

网络信息安全防护平台产品

运维审计与风险控制系统
让运维变得可见、可控、更安全!

Web应用防火墙
让Web安全更简单、更智能、更无忧

APT攻击预警系统
识别恶意行为、发现未知威胁、直击新型网络攻击

综合日志审计系统
全面的日志手机、创新的日志解析……

数据库审计与风险控制系统
颠覆传统、全新架构、模块化部署

全流量深度威胁检测平台
安全审计分析领域多年积累的高性能抓包……

网络信息安全检测平台

网络安全等级保护检查工具箱系列
检查能力完备、环境适应性强

远程安全评估系统
专业权威、安全高效、灵活简便

Web应用弱点扫描器
最佳Web应用安全评估工具等

网络安全事件应急处置工具箱
与应急处置通报平台进行交互，完成应急处置……

迷网系统
融合网络欺骗技术、“先发制人”的主动防御技术……

工控安全类

工业防火墙
用于保护工业控制网络免受各类来自办公网的攻击

工控安全监测审计平台
主要用于监视并记录工控网络内各类操作行为等

工控漏洞扫描平台
主要用于识别检测工控网络内各种安全漏洞等

图 3 安恒信息“基础类”产品

资料来源：作者根据相关资料整理。

以上三大类产品，根据不同的客户需求和网络环境，可以组合搭配成综合的解决方案，再结合云服务、大数据算法等技术，为物联网、工业数控、智慧城市等众多场景提供量身定制、千人千面式的网络安防服务。以浙江省某市的电子政务云为例（如图 4 所示），安恒信息通过网络环境分析，根据政府方面的具体要求，最终将“天池+风暴中心”的组合作为解决方案，这样既解决了政府政务平台的安防问题，也有利于提升安恒信息后期运维服务的效率。

租户云安全资源池
VFW/VWAF/堡垒机/DB审计/扫描器集中化管理

玄武盾

云租户的业务系统安全，300G的DDOS防御形成传统安全+云防护的双重防护体系

大数据

云平台整体流量、日志的大数据分析、态势感知

运营团队

安全运营服务
安全专家驻场
7×24小时运营监控

图 4　某市政务云解决方案示意图

资料来源：作者根据相关资料整理。

（2）上市科创板

上市一直是安恒信息的奋斗目标之一，起初安恒信息计划在创业板上市，直到习近平总书记在 2018 年中国国际进口博览会上提出要创立科创板，安恒信息随即改变了计划。

第一，科创板定位于面向世界科技前沿、面向经济主战场、面向国家重大需求，符合国家战略，突破关键核心技术的新一代信息技术领域，安恒信息正好处于这个方向，非常符合科创板的定位。

第二，科创板还有很多创新和改革元素，在上市过程当中，安恒信息感受到了它的不同寻常。“科创板的舞台也会鼓励我们今后更加专注于核心技术的积累和专业竞争力的培养，所以后来就开始转向，朝着科创板开始进行申报。”范渊回忆当初转向科创板的过程，这样表示：“在科创板上市，一方面极大提升了安恒信息的品牌竞争力和影响力；另一方面，能够更快地上市，对我们整个团队来讲是一个很大的鼓舞，明显增强了凝聚力。”

2019 年，安恒信息在科创板顺利上市，上市之后各种利好随之而来。安恒信息借助上市带来的影响力，获得了更多的市场认可，也得以更好地吸纳人才，在资本市场的助力下，结合科技驱动的力量，迎来更多的发展机会。

（3）市场地位继续提升

2016—2018 年，安恒信息的营业收入稳步增长，分别约为 3.17 亿元、4.3 亿元和 6.27 亿元，2017—2018 年分别同比增长 35.89% 和 45.58%。2019 年，安恒信息全年营业收入达到 9.44 亿元，同比增长 50.66%；净利润达到 9 222 万元，同比增长 19.96%（如表 1、表 2 所示）。[4]

表 1　2016—2019 年上半年安恒信息主营业务收入构成

产品名称	2019 年 1—6 月		2018 年度		2017 年度		2016 年度	
	金额（万元）	比例（%）	金额（万元）	比例（%）	金额（万元）	比例（%）	金额（万元）	比例（%）
网络信息安全基础产品	10 029.59	37.97	29 736.91	47.46	27 034.56	62.81	20 827.50	65.77
网络信息安全平台	6 866.92	26.00	14 211.80	22.68	5 093.40	11.83	1 794.55	5.67
网络信息安全服务	8 933.39	33.82	16 295.32	26.01	9 182.00	21.33	6 743.80	21.30
第三方硬件产品	253.48	0.96	1 611.42	2.57	1 196.74	2.78	2 109.76	6.66

（续表）

产品名称	2019年1—6月		2018年度		2017年度		2016年度	
	金额（万元）	比例（%）	金额（万元）	比例（%）	金额（万元）	比例（%）	金额（万元）	比例（%）
其他	329.53	1.25	803.22	1.28	533.11	1.25	189.53	0.60
合计	26 412.91	100.00	62 658.67	100.00	43 039.81	100.00	31 665.14	100.00

表2　2016—2019年上半年安恒信息主要财务数据及财务指标

项目	2019年1—6月（截至2019年6月30日）	2018年（截至2018年12月31日）	2017年（截至2017年12月31日）	2016年（截至2016年12月31日）
资产总额（万元）	79 659.62	89 189.45	62 324.25	39 074.96
归属于母公司所有者权益（万元）	44 839.59	50 686.16	43 236.18	23 367.38
资产负债率（母公司）（%）	40.45	40.63	28.30	37.96
营业收入（万元）	26 497.91	62 658.68	43 039.81	31 671.38
净利润（万元）	−5 822. 55	7 573.87	5 210.69	−6.84
归属于母公司所有者的净利润（万元）	−5 817.82	7 687.47	5 213.53	−47.85
扣除非经常性损益后归属于母公司所有者的净利润（万元）	−5 974.84	5 782.18	3 908.87	2 872.71
基本每股收益（元）	−1.05	1.38	1.01	—
稀释每股收益（元）	−1.05	1.38	1.01	—
加权平均净资产收益率（%）	−12.18	16.37	17.46	−0.21
经营活动产生的现金流量净额（万元）	−12 153.85	9 598.26	6 886.94	6 375.49

（续表）

项目	2019 年 1—6 月（截至 2019 年 6 月 30 日）	2018 年（截至 2018 年 12 月 31 日）	2017 年（截至 2017 年 12 月 31 日）	2016 年（截至 2016 年 12 月 31 日）
现金分红（万元）	—	—	—	—
研发投入占营业收入的比例（%）	30.25	24.25	22.29	20.80

在互联网技术不断深化发展的大背景下，众多综合性网络安全技术提供商开始布局优势资源，进一步整合市场，大致在 2018 年前后陆续发布安全资源池解决方案。所谓安全资源池，是指集合紧贴用户需求的综合解决方案，要求技术提供商拥有丰富多样的安防能力、集成能力、协同能力以及统一管控和统一编排的能力。

IDC 发布的研究报告显示，2019 年中国安全资源池市场的规模达到 7 960万美元，同比增长 78.3%，市场正以强劲的发展速度快速扩张。具体到技术提供商方面，由于安全资源池对于技术提供商综合能力的要求较高，传统的大型安全厂商如奇安信集团、深信服科技、安恒信息才能成为该市场中的主要玩家（如图 5 所示）。

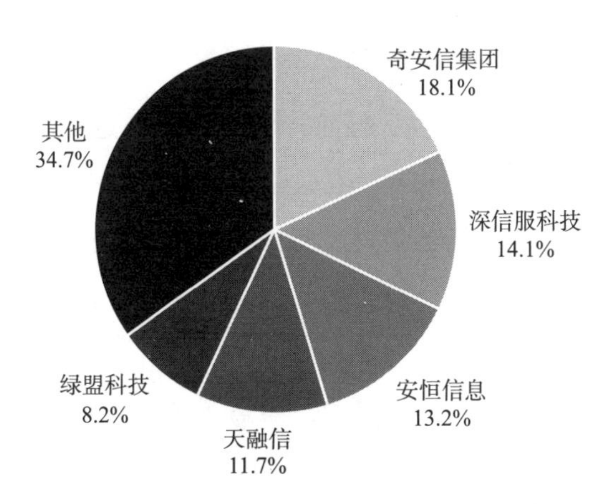

图 5　2019 年中国安全资源池厂商市场份额

资料来源：作者根据相关资料整理。

如图 5 所示，安恒信息在我国有能力构建安全资源池的大型厂商中，市场份额位列前三名。网络安防行业的特点，决定了安恒信息必须始终将保持技术优势作为企业发展的优先策略，截至 2020 年 11 月，安恒信息正式员工总数超过 3 000 人，其中近千人属于专业技术人员序列。在范渊的直接要求下，安恒信息借鉴美国特色的硅谷模式，在内部成立安恒大学，并由高级副总裁直接挂帅，以此保证技术人才通过对世界先进理念的学习，在专业技能上始终做到和全球同步发展。同时，安恒信息还在内部成立“安全研究院”，保证企业技术研发和理论研究两条线并行。技术人员对于网络安全行业的前沿洞察包括新发现的行业痛点，都可以第一时间汇聚到研究院的平台上，大家集思广益寻求解决方案。安全研究院自成立以来，每年都会有创新成果出现，有一部分直接在安恒信息内部孵化成新产品投向市场，研究院内表现出色的技术人才还可以在安全行业内的专业竞赛中崭露头角，这样既对员工形成了正向激励，也对持续提升企业的对外形象起到了相当有效的宣传作用。

三、安恒信息的未来

1. 与时俱进，面向未来的战略调整

随着数字经济时代的来临，传统产业正在不断进行数字化转型升级，网络安全也延伸至多个领域——大数据、人工智能、云计算、物联网、5G、工业互联网等。在面对机遇的同时，行业内的挑战也随之而来，尤其是诸多新兴行业的网络安保需求，对于各大网络安保企业的综合服务能力都是巨大的考验。

对此，安恒信息将企业的优势兵力聚焦于“云大物智”四大板块，并通过技术创新推行渐进式的战略调整。2017 年 5 月 20 日，安恒信息十周年司庆大会上，范渊正式提出，安恒信息的使命将是：让政府和企业放心地拥抱互联网、云计算、大数据，让一切放心在线。安恒信息将在工控安全、

车联网安全、IoT 安全、立体服务框架矩阵、整体数据安全防护解决方案、平台运营解决方案、智能家居安全、智慧医疗安全、智慧交通安全、智慧农业安全、安全态势分析与预测等多个前沿交叉领域内进行探索和布局。截至 2020 年，安恒信息的服务领域已经可以完整覆盖上述领域。

2. 社会责任与家国担当——“数字经济的安全基石”

政企乃至全社会方方面面的数字化转型升级已经是大势所趋，而网络安全是维护社会稳定运行的重要基础。信息网络技术的发展过程中，数据泄露的新漏洞往往防不胜防，甚至金融机构的网络平台也曾被黑客通过各种非法途径入侵，造成国家与公民的财产损失，因此网络安全已经上升至国家战略层面。2017 年 6 月，《中华人民共和国网络安全法》正式实施，中国网络安全从之前的“无法可依”变为“有法可循”，这为化解网络风险，让互联网在法治轨道上健康运行提供了法律保障。

然而，网络安保的挑战已经是一个新的“全球化”的问题，各国之间的博弈、竞争早已从传统领域扩展至网络安全领域。

2013 年爆发的斯诺登事件暴露出美国对各个国家的首脑进行监听，甚至对主权国家政府进行网络攻击以窃取大量机密信息，这无疑对国家网络信息安全造成严重影响。美国政府从 2019 年 5 月开始，对中兴、华为等中国企业实施制裁，则让国人再一次认识到了信息安全的重要性。在“电脑+互联网”时代，由美国主导的标准在世界范围内占据绝对强势的地位，这在给美国带来巨大经济利益的同时，也为美国互联网产业的兴起奠定了基础，因此美国最根本的担忧是，中国会在 5G 时代抢夺国际网络信息领域的话语权，令美国失去长期以来对网络的控制，进而威胁到美国的信息安全。极端案例中，网络安全甚至直接威胁到军事国防层面，在敌对国家之间的对抗中，网络战已经成了重要的组成部分，其中就包括进行长期潜伏的网络监控和对一些互联网漏洞的探测，甚至结合社会工程学进行攻击，例如美国军方通过网络系统攻击伊朗核设施事件等，都给我国的网络安保敲响了警钟。

面对“百年未有之大变局”，中国必须及时行动起来。“推进网络强国建设，推动我国网信事业发展，让互联网更好造福国家和人民”，这句话是习近平总书记在2016年召开的网络安全和信息化工作座谈会上说的。当时，范渊就在座谈会现场，当他亲耳听到这句话时，便暗下决心，安恒信息未来发展的目标将更加坚决：必须严守网络安全国门，让网络安全造福百姓。

网络安防事业有众所周知的特殊属性，实际上，做网络安全工作越久，安恒信息越体会到网络安全是一种责任。范渊坦言，对于安恒信息来说，企业所面对的市场增大，创新空间巨大，而随着国际环境迎来大变局，大国之间信息技术主权的博弈已经硝烟四起。在此形势下，安恒信息除了继续做好网络安全的本职工作，也开始在国家格外重视的“信创”（信息技术应用创新产业）领域积极探索，尤其是要做好本土化工作，要有完全属于中国人自己的知识产权。截至2020年年中，安恒信息已完成12款产品的国产化适配工作，未来还将建设“信创”研发基地，继续在这一领域深耕。

另外，同样是出于新时期的使命感，安恒信息整合自身优势及多年来在专业人才培养方面积累的经验，采取积极向社会开放的态度，与国内9所一流大学共建信息安全人才培训基地，开展多种网络安全专业人员认证培训。安恒信息新建的网络安全学院已经落户武汉，按计划，日后将陆续建立网络安全培训中心、网络安全考试认证中心等培训教育平台，预计每年可为国家培养3 000～10 000名网络安全工程师，力图解决网络安全产业发展的用人问题，提升国家网络安全的核心竞争力。

秉承“数字经济的安全基石”的企业使命，下一个十年，在服务数字中国和打造网络强国的历史征途中，安恒信息能否继续保持行业领先地位？在专注于技术研发的同时，安恒信息是否要在市场营销和渠道拓展方面加大投入力度？在各项新技术不断更新迭代的大背景下，网络安全行业是否会出现新的问题，从而催生出新的细分赛道？而安恒信息能否搭上新赛道的快车，找到新的业务方向，推出新的产品与服务？

时光荏苒，十多年匆匆而去。作为一家网络安全企业，安恒信息依旧保持着创业企业的热情，未来的问题与挑战也许远不止上述这些，那么，范渊和安恒信息准备好了吗？

参考文献

1.《2006年中国互联网发展大事记》，https：//www.edu.cn/xxh/ji_shu_ju_le_bu/cernet2_lpv6/fzlc/201304/t20130408_927568.shtml，访问时间：2024年8月19日。

2.《民生证券：双轮驱动信息安全深度迈入新时代》，http：//www.ein.org.cn/index.php?ac=article&at=read&did=67361，访问时间：2024年8月19日。

3.《信息安全的边界和未来》，https：//img3.gelonghui.com/pdf/d7831-797ec629-a32e-4fd9-9bed-5a1eaececde9.pdf1，访问时间：2024年8月19日。

4.《杭州安恒信息技术股份有限公司首次公开发行股票并在科创板上市招股说明书》，https：//pdf.dfcfw.com/pdf/H2_AN201904091317342158_1.pdf，访问时间：2024年8月19日。